● 한국어능력시험

TOPIK II

실전 모의고사

Mock tests　　全真模拟试题

시대에듀

머리말

한국어를 배우려는 외국인들께

한국과 한국어를 사랑하는 여러분, 안녕하세요. 저자 정은화입니다.

한국어능력시험(TOPIK)은 한국어를 모국어로 하지 않는 외국인이나 재외동포 분들께 한국어 학습의 방향을 제시하고 한국어의 보급을 확대하기 위해 만들어진 시험입니다. 여러분의 한국어 사용 능력을 평가하여 유학 또는 취업 활동 등에 활용할 수 있게도 하고요.

하지만 대부분의 경우 한국어를 공부해서 시험까지 보는 것이 쉽지만은 않으실 거예요. 시험에서 좋은 결과를 얻기 위해서는 분명 많은 노력과 정확한 목표 의식이 필요합니다.

그래서 한국어능력시험 준비의 방향을 잡아 주고, 나아가 한국어 학습에 대한 좌표를 제시하고자 이 책을 만들게 되었습니다. 물론 최근 한국어능력시험에서 다루는 어휘, 소재, 주제가 과거에 비해 다양해졌고 한국의 사회문화적인 현상을 시험에 즉각 반영하고 있다 보니 책 한 권을 공부한다고 해서 시험 준비가 끝나는 것은 아닙니다. 그러나 이 책을 통해 한국어능력시험의 경향을 파악하고 익힌다면 분명히 좋은 결과를 얻는 데 도움이 될 것입니다.

이 책은 이렇게 활용해 보세요.

❶ 실전 모의고사는 실제 기출문제와 동일한 구성과 유형으로 이루어져 있습니다. 실제 시험 시간에 맞추어 문제를 풀면서 실전 감각을 익히고, 틀린 문제는 틀린 이유를 분석하여 해설을 꼼꼼하게 확인하면서 약점을 보완하는 것이 중요합니다.

❷ 시험에 자주 나오는 소재나 주제뿐만 아니라 앞으로 출제될 가능성이 높은 내용까지 골고루 지문으로 다루었습니다. 낯설거나 이해가 잘 되지 않는 내용은 핵심 단어를 중심으로 다시 한번 읽어 보세요.

❸ 중요 어휘를 영어 · 중국어 · 일본어의 3개 국어로 번역하여 수록하였습니다. 실제 시험과 모의고사에 자주 출제된 것들이니 반드시 암기해 두세요.

❹ 2022년부터 새롭게 시행된 말하기 시험에 어떤 유형의 문제가 나오는지 빠르게 살펴볼 수 있도록 하였습니다. 기본적인 생활 회화부터 사회적 이슈까지 다양한 내용이 나오니 평소 꾸준히 연습하는 게 좋습니다.

모든 사람이 쉽게 말과 글을 익히고 사용하게 하고자 하셨던 세종대왕의 마음처럼, 학생들이 한국어를 재미있고 효율적으로 배우기를 바라는 마음으로 이 책을 썼습니다. 부디 이 책으로 공부하는 모두에게 좋은 결과가 있기를 바랍니다.

저자 **정은화** 드림

시험 안내

TOPIK은 누구에게, 왜 필요한가요?

한국어를 모국어로 하지 않는 재외동포 및 외국인으로서

1 한국어 학습자 및 국내 대학 유학 희망자

2 국내외 한국 기업체 및 공공 기관 취업 희망자

3 외국 학교에 재학 중이거나 졸업한 재외국민

학업

• 정부 초청 외국인 장학생 프로그램 진학 및 학사관리
• 외국인 및 재외동포의 국내 대학 또는 대학원 입학 및 졸업
• 국외 대학의 한국어 관련 학과 학점 및 졸업요건

취업

• 국내외 기업체 및 공공기관 취업
• 외국인의 한국어교원 자격 심사 (국립국어원) 지원 서류

이민

• 영주권, 취업 등 체류비자 획득
• 사회통합프로그램 이수 인정 (TOPIK 취득 등급에 따라 해당 단계에 배정)

✦ 2025년도 시험 일정

❶ 해외는 한국과 시험 일정이 다를 수 있으니, 반드시 현지 접수 기관으로 문의 바랍니다.

❷ 시험 일정이 변경될 수도 있으니, 반드시 시행처 홈페이지(topik.go.kr)를 확인하시기 바랍니다.

회차	접수 기간	시험일	성적 발표일	시행 지역
PBT 제98회	24.12.10.(화)~12.16.(월)	25.01.19.(일)	25.02.27.(목)	한국
PBT 제99회	25.02.11.(화)~02.17.(월)	25.04.13.(일)	25.05.30.(금)	한국·해외
PBT 제100회	25.03.11.(화)~03.17.(월)	25.05.11.(일)	25.06.26.(목)	한국·해외
PBT 제101회	25.05.13.(화)~05.19.(월)	25.07.13.(일)	25.08.21.(목)	한국·해외
PBT 제102회	25.08.05.(화)~08.11.(월)	25.10.19.(일)	25.12.11.(목)	한국·해외
PBT 제103회	25.09.02.(화)~09.08.(월)	25.11.16.(일)	25.12.23.(화)	한국·해외
IBT 제5회	24.12.17.(화)~12.23.(월)	25.02.22.(토)	25.03.14.(금)	한국·해외
IBT 제6회	25.01.14.(화)~01.20.(월)	25.03.22.(토)	25.04.11.(금)	한국·해외
IBT 제7회	25.04.15.(화)~04.21.(월)	25.06.14.(토)	25.07.04.(금)	한국·해외
IBT 제8회	25.07.15.(화)~07.21.(월)	25.09.13.(토)	25.10.02.(목)	한국·해외
IBT 제9회	25.08.26.(화)~09.01.(월)	25.10.25.(토)	25.11.14.(금)	한국·해외
IBT 제10회	25.09.23.(화)~09.29.(월)	25.11.29.(토)	25.12.19.(금)	한국·해외
말하기 제7회	25.01.14.(화)~01.20.(월)	25.03.22.(토)	25.04.14.(월)	한국
말하기 제8회	25.04.15.(화)~04.21.(월)	25.06.14.(토)	25.07.07.(월)	한국
말하기 제9회	25.08.26.(화)~09.01.(월)	25.10.25.(토)	25.11.17.(월)	한국

시험 안내

TOPIK, 어떻게 진행되나요?

✦ 준비물

❶ 필수: 수험표, 신분증(규정된 신분증 이외의 의료보험증, 주민등록등본, 각종 자격증과 학생증은 인정하지 않음. 세부 사항은 시행처 홈페이지 확인)

❷ 선택: 수정테이프(그 외의 필기구는 시험 당일 배부되는 컴퓨터용 검은색 사인펜만 사용 가능), 아날로그 손목시계 (휴대폰, 스마트 워치 등 모든 전자기기는 사용 불가)

✦ 일정

※ 일정은 시행 국가 및 시험 당일 고사장 사정에 따라 아래 내용과 다를 수 있습니다.

TOPIK Ⅰ - 오전 09:20까지 반드시 입실 완료

시간	영역	고사장 진행 상황
09:20~09:50(30분)	–	답안지 작성 안내, 본인 확인, 휴대폰 및 전자기기 제출
09:50~10:00(10분)	–	문제지 배부, 듣기 시험 방송
10:00~10:40(40분)	듣기	–
10:40~11:40(60분)	읽기	–

TOPIK Ⅱ - 오후 12:20까지 반드시 입실 완료

시간	영역		고사장 진행 상황
12:20~12:50(30분)		–	답안지 작성 안내, 1차 본인 확인, 휴대폰 및 전자기기 제출
12:50~13:00(10분)		–	문제지 배부, 듣기 시험 방송
13:00~14:00(60분)	1교시	듣기	(듣기 시험 정상 종료 시) 듣기 답안지 회수
14:00~14:50(50분)		쓰기	–
14:50~15:10(20분)		–	쉬는 시간(고사장 건물 밖으로는 나갈 수 없음)
15:10~15:20(10분)		–	답안지 작성 안내, 2차 본인 확인
15:20~16:30(70분)	2교시	읽기	–

✦ 주의 사항

❶ 입실 시간이 지나면 고사장 건물 안으로 절대 들어갈 수 없습니다.

❷ 시험 중, 책상 위에는 신분증 외에 어떠한 물품도 놓을 수 없습니다. 반입 금지 물품(휴대폰, 이어폰, 전자사전, 스마트 워치, MP3 등 모든 전자기기)을 소지한 경우 반드시 감독관에게 제출해야 합니다.

❸ 듣기 평가 시 문제를 들으며 마킹을 해야 하고, 듣기 평가 종료 후 별도의 마킹 시간은 없습니다. 특히 TOPIK Ⅱ 1교시 듣기 평가 시에는 듣기만, 쓰기 평가 시에는 쓰기만 풀어야 합니다. 이를 어길 경우 부정행위로 처리됩니다.

TOPIK, 어떻게 구성되나요?

✦ 시험 구성

구분	영역 및 시간	유형	문항 수	배점	총점
TOPIK Ⅰ	듣기 40분	선다형	30문항	100점	200점
	읽기 60분	선다형	40문항	100점	
TOPIK Ⅱ	듣기 60분	선다형	50문항	100점	300점
	쓰기 50분	서답형	4문항	100점	
	읽기 70분	선다형	50문항	100점	

✦ 듣기

문항 번호		배점	지문	유형
01~03번	01번	2점	대화	담화 상황과 추론하여 일치하는 그림 고르기
	02번	2점		
	03번	2점	뉴스	세부 내용 파악하여 일치하는 도표 고르기
04~08번	04번	2점	대화	이어질 말 파악하기
	05번	2점		
	06번	2점		
	07번	2점		
	08번	2점		
09~12번	09번	2점	대화	대화 참여자의 이어질 행동 추론하기
	10번	2점		
	11번	2점		
	12번	2점		
13~16번	13번	2점	대화	세부 내용 파악하여 일치하는 내용 고르기
	14번	2점	안내/공지	
	15번	2점	뉴스/보도	
	16번	2점	인터뷰	
17~20번	17번	2점	대화	중심 생각 추론하기
	18번	2점		
	19번	2점		
	20번	2점	인터뷰	
21~22번	21번	2점	대화	중심 생각 추론하기
	22번	2점		세부 내용 파악하여 일치하는 내용 고르기
23~24번	23번	2점	대화	담화 상황 추론하기
	24번	2점		세부 내용 파악하여 일치하는 내용 고르기
25~26번	25번	2점	인터뷰	중심 생각 추론하기
	26번	2점		세부 내용 파악하여 일치하는 내용 고르기

시험 안내

27~28번	27번	2점	대화	화자의 의도나 목적 추론하기
	28번	2점		세부 내용 파악하여 일치하는 내용 고르기
29~30번	29번	2점	인터뷰	참여자에 대해 추론하기
	30번	2점		세부 내용 파악하여 일치하는 내용 고르기
31~32번	31번	2점	토론	중심 생각 추론하기
	32번	2점		화자의 태도나 말하는 방식 추론하기
33~34번	33번	2점	강연	화제 파악하기
	34번	2점		세부 내용 파악하여 일치하는 내용 고르기
35~36번	35번	2점	공식적인 인사말	담화 상황 추론하기
	36번	2점		세부 내용 파악하여 일치하는 내용 고르기
37~38번	37번	2점	교양 프로그램	중심 생각 추론하기
	38번	2점		세부 내용 파악하여 일치하는 내용 고르기
39~40번	39번	2점	대담	담화 전후의 내용 추론하기
	40번	2점		세부 내용 파악하여 일치하는 내용 고르기
41~42번	41번	2점	강연	중심 내용 추론하기
	42번	2점		세부 내용 파악하여 일치하는 내용 고르기
43~44번	43번	2점	다큐멘터리	화제 파악하기
	44번	2점		세부 내용 파악하여 일치하는 내용 고르기
45~46번	45번	2점	강연	세부 내용 파악하여 일치하는 내용 고르기
	46번	2점		화자의 태도나 말하는 방식 추론하기
47~48번	47번	2점	대담	세부 내용 파악하여 일치하는 내용 고르기
	48번	2점		화자의 태도나 말하는 방식 추론하기
49~50번	49번	2점	강연	세부 내용 파악하여 일치하는 내용 고르기
	50번	2점		화자의 태도나 말하는 방식 추론하기

✦ 쓰기

문항 번호		배점	지문	유형
51~52번	51번	10점	실용문	빈칸에 알맞은 말 써서 문장 완성하기
	52번	10점	설명문	
53번	53번	30점	도표, 그래프 등	자료를 설명하는 200~300자의 글 쓰기
54번	54번	50점	사회적 이슈	주제에 대해 600~700자의 글 쓰기

✦ 읽기

문항 번호		배점	지문	유형
01~02번	01번	2점	짧은 서술문	문맥 파악하여 빈칸에 알맞은 말 고르기
	02번	2점		
03~04번	03번	2점	짧은 서술문	문맥 파악하여 의미가 비슷한 말 고르기
	04번	2점		

05~08번	05번	2점	광고	화제 고르기
	06번	2점		
	07번	2점		
	08번	2점	안내문	
09~12번	09번	2점	안내문	세부 내용 파악하여 일치하는 내용 고르기
	10번	2점	도표	
	11번	2점	기사문	
	12번	2점		
13~15번	13번	2점	간단한 글	알맞은 순서로 배열한 것 고르기
	14번	2점		
	15번	2점		
16~18번	16번	2점	글	문맥 파악하여 빈칸에 알맞은 말 고르기
	17번	2점		
	18번	2점		
19~20번	19번	2점	글	문맥 파악하여 빈칸에 알맞은 말 고르기
	20번	2점		중심 내용 추론하기
21~22번	21번	2점	글	문맥 파악하여 빈칸에 알맞은 말 고르기
	22번	2점		세부 내용 파악하여 일치하는 내용 고르기
23~24번	23번	2점	수필	인물의 태도나 심정 추론하기
	24번	2점		세부 내용 파악하여 일치하는 내용 고르기
25~27번	25번	2점	신문 기사의 제목	중심 내용 추론하기
	26번	2점		
	27번	2점		
28~31번	28번	2점	글	문맥 파악하여 빈칸에 알맞은 말 고르기
	29번	2점		
	30번	2점		
	31번	2점		
32~34번	32번	2점	글	세부 내용 파악하여 일치하는 내용 고르기
	33번	2점		
	34번	2점		
35~38번	35번	2점	글	중심 내용 추론하기
	36번	2점		
	37번	2점		
	38번	2점		
39~41번	39번	2점	글	문장이 들어갈 위치 고르기
	40번	2점		
	41번	2점	서평/감상문	
42~43번	42번	2점	소설	인물의 태도나 심정 추론하기
	43번	2점		세부 내용 파악하여 일치하는 내용 고르기
44~45번	44번	2점	글	문맥 파악하여 빈칸에 알맞은 말 고르기
	45번	2점		중심 내용 추론하기
46~47번	46번	2점	논설문	필자의 태도 추론하기
	47번	2점		세부 내용 파악하여 일치하는 내용 고르기
48~50번	48번	2점	논설문	필자의 의도나 목적 추론하기
	49번	2점		문맥 파악하여 빈칸에 알맞은 말 고르기
	50번	2점		세부 내용 파악하여 일치하는 내용 고르기

※ 문항별 유형은 시행처와 출제자의 의도에 따라 조금씩 달라질 수 있습니다.

시험 안내

TOPIK, 어떻게 평가하나요?

등급 결정			평가 기준
TOPIK I (200점 만점)	1급	80점 이상	• '자기 소개하기, 물건 사기, 음식 주문하기' 등 생존에 필요한 기초적인 언어 기능을 수행할 수 있으며 '자기 자신, 가족, 취미, 날씨' 등 매우 사적이고 친숙한 화제에 관련된 내용을 이해하고 표현할 수 있다. • 약 800개의 기초 어휘와 기본 문법에 대한 이해를 바탕으로 간단한 문장을 생성할 수 있다. • 간단한 생활문과 실용문을 이해하고, 구성할 수 있다.
	2급	140점 이상	• '전화하기, 부탁하기' 등의 일상생활에 필요한 기능과 '우체국, 은행' 등의 공공시설 이용에 필요한 기능을 수행할 수 있다. • 약 1,500~2,000개의 어휘를 이용하여 사적이고 친숙한 화제에 관해 문단 단위로 이해하고 사용할 수 있다. • 공식적 상황과 비공식적 상황에서의 언어를 구분해 사용할 수 있다.
TOPIK II (300점 만점)	3급	120점 이상	• 일상생활을 영위하는 데 별 어려움을 느끼지 않으며, 다양한 공공시설의 이용과 사회적 관계 유지에 필요한 기초적 언어 기능을 수행할 수 있다. • 친숙하고 구체적인 소재는 물론, 자신에게 익숙한 사회적 소재를 문단 단위로 표현하거나 이해할 수 있다. • 문어와 구어의 기본적인 특성을 구분해서 이해하고 사용할 수 있다.
	4급	150점 이상	• 공공시설 이용과 사회적 관계 유지에 필요한 언어 기능을 수행할 수 있으며, 일반적인 업무 수행에 필요한 기능을 어느 정도 수행할 수 있다. • '뉴스, 신문 기사' 중 비교적 평이한 내용을 이해할 수 있다. 일반적인 사회적·추상적 소재를 비교적 정확하고 유창하게 이해하고, 사용할 수 있다. • 자주 사용되는 관용적 표현과 대표적인 한국 문화에 대한 이해를 바탕으로 사회적·문화적인 내용을 이해하고 사용할 수 있다.
	5급	190점 이상	• 전문 분야에서의 연구나 업무 수행에 필요한 언어 기능을 어느 정도 수행할 수 있다. • '정치, 경제, 사회, 문화' 전반에 걸쳐 친숙하지 않은 소재에 관해서도 이해하고 사용할 수 있다. • 공식적·비공식적 맥락과 구어적·문어적 맥락에 따라 언어를 적절히 구분해 사용할 수 있다.
	6급	230점 이상	• 전문 분야에서의 연구나 업무 수행에 필요한 언어 기능을 비교적 정확하고 유창하게 수행할 수 있다. • '정치, 경제, 사회, 문화' 전반에 걸쳐 친숙하지 않은 주제에 관해서도 이해하고 사용할 수 있다. • 원어민 화자의 수준에는 이르지 못하나 기능 수행이나 의미 표현에는 어려움을 겪지 않는다.

IBT 안내

✦ 시험 구성

❶ IBT는 시험 중간에 쉬는 시간이 없습니다.

❷ 시험 시작 40분 전까지 수험표에 적힌 고사장에 도착해서 지정된 컴퓨터에 로그인을 해야 합니다.

구분	TOPIK Ⅰ		TOPIK Ⅱ		
영역	듣기	읽기	듣기	읽기	쓰기
문항 수	26문항	26문항	30문항	30문항	3문항
시간	30분	40분	35분	40분	50분

✦ 시험 등급

구분	TOPIK Ⅰ		TOPIK Ⅱ			
등급	1급	2급	3급	4급	5급	6급
점수	121~235점	236~400점	191~290점	291~360점	361~430점	431~600점
총점	400점		600점			

✦ 문항 구성

❶ **선택형**(radio button): 4개의 선택지 중 1개의 답을 선택

❷ **단어 삽입형**(word insertion): 지문의 빈칸에 끼워 넣을 알맞은 단어를 선택

❸ **문장 삽입형**(sentence insertion): 지문에 제시문이 들어갈 알맞은 위치를 선택

❹ **끌어 놓기형**(drag and drop): 제시된 문장을 마우스로 이동하여 순서대로 배열

❺ **문장 완성형**(short answer): 빈칸에 알맞은 답을 입력하여 문장을 완성

❻ **서술형**(essay writing): 주어진 주제와 분량에 맞게 서술형 답안을 입력

✦ 주의 사항

❶ **듣기**: 화면에 '대기 시간'과 '풀이 시간'이 나옵니다. 풀이 시간이 종료되면 다음 문제로 화면이 자동 변경됩니다. 화면이 바뀌면 지나간 문제는 다시 풀 수 없으며, 반드시 풀이 시간 내에 답을 선택해야 합니다.

❷ **읽기**: 이전 문제, 다음 문제로 이동하면서 문제를 다시 풀 수 있습니다. 시험이 끝나기 10분 전, 5분 전 알림이 제공됩니다. 시험 시간이 다 되면 표시해 두었던 모든 답이 자동으로 제출됩니다.

❸ **쓰기**: PBT와 달리 원고지 쓰기가 아닌, 일반 줄글 쓰기로 문제가 나옵니다. 한글 자판의 위치를 익히고 타자 연습을 해 두어야 합니다.

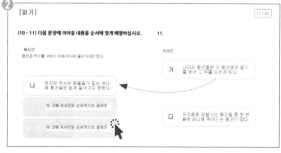

※ 시행처 홈페이지의 'IBT 체험하기'를 통해 컴퓨터 기반 시험이 어떻게 진행되는지 시험 전, 미리 확인해 보시기 바랍니다.

STRUCTURES

이 책의 구성과 특징

본책

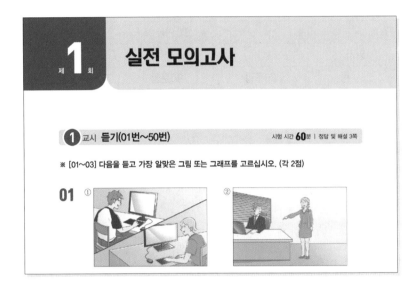

실전 모의고사

기존 도서보다 1회분이 늘어난, 총 5회분의 모의고사를 수록하였습니다. 다양한 문제를 풀면서 시험에 빈틈없이 대비하고, 온라인 모의고사에 응시하여 IBT 경험도 해 보세요!

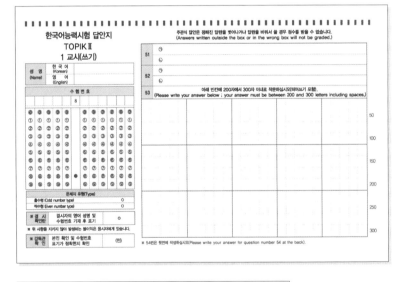

OMR 답안지

실제 시험에 쓰이는 OMR 답안지를 수록하였습니다. 제한된 시간 내에 문제를 풀고 답을 적는 연습을 해 보세요. 특히 쓰기 영역은 원고지 사용법까지 꼼꼼히 익혀 두어야 한다는 것, 잊지 마세요!

한국어능력시험 II

제1회 실전 모의고사

Test of Proficiency in Korean
The 1st actual mock test

[한국어능력시험 TOPIK]

시대에듀는 항상 당신을 응원합니다!

시작하기

내가 가진 모의고사 전체보기

1교시 듣기, 쓰기 (Listening, Writing)

2교시 읽기 (Reading)

 듣기 모바일 OMR 자동채점

 듣기 MP3 유튜브 바로가기

읽기 모바일 OMR 자동채점

QR코드를 통한 편리한 학습

'듣기 영역 MP3'를 스마트폰으로 편히 들을 수 있습니다. 또 '모바일 OMR 자동채점' 서비스를 이용하면 쉽고 빠르게 점수와 정답을 확인할 수도 있어요!

책 속의 책

제1회 정답 및 해설

① 교시 듣기(01번~50번)

점수: (   )점/**100**점

01	02	03	04	05	06	07	08	09	10
②	④	③	③	②	①	④	③	①	②
11	12	13	14	15	16	17	18	19	20
③	④	②	④	①	③	③	④	②	①
21	22	23	24	25	26	27	28	29	30
③	②	②	④	③	①	③	④	③	①
31	32	33	34	35	36	37	38	39	40
②	②	①	④	①	③	④	②	③	②
41	42	43	44	45	46	47	48	49	50
④	①	③	④	④	②	④	③	①	④

정답 및 해설

한눈에 보는 정답 박스와 명쾌한 해설로 틀린 이유를 확실히 알고 넘어갈 수 있습니다. 듣기 대본도 수록되어 있어서 들은 내용을 파악하는 데 도움이 될 거예요!

TOPIK Ⅱ 부록 01 빈출 어휘 다시 보기

제1회

실전 모의고사에 나온 어휘입니다.
모르는 단어에 표시를 하면서 외워 봅시다.

	듣기 영역			
표제어	뜻	영어	중국어	일본어
매장	물건을 파는 곳	store	卖场，售货柜台	売場
특강	정규 과정 이외에 특별히 하는 강의	special lecture	专题讲座	特別講義
면역	사람이나 동물의 몸 안에 들어온 균이나 바이러스에 대하여 항체가 만들어져, 같은 균이나 바이러스가 일으키는 병에 걸리지 않는 현상	being immune	免疫	免疫
의무화	반드시 해야 하는 것으로 만듦	making something mandatory	义务化	義務化
근교	도시에 가까운 가장자리 지역	suburb	近郊，四郊	近郊
귀가	집으로 돌아가거나 돌아옴	returning home	回家	帰宅

빈출 어휘 다시 보기

모의고사에 자주 출제된 어휘를 따로 모아 정리하였습니다. 영·중·일 번역과 함께 뜻을 읽어 보면서 내가 모르는 단어가 무엇인지 확인하고, 시험 전까지 반드시 외워 두세요!

02 문항 소개

유형 1 질문에 대답하기

- 수준 및 예상 배점: 초급 (9점)
- 문제 내용: 간단한 질문을 듣고 대답하는 문제
  └ 일상생활에서 자주 만나게 되는 상황에 대한 질문
     (자기 자신, 가까운 사람이나 사물, 단순한 일상이나 계획 등)

지시문

질문을 듣고 대답하십시오. 20초 동안 준비하십시오. '삐' 소리가 끝나면 30초 동안 말하십시오.

예시 문항

취미가 뭐예요? 그 취미에 대해 이야기하세요.

말하기 평가

새롭게 시행된 말하기 평가에 대하여 알려 드립니다. 어떤 내용의 문제가 어떤 형식으로 나올지 미리 확인해 보면, 남들보다 한 걸음 앞서서 준비할 수 있을 거예요!

CONTENTS

이 책의 목차

PART

01

실전 모의고사

TOPIK II, 이렇게 공부하자!

1교시	**듣기**	성우가 듣기 지문을 읽기 전에 먼저 시험지의 지시문과 보기를 빠르게 읽어보면서 문제의 유형을 파악해야 합니다. 지문을 들을 때는 문제에서 물어보는 것이 무엇인지에 집중해서 전체적인 내용을 이해하는 것이 중요하며, 단어 하나하나에 집착하지 않도록 합니다. ➡ 평소 라디오, 뉴스, 다큐멘터리 등 다양한 유형의 담화를 들어 두는 것이 좋습니다. 특히 전문 분야의 어휘의 경우 따로 단어장에 정리해 두면 쓰기와 읽기에도 도움이 됩니다.
	쓰기	쓰기 답안을 채점할 때 가장 중요하게 보는 것은 제시된 과제의 수행 여부입니다. 무작정 떠오르는 대로 답안지에 글을 쓰지 말고, 간단한 개요를 작성한 후 그에 따라 반드시 완성된 글을 써내도록 합니다. 또한 구어체(입말)로 쓰면 감점이 될 수 있으므로 주의합시다. ➡ 주어진 시간 내에 완성된 글을 써내는 것이 가장 중요하므로 실제 시험 시간에 맞추어 연습을 해 둘 필요가 있습니다. 또한 초급 수준의 어휘와 표현보다는 중급 수준 이상의 어휘와 표현을 활용하여 쓰는 것이 좋습니다. 다양한 소재에 대한 자신의 생각을 틈틈이 정리해 두는 것도 도움이 됩니다.
2교시	**읽기**	듣기와 마찬가지로 단어 하나하나에 집착하지 않도록 합니다. 모르는 단어가 나오더라도 당황하지 말고 주어진 글의 전체적인 흐름을 파악하는 것이 중요합니다. 문제를 먼저 읽은 후 답을 찾는 데 필요한 정보를 선택적으로 읽는 것도 하나의 방법이 될 수 있습니다. ➡ 평소 공부를 할 때 모르는 단어가 나오더라도 사전을 바로 찾지 말고 먼저 앞뒤 말을 통해 뜻을 추리해 보는 연습을 합시다. 또한 주어진 시간에 문제를 다 푸는 것이 생각보다 쉽지 않으므로 반드시 실제 시험 시간에 맞추어 전체 문제를 풀어보도록 합니다.

한국어능력시험 II
제1회 실전 모의고사

Test of Proficiency in Korean II
The 1st actual mock test

1교시 듣기, 쓰기 (Listening, Writing)

2교시 읽기 (Reading)

 듣기 모바일 OMR
자동채점

 듣기 MP3 유튜브
바로가기

 읽기 모바일 OMR
자동채점

수험번호(Registration No.)		
이름 (Name)	한국어(Korean)	
	영어(English)	

유의 사항
Information

1. 시험 시작 지시가 있을 때까지 문제를 풀지 마십시오.
   Do not open the booklet until you are allowed to start.

2. 수험번호와 이름을 정확하게 적어 주십시오.
   Write your name and registration number on the answer sheet.

3. 답안지를 구기거나 훼손하지 마십시오.
   Do not fold the answer sheet; keep it clean.

4. 답안지의 이름, 수험번호 및 정답의 기입은 배부된 펜을 사용하여 주십시오.
   Use the given pen only.

5. 정답은 답안지에 정확하게 표시하여 주십시오.
   Mark your answer accurately and clearly on the answer sheet.

6. 문제를 읽을 때에는 소리가 나지 않도록 하십시오.
   Keep quiet while answering the questions.

7. 질문이 있을 때에는 손을 들고 감독관이 올 때까지 기다려 주십시오.
   When you have any questions, please raise your hand.

실전 모의고사

1 교시 듣기(01번~50번)   시험 시간 **60**분 | 정답 및 해설 3쪽

※ [01~03] 다음을 듣고 가장 알맞은 그림 또는 그래프를 고르십시오. (각 2점)

01

①

②

③

④

02

①

②

③

④

03

①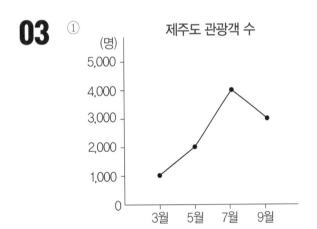

②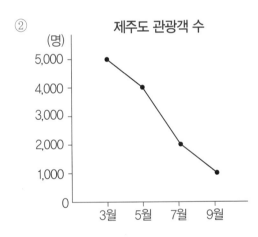

③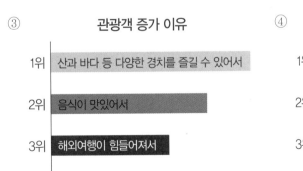

④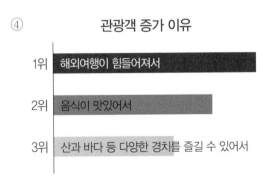

※ [04~08] 다음을 듣고 이어질 수 있는 말로 가장 알맞은 것을 고르십시오. (각 2점)

04 ① 아플까 봐 걱정했어요.
② 또 늦으면 연락 주세요.
③ 아침부터 열이 좀 나서요.
④ 다음에는 연락할 수 있어요.

05 ① 응. 배는 별로 안 고파.
② 아니, 늦게까지 하는 가게가 있어.
③ 아니, 나도 김밥을 사다 먹을 거야.
④ 응, 아직 가게 문을 안 열었더라고.

06 ① 그럼 제가 전화해 볼게요.
② 그럼 일요일에 도서관에서 봐요.
③ 도서관에 들어가려면 신분증이 필요해요.
④ 이 근처에는 도서관이 없는 줄 알았어요.

07 ① 저도 신청하려고 해요.
② 벌써 신청을 했더라고요.
③ 이번에는 신청하기가 힘들 것 같아요.
④ 지난주에 학교 홈페이지에 올라왔던데요.

08 ① 내용이 긴 편입니다.
② 발표 준비가 이미 끝났습니다.
③ 인사말을 조금 줄여 보겠습니다.
④ 졸업식에서 다시 이야기하겠습니다.

※ [09~12] 다음을 듣고 **여자**가 이어서 할 행동으로 가장 알맞은 것을 고르십시오. (각 2점)

09　① 식탁 가격을 물어본다.
　　② 식탁의 모양을 고른다.
　　③ 남자에게 매장을 안내한다.
　　④ 다른 상품의 위치를 찾아본다.

10　① 미용실을 예약한다.
　　② 상담을 받으러 간다.
　　③ 예약 시간을 확인한다.
　　④ 염색하는 방법을 배운다.

11　① 자전거를 탄다.
　　② 바퀴에 바람을 넣는다.
　　③ 수리 센터를 찾아본다.
　　④ 오빠와 함께 밖으로 나간다.

12　① 연수 계획을 짠다.
　　② 특강 주제를 결정한다.
　　③ 강의 자료를 정리한다.
　　④ 김 선생님에게 연락한다.

※ [13~16] 다음을 듣고 들은 내용과 같은 것을 고르십시오. (각 2점)

13 ① 남자는 주말마다 문화 체험을 하러 간다.
② 여자는 당분간 주말에 시간을 낼 수 없다.
③ 여자는 무료 체험이 있으면 참가하려고 한다.
④ 남자는 서울 근교에서 하는 체험에 참가할 것이다.

14 ① 열차 안에서는 대화를 할 수 없다.
② 이 열차는 현재 목적지로 가고 있다.
③ 승객들은 열차 안에서 마스크를 사야 한다.
④ 음식을 먹는 동안에는 마스크를 벗어도 된다.

15 ① 여성들만 이 서비스를 신청할 수 있다.
② 이 서비스는 전국적으로 실시되고 있다.
③ 120번에 전화를 하면 내려야 할 곳을 알려 준다.
④ 이 서비스를 이용하려면 3일 전에 신청해야 한다.

16 ① 남자는 계속 온라인 콘서트를 해 왔다.
② 남자는 관객들을 직접 찾아다니고 있다.
③ 남자는 이번 콘서트를 통해 보람을 느꼈다.
④ 관객들은 새로운 방식의 콘서트를 원하지 않는다.

※ [17~20] 다음을 듣고 <u>남자</u>의 중심 생각으로 가장 알맞은 것을 고르십시오. (각 2점)

17
① 관리하기 쉬운 식물이 좋다.
② 집 안에서는 식물을 키울 수 없다.
③ 식물의 성장에는 햇빛과 바람이 필요하다.
④ 나무는 꽃이 피기 전에 밖에 내 놓아야 한다.

18
① 운동은 매일 하는 게 좋다.
② 걷기 운동은 아침에 해야 한다.
③ 피곤할 때 운전을 하는 것은 위험하다.
④ 걷는 것만으로도 운동 효과를 볼 수 있다.

19
① 카페에서는 빵을 맛있게 만들기가 힘들다.
② 카페 이용 시에는 이용 규칙을 잘 지켜야 한다.
③ 카페 안내문은 카페 외부에 붙여야 눈에 잘 띈다.
④ 커피를 주문한 손님들에게 빵을 무료로 주어야 한다.

20
① 아이들은 부모의 영향을 많이 받는다.
② 아이들은 부모와 대화할 때 부담을 느낀다.
③ 아이들은 생각이나 태도를 바꾸기가 어렵다.
④ 아이들은 어른들에 비해 심리적인 문제가 덜 생긴다.

※ [21~22] 다음을 듣고 물음에 답하십시오. (각 2점)

21 남자의 중심 생각으로 가장 알맞은 것을 고르십시오.

① 자신에게 맞는 집을 찾는 것이 중요하다.
② 집을 구할 때에는 보증금부터 확인해야 한다.
③ 여러 사람이 함께 사는 것은 긍정적인 면도 있다.
④ 동생과 같이 살아도 쓸데없는 오해가 생길 수 있다.

22 들은 내용과 같은 것을 고르십시오.

① 남자는 얼마 전에 고향에 다녀왔다.
② 남자가 소개하는 집은 보증금 부담이 적다.
③ 여자는 남자에게 집을 구해 달라고 부탁했다.
④ 여자는 모르는 사람들과 함께 살아 보고 싶어 한다.

※ [23~24] 다음을 듣고 물음에 답하십시오. (각 2점)

23 남자가 무엇을 하고 있는지 고르십시오.

① 외국인등록증 신청 기간을 확인하고 있다.
② 외국인등록증 재발급 방법을 문의하고 있다.
③ 외국인등록증이 필요한 이유를 설명하고 있다.
④ 외국인등록증 신청에 필요한 서류를 발급받고 있다.

24 들은 내용과 같은 것을 고르십시오.

① 남자는 14일 전에 등록증을 잃어버렸다.
② 경찰서에서 외국인등록증 재발급을 해 준다.
③ 남자는 재발급 신청을 위해서 사진을 찍어야 한다.
④ 재발급 신청서는 신청하러 가기 전에 미리 쓰는 것이 좋다.

※ [25~26] 다음을 듣고 물음에 답하십시오. (각 2점)

25 남자의 중심 생각으로 가장 알맞은 것을 고르십시오.

① 달력에서는 사진이 제일 중요하다.
② 구청에서 하는 행사에는 꼭 참여해야 한다.
③ 마음이 있다면 얼마든지 남을 도울 수 있다.
④ 동료들과 함께 하면 어려운 일도 해 낼 수 있다.

26 들은 내용과 같은 것을 고르십시오.

① 남자는 운동하는 사진을 찍은 적이 있다.
② 남자는 달력의 사진 모델로 활동하고 있다.
③ 구청에서는 매년 홍보 자료를 만들어 나누어 준다.
④ 소방서에서는 불우이웃을 돕는 행사를 할 예정이다.

※ [27~28] 다음을 듣고 물음에 답하십시오. (각 2점)

27 남자가 말하는 의도로 알맞은 것을 고르십시오.

① 아동 수당의 지급 내용을 설명하기 위해
② 아동 수당 지급의 필요성을 일깨우기 위해
③ 아동 수당 지급의 문제점을 지적하기 위해
④ 아동 수당에 대한 인식의 변화를 말하기 위해

28 들은 내용과 같은 것을 고르십시오.

① 남자는 7세 미만의 아이를 키우고 있다.
② 모든 아동은 매월 10만 원씩을 받을 수 있다.
③ 부모들은 아동 수당을 더 많이 받고 싶어 한다.
④ 아동 수당은 부모의 소득에 관계없이 똑같이 지급된다.

※ [29~30] 다음을 듣고 물음에 답하십시오. (각 2점)

29 남자가 누구인지 고르십시오.

① 패션쇼에 서는 모델
② 옷을 디자인하는 사람
③ 현대 무용을 하는 무용가
④ 춤이나 음악 공연을 기획하는 사람

30 들은 내용과 같은 것을 고르십시오.

① 남자는 이번 공연에서 의상을 적극 활용했다.
② 남자는 패션쇼 무대에서 공연을 하고 싶어 한다.
③ 패션쇼에 가면 다양한 옷을 입어볼 기회가 있다.
④ 전통 무용에서는 관객이 원하는 옷을 입어야 한다.

※ [31~32] 다음을 듣고 물음에 답하십시오. (각 2점)

31 남자의 중심 생각으로 가장 알맞은 것을 고르십시오.

① 청소년 범죄는 원인이 부모나 학교에 있다.
② 청소년 범죄를 더욱 강하게 처벌해야 한다.
③ 나이가 어릴수록 범죄의 피해자가 되기 쉽다.
④ 우리 사회가 청소년들에게 스트레스를 주고 있다.

32 남자의 태도로 가장 알맞은 것을 고르십시오.

① 자신의 주장을 합리화하고 있다.
② 새로운 법의 적용을 주장하고 있다.
③ 청소년 문제 해결 방안에 공감하고 있다.
④ 사례를 들어 상대방의 주장을 반박하고 있다.

※ [33~34] 다음을 듣고 물음에 답하십시오. (각 2점)

33 무엇에 대한 내용인지 알맞은 것을 고르십시오.

① 면역 세포의 기능
② 병원체의 침입 방법
③ 병원체가 미치는 영향
④ 면역 세포의 생성 원리

34 들은 내용과 같은 것을 고르십시오.

① 백혈구는 모든 조직에 들어 있다.
② 하나의 면역 세포가 하나의 병원체를 담당한다.
③ 우리 몸의 방어 체계는 스스로 만들어지지 않는다.
④ 포식 세포는 바이러스에 대항해 우리 몸을 보호한다.

※ [35~36] 다음을 듣고 물음에 답하십시오. (각 2점)

35 남자가 무엇을 하고 있는지 고르십시오.

① 미술관의 프로그램을 안내하고 있다.
② 미술 교육의 필요성을 주장하고 있다.
③ 미술관 방문객들에게 감사를 전하고 있다.
④ 미술을 재미있게 배우는 방법을 설명하고 있다.

36 들은 내용과 같은 것을 고르십시오.

① 미술은 부모에게 배우는 것이 좋다.
② 이 미술관에서는 토요일마다 체험 교실을 운영한다.
③ 아이들은 미술 교육을 통해 정신적으로도 건강해진다.
④ 체험 프로그램은 미술관 근처에 있는 센터에서 진행된다.

※ [37~38] 다음을 듣고 물음에 답하십시오. (각 2점)

37 여자의 중심 생각으로 가장 알맞은 것을 고르십시오.

① 도서관에는 책이 많으면 많을수록 좋다.
② 누구나 문화와 예술에 관심을 가져야 한다.
③ 쇼핑센터에는 시민들이 모일 수 있는 장소가 필요하다.
④ 도서관이 보다 다양한 문화 공간으로 활용되어야 한다.

38 들은 내용과 같은 것을 고르십시오.

① 도서관은 쇼핑센터 바로 옆에 있다.
② 도서관은 시민들의 참여로 만들어졌다.
③ 듣고 싶은 강연이 있으면 도서관에 신청할 수 있다.
④ 시민들은 도서관에 모여서 여러 가지 주제로 토론을 한다.

※ [39~40] 다음을 듣고 물음에 답하십시오. (각 2점)

39 이 대화 전의 내용으로 가장 알맞은 것을 고르십시오.

① 강이 흐르는 여러 지역에 댐을 설치하고 있다.
② 정부에서 댐 관리에 적극적인 투자를 하고 있다.
③ 댐 관리 기관과 주민들 사이에 마찰이 빚어지고 있다.
④ 댐 관리에 필요한 비용이 점점 늘어나 문제가 되고 있다.

40 들은 내용과 같은 것을 고르십시오.

① 댐의 가장 중요한 기능은 홍수 조절이다.
② 지난달 초에 아주 많은 양의 비가 내렸다.
③ 댐을 잘 관리하려면 수천억 원의 비용이 든다.
④ 강 근처에 살고 있는 주민들은 대부분 피해를 입었다.

※ [41~42] 다음을 듣고 물음에 답하십시오. (각 2점)

41 이 강연의 중심 내용으로 가장 알맞은 것을 고르십시오.

① 누구나 성공하기를 원하는 것은 아니다.
② 외모가 아름다운 사람은 쉽게 성공할 수 있다.
③ 성공하려면 대화 시 상대방의 말을 잘 들어주어야 한다.
④ 잘 웃는 습관은 성공하는 데 긍정적인 영향을 미치게 된다.

42 들은 내용과 같은 것을 고르십시오.

① 잘 웃는 사람은 상대방의 마음을 쉽게 열 수 있다.
② 대화를 하다가 주장을 관철시키고 싶을 때 웃으면 된다.
③ 자연스럽게 웃으려면 대화하기 전에 웃는 연습을 해야 한다.
④ '웃으면 복이 온다'는 말은 지금 이 시대에는 맞지 않는 말이다.

※ [43~44] 다음을 듣고 물음에 답하십시오. (각 2점)

43 무엇에 대한 내용인지 알맞은 것을 고르십시오.

① 물고기의 수컷은 수명이 길지 않다.
② 가시고기는 하천으로 올라가 알을 낳는다.
③ 가시고기는 부성애가 매우 강한 물고기이다.
④ 물고기 새끼들은 부화할 때까지 힘든 과정을 겪는다.

44 가시고기에 대한 설명으로 맞는 것을 고르십시오.

① 암컷과 수컷이 함께 산란 준비를 한다.
② 알은 작아서 침입자들의 눈에 잘 띄지 않는다.
③ 암컷은 알을 낳은 후 5일이 지나면 둥지를 떠난다.
④ 수컷은 새끼들이 둥지를 떠나면 거기에서 죽게 된다.

※ [45~46] 다음을 듣고 물음에 답하십시오. (각 2점)

45 들은 내용과 같은 것을 고르십시오.

① 무인자동차는 사람이 운전할 수 없다.
② 무인자동차는 에너지를 아끼는 데에 도움이 된다.
③ 무인자동차를 타면 교통사고 걱정을 안 해도 된다.
④ 무인자동차에는 비싸고 좋은 소재를 쓸 필요가 없다.

46 여자의 태도로 알맞은 것을 고르십시오.

① 전문가들의 생각에 우려를 표하고 있다.
② 환경오염의 심각성을 느끼고 반성하고 있다.
③ 자동차 산업의 미래를 긍정적으로 전망하고 있다.
④ 무인자동차가 가져올 미래의 변화에 기대를 걸고 있다.

※ [47~48] 다음을 듣고 물음에 답하십시오. (각 2점)

47 들은 내용과 같은 것을 고르십시오.

① 간접 광고는 최근에 시작된 것이다.
② 간접 광고의 시초는 배우가 입고 있던 옷이었다.
③ 간접 광고 상품은 드라마나 영화의 일부로 등장한다.
④ 간접 광고는 소비자들이 광고라는 것을 모르게 해야 한다.

48 남자의 태도로 알맞은 것을 고르십시오.

① 간접 광고의 효과를 기대하고 있다.
② 간접 광고의 어려움을 토로하고 있다.
③ 간접 광고라는 사실을 숨긴 것을 비판하고 있다.
④ 간접 광고 상품 구입 시 주의할 것을 당부하고 있다.

※ [49~50] 다음을 듣고 물음에 답하십시오. (각 2점)

49 들은 내용과 같은 것을 고르십시오.

① 영웅들은 영화 속에만 존재하는 것이 아니다.
② 영화 속에서는 위험에 처할 때마다 영웅이 나타난다.
③ 화재가 발생한 건물의 주민들은 모두 잠을 자고 있었다.
④ 청년은 화재 현장에서 빨리 대피하지 못해 숨지고 말았다.

50 남자의 태도로 알맞은 것을 고르십시오.

① 자신의 주장과 다른 견해에 대해 반박하고 있다.
② 구체적인 예를 들어 자신의 의견을 주장하고 있다.
③ 전문가의 말을 인용해 자신의 주장을 증명하고 있다.
④ 과학적인 이론을 근거로 예상 가능한 문제를 제기하고 있다.

① 교시 쓰기(51번~54번)

시험 시간 **50**분 | 정답 및 해설 18쪽

※ [51~52] 다음 글의 ㉠과 ㉡에 알맞은 말을 각각 쓰시오. (각 10점)

51

Q&A

게시판   한국대학교 학생과

봉사 활동 증명서를 신청하고 싶습니다.

작년에 학교를 졸업한 졸업생인데 (㉠   )?

친구에게 물어보니 신청하려면 제가 직접 학교에 (㉡   ).

방법을 알려 주시면 감사하겠습니다.

확인 취소

㉠: _____

㉡: _____

52

　식물은 광합성 작용과 호흡 작용을 통해 오염 물질을 흡수하고, 사람의 몸에 좋은 물질을 내보낸다. 또한 식물은 곰팡이나 박테리아와 같은 세균도 제거한다. 실내의 50%를 식물로 채울 경우 박테리아가 거의 발견되지 않는다는 연구 보고가 있다. 집 안에 식물을 두면 모든 실내 오염 문제를 한번에 (㉠   ). 그 밖에도 식물은 놓인 위치에 따라 주변 온도를 조절함으로써 더운 날씨에도 실내에서는 사람들이 시원하게 (㉡   ).

㉠: _____

㉡: _____

53 다음은 '1인 가구의 변화'에 대한 자료이다. 이 내용을 200~300자의 글로 쓰시오. 단, 글의 제목은 쓰지 마시오. (30점)

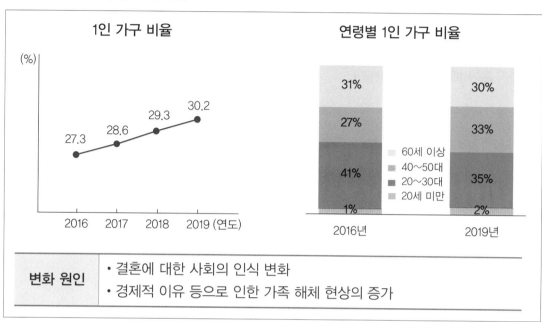

변화 원인	• 결혼에 대한 사회의 인식 변화 • 경제적 이유 등으로 인한 가족 해체 현상의 증가

54 다음을 참고하여 600~700자로 글을 쓰시오. 단, 문제를 그대로 옮겨 쓰지 마시오. (50점)

공감은 다른 사람의 상황이나 기분을 같이 느끼는 것이다. 바로 이 공감 능력이 대화에서 큰 힘을 발휘한다고 한다. 아래의 내용을 중심으로 자신의 생각을 쓰라.

• 공감은 왜 중요한가?
• 공감이 잘 이루어지지 않는 이유는 무엇인가?
• 공감을 잘 하기 위한 방법은 무엇인가?

※ 원고지 쓰기의 예

	한	국	은		봄	,	여	름	,	가	을	,	겨	울	의		사	계	절
이		뚜	렷	해	서		계	절	마	다		각	각		아	름	다	운	

제1교시 듣기, 쓰기 시험이 끝났습니다. 제2교시는 읽기 시험입니다.

2 교시 읽기(01번~50번)

시험 시간 **70**분 | 정답 및 해설 20쪽

※ [01~02] (   )에 들어갈 말로 가장 알맞은 것을 고르십시오. (각 2점)

01 휴가 때는 보통 여행을 (   ) 집에서 영화를 본다.

① 가려고　　　　　　　　　② 가더니

③ 가거나　　　　　　　　　④ 가는데

02 누구나 현실은 힘들지만 희망을 가지고 (   ).

① 살아 간다　　　　　　　　② 사는 중이다

③ 살도록 했다　　　　　　　④ 살면 안 된다

※ [03~04] 밑줄 친 부분과 의미가 가장 비슷한 것을 고르십시오. (각 2점)

03 두 사람은 <u>만나기만 하면</u> 싸운다.

① 만나는 동안　　　　　　　② 만나는 김에

③ 만나는 대신　　　　　　　④ 만날 때마다

04 면접시험까지 합격했으니 이제 취직이 <u>된 거나 마찬가지이다</u>.

① 된 탓이다　　　　　　　　② 된 셈이다

③ 되기 나름이다　　　　　　④ 되기 마련이다

※ [05~08] 다음은 무엇에 대한 글인지 고르십시오. (각 2점)

05

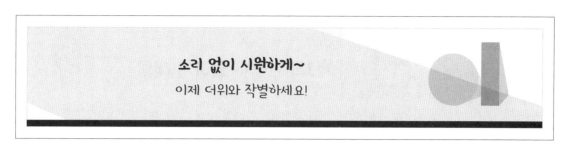

소리 없이 시원하게~

이제 더위와 작별하세요!

① 세탁기　　② 냉장고　　③ 청소기　　④ 에어컨

06

전화 한 통으로 편리하게!

식탁에서 만나는 신선함

① 약국　　② 여행사　　③ 사진관　　④ 슈퍼마켓

07

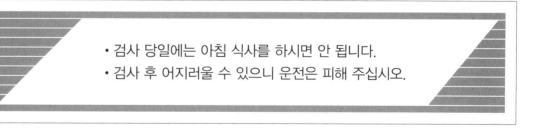

내가 버린 작은 불씨,

우리의 미래를 태울 수 있습니다.

① 건강 관리　　② 전기 절약　　③ 화재 예방　　④ 자리 양보

08

- 검사 당일에는 아침 식사를 하시면 안 됩니다.
- 검사 후 어지러울 수 있으니 운전은 피해 주십시오.

① 이용 시간　　② 주의 사항　　③ 구입 안내　　④ 접수 방법

※ [09~12] 다음 글 또는 그래프의 내용과 같은 것을 고르십시오. (각 2점)

09

제3회 한국어 말하기 대회

▶ 일   시: 20○○년 10월 9일(금) 10:00~12:00
▶ 참가 대상: 국내 거주 외국인
▶ 내   용: '한식'을 주제로 한 발표
▶ 참 가 비: 무료

① 이 대회는 이번에 처음으로 열린다.
② 이 대회에 참가하려면 돈을 내야 한다.
③ 이 대회에서는 한국 음식에 대해 말해야 한다.
④ 이 대회에는 외국인이라면 누구나 참가할 수 있다.

10

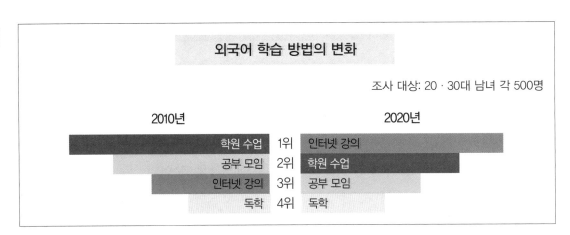

외국어 학습 방법의 변화

① 학원 수업은 순위 밖으로 나갔다.
② 공부 모임이 새롭게 4위 안에 들었다.
③ 인터넷 강의는 3위로 순위가 떨어졌다.
④ 혼자 공부하는 경우는 순위의 변화가 없었다.

11

> 지난 25일에 '제19회 국제 단편 영화제' 시상식이 서울문화회관 대강당에서 개최됐다. 이번 영화제에서는 그동안 주로 장편 영화를 만들어 왔던 다수의 감독들이 단편 영화를 출품한 점이 눈에 띈다. 또한 지난해에 이어 올해도 여러 편의 한국 영화가 주목을 받았으며 처음으로 한국 여성 감독의 영화가 작품상을 수상했다.

① 단편 영화제가 영화관에서 열렸다.
② 한국 감독이 처음으로 감독상을 받았다.
③ 지난해부터 한국 영화가 많은 관심을 받고 있다.
④ 이번 영화제에는 장편과 단편 영화들이 모두 출품되었다.

12

> 최근 1인 가구가 빠르게 늘어나면서 혼자서 식사하거나 술을 마시는 것이 새로운 유행으로 떠오르고 있다. 그러나 이러한 혼밥 또는 혼술은 건강에 나쁜 영향을 미칠 수 있으므로 주의해야 한다. 혼자 식사를 하면 간단한 음식으로 대충 먹게 되는 경우가 많고 식사 속도도 빨라지게 되기 때문이다. 또한 식사하는 동안 스마트폰이나 TV 등에 집중하게 돼서 과식하는 습관이 생길 수도 있다.

① 혼자 식사하는 사람들은 유행에 민감하다.
② 혼자 술을 마시는 사람들은 건강에 신경을 쓰지 않는다.
③ 간단한 음식을 먹을 때에는 여러 사람과 같이 먹는 게 좋다.
④ 혼자 밥을 먹으면 식사량을 적절하게 조절하지 못할 수도 있다.

※ [13~15] 다음을 순서에 맞게 배열한 것을 고르십시오. (각 2점)

13

> (가) 플라스틱으로 인한 환경오염 문제가 매우 심각해졌다.
> (나) 이로 인해 새로운 식품 포장에 대한 관심이 높아지고 있다.
> (다) 한 예로 식품 업계에서는 먹을 수 있는 포장 개발에 집중하기 시작했다.
> (라) 특히 식품 포장 등에 사용되는 플라스틱은 대부분 그냥 버려져 문제가 된다.

① (가)-(라)-(나)-(다)
② (가)-(라)-(다)-(나)
③ (다)-(가)-(나)-(라)
④ (다)-(나)-(가)-(라)

14

> (가) 돌담의 기능은 돌담이 쌓여 있는 위치에 따라 다르다.
> (나) 제주도에서는 가는 곳마다 길게 이어진 돌담을 만날 수 있다.
> (다) 또한 해안에 쌓아 놓은 돌담은 파도에 의한 피해를 막는 기능도 있다.
> (라) 집의 담은 집안 내부의 모습이 보이지 않게 하고 바람의 피해를 줄여 준다.

① (가)-(나)-(다)-(라)
② (가)-(다)-(나)-(라)
③ (나)-(가)-(라)-(다)
④ (나)-(다)-(가)-(라)

15

> (가) 이렇게 심장이 빨리 뛰는 이유 중 하나가 카페인이라고 한다.
>
> (나) 운동을 하고 나면 땀이 나고 심장이 빨리 뛰는 경험은 다 있을 것이다.
>
> (다) 그런데 운동을 한 것도 아닌데 심장 박동이 빠르게 느껴지는 경우도 있다.
>
> (라) 카페인이 자율신경계를 자극하여 심장 박동 수가 갑자기 증가하기 때문이다.

① (나)–(라)–(다)–(가)

② (나)–(다)–(가)–(라)

③ (다)–(가)–(라)–(나)

④ (다)–(라)–(나)–(가)

※ [16~18] (   )에 들어갈 말로 가장 알맞은 것을 고르십시오. (각 2점)

16

> 세계적으로 추석에 먹는 떡은 거의 다 보름달 모양인데, 송편은 전통적인 추석 음식인데도 보름달을 닮지 않았다. 역사적 기록을 보면 송편은 (   ) 떡이 아니라 주로 1월부터 6월까지 명절을 비롯한 특별한 날이 되면 많이 먹던 떡이다. 물론 추석에도 송편을 먹었지만 추석 외에도 특별한 날이면 먹던 민족의 대표 떡이 아니었나 싶다.

① 구하기 어려운

② 추석 때만 먹는

③ 같이 모여서 만드는

④ 들어가는 재료가 다양한

17

　우리는 가정을 시작으로 학교나 직장 등에서 수없이 많은 인간관계를 맺고 살아간다. 이처럼 다양한 인간관계를 원만하게 유지하려면 먼저 열린 마음을 가지고 상대방의 감정을 이해해 줄 수 있어야 한다. 한 연구 결과에 따르면 타인에 대한 공감 능력이 떨어지는 사람은 주변 사람들을 자신의 목적 달성을 위한 (　　　　　　) 진정한 인간관계를 맺기가 힘들다고 한다.

① 도구로 생각하기 때문에
② 동료로 존중하기 때문에
③ 경쟁자로 인정하기 때문에
④ 공감의 대상으로 이해하기 때문에

18

　황사나 미세먼지 문제로 관심을 끌던 건강 관리 가전제품의 인기가 최근 더욱 높아지고 있다. 특히 미세먼지 외에 올여름 역사상 가장 길었던 장마까지 겹치면서 공기 청정기나 대용량 건조기를 구매하는 소비자들이 증가한 것으로 보인다. 이러한 가전제품의 인기는 그만큼 건강에 대한 (　　　　　　) 것을 보여준다고 할 수 있다.

① 기업의 요구가 증가했다는
② 의사들의 관심이 떨어졌다는
③ 소비자들의 걱정이 늘었다는
④ 문제가 별로 중요하지 않다는

※ [19~20] 다음을 읽고 물음에 답하십시오. (각 2점)

안내견은 시각 장애인에게 세상을 볼 수 있는 소통 창구가 된다. 예비 안내견은 생후 7주가 되면 1년간 일반 가정에 맡겨져 사람과 살아가는 법을 배우게 되는데, 이렇게 훈련된 강아지들 중 30% 정도가 최종 안내견으로 선발된다고 한다. (   ) 안내견에게는 특별한 책임감과 인내심이 요구되기 때문에 여기에서 훈련이 끝나는 것은 아니다. 선발된 강아지들은 이후 안내견 학교에 들어가서 다시 교육을 받고 교육이 끝나면 은퇴할 때까지 8년간 시각 장애인들의 눈으로 살아가게 된다.

19 (   )에 들어갈 말로 가장 알맞은 것을 고르십시오.

① 만약
② 과연
③ 물론
④ 이처럼

20 윗글의 주제로 가장 알맞은 것을 고르십시오.

① 안내견은 시간 장애인과 가장 가까운 관계이다.
② 안내견 교육은 아무나 할 수 있는 것이 아니다.
③ 안내견에게도 일반 가정에서 보내는 시간이 필요하다.
④ 안내견이 되기 위해서는 정해진 교육 과정을 통과해야 한다.

※ [21~22] 다음을 읽고 물음에 답하십시오. (각 2점)

심각한 교통 체증으로 인한 출퇴근 지옥에서 벗어날 방법을 찾던 한 연구원이 재택근무라는 방식을 생각해 냈다. 아마 꽉 막힌 출근길에서 (   ) 본 적이 있는 직장인이라면 재택근무의 편리함에 동의할 것이다. 그러나 업종에 따라 재택근무가 가능한 경우라고 해도 재택근무의 효율성을 높이기 위해서는 기업과 근로자 모두 준비가 필요하다. 앞서 재택근무를 추진하던 세계적인 기업들도 의사소통 곤란과 관리의 어려움, 기업 정보 유출의 우려 때문에 중도에 포기한 경우가 많기 때문이다.

21 (   )에 들어갈 말로 가장 알맞은 것을 고르십시오.

① 발목을 잡아
② 진땀을 흘려
③ 귀를 기울여
④ 고개를 숙여

22 윗글의 내용과 같은 것을 고르십시오.

① 재택근무를 하면 늦게 출근해도 된다.
② 재택근무는 모든 직장에서 다 시행할 수 있다.
③ 재택근무를 시작했다가 포기한 기업들도 많이 있다.
④ 출퇴근이 힘든 사람들은 직장을 그만두고 싶어 한다.

※ [23~24] 다음을 읽고 물음에 답하십시오. (각 2점)

지난 일요일에 많은 눈이 내렸다. 휴일 아침이었지만 늦잠을 포기하고 새벽같이 일어나 집 앞에 쌓인 눈을 치웠다. 눈을 치우다 보니 어릴 때 생각이 났다. 어릴 때 눈이 많이 온 다음 날 아버지를 따라 나와 집 앞을 쓸다 보면 어느새 이웃들도 하나둘 나와서 서로 인사를 나누며 골목길을 치웠다. 어느 집인가 사정이 있어 빠지면 아버지와 이웃 사람들은 일부러 가서 쓸어 주곤 했다. 그래서 일까. <u>지금도 눈이 내리면 일요일 오전 골목길 눈 위에 남아 있던 사람들의 발자국이 하나둘씩 지워지던 풍경이 어제 일처럼 생각난다.</u> 요즘은 골목길에 눈이 쌓여도 사람들이 불평만 하고 치우지는 않는 경우가 많다. 눈이 쌓이면 "그만 자고 일어나서 눈 치워야지."라며 나를 깨우시던 아버지의 목소리가 들리는 것 같다.

23 밑줄 친 부분에 나타난 '나'의 심정으로 가장 알맞은 것을 고르십시오.

① 그립다
② 편안하다
③ 만족스럽다
④ 후회스럽다

24 윗글의 내용과 같은 것을 고르십시오.

① 아버지는 일요일마다 골목길을 청소하셨다.
② 지금도 아버지는 눈이 오면 나를 깨우신다.
③ 어렸을 때 내가 살던 동네에는 눈이 자주 왔다.
④ 요즘은 집 앞의 눈도 치우지 않는 사람들이 많다.

※ [25~27] 다음 신문 기사의 제목을 가장 잘 설명한 것을 고르십시오. (각 2점)

25 | 썰렁한 재래시장, 배달로 출구 모색 |

① 재래시장은 출입구가 여러 곳에 있어 찾기가 쉽지 않다.
② 날씨가 추워지자 재래시장을 직접 찾는 손님들이 줄었다.
③ 재래시장에서 배달 서비스를 통해 경기 회복의 노력을 하고 있다.
④ 재래시장에서 상품을 구매한 후 배달을 원하는 사람들이 많아졌다.

26 | 눈으로 먹고 귀로 맛보는 시대, 요리 프로그램 천국! |

① 음식을 먹을 때에는 눈과 귀로도 즐겨야 한다.
② 요즘 요리에 관련된 텔레비전 프로그램이 아주 많다.
③ 이제는 음식의 맛보다 모양이나 색깔이 더 중요해졌다.
④ 텔레비전에서는 실제 요리보다 사진이나 그림을 더 많이 보여준다.

27 | 색조 화장품도 불티, 남자는 관리 중 |

① 화장을 하는 등 외모를 가꾸는 남자들이 늘어났다.
② 남자들을 위한 화장품도 다양하게 만들 필요가 있다.
③ 화장품의 색을 만드는 일은 주로 남자들이 담당하고 있다.
④ 사회적 지위가 높은 남자들이 외모에 관심을 많이 갖는다.

※ [28~31] ( )에 들어갈 말로 가장 알맞은 것을 고르십시오. (각 2점)

28

이제는 취업이나 대학 진학 과정에서 자기소개서가 ( ) 매우 중요해졌다. 기업들은 자기소개서를 통해 지원자의 다양한 면을 파악한 후 채용 여부를 결정한다. 또한 대학의 입학 담당자들도 자기소개서에 쓰여 있는 성장 과정이나 경험 등을 통해 학생의 성향과 가치관, 학습 능력 등을 파악하고 합격자를 결정한다. 따라서 요즘 취업이나 진학을 준비하는 사람들은 자기소개서를 작성하는 데 많은 노력을 기울이고 있다.

① 잘 팔릴 만큼
② 인생을 좌우할 만큼
③ 합격 여부를 결정할 만큼
④ 기업이나 대학의 이미지를 바꿀 만큼

29

설거지할 때 세제를 사용하지 않고도 ( ) 방법이 있다. 바로 삼베로 만든 수세미를 사용하는 것이다. 삼베에는 수분을 빨리 흡수, 배출하고 자외선을 차단하며 곰팡이를 억제하는 성질이 있어서 수세미로 사용하기에도 좋다. 게다가 삼베는 버리면 썩어서 자연 분해된다고 하니, 환경 보호를 위해서도 삼베 수세미는 매우 유용하다고 할 수 있다.

① 환경을 지킬 수 있는
② 수세미를 잘 말릴 수 있는
③ 그릇을 깨끗하게 닦을 수 있는
④ 부엌일을 편리하게 할 수 있는

30

　　다른 동물들의 뇌와 비교해 보면 인간의 뇌는 주름을 많이 가지고 있다. 뇌는 대뇌와 소뇌, 뇌간으로 나뉘는데 이중 대뇌에 상당히 많은 주름이 형성되어 있다. 그 이유는 감각, 언어, 정신 등 여러 가지 기능을 담당하는 대뇌가 그 역할을 제대로 수행하기 위해서는 한정된 공간에 (　　　　　　　) 때문이다. 하나의 덩어리로 있을 때보다 주름져 있을 때 신경 세포들이 더 많이 자리를 잡을 수 있다.

① 새로운 주름이 계속 생기기
② 생명을 지키는 세포가 필요하기
③ 여러 모양의 주름이 있어야 하기
④ 많은 신경 세포들이 존재해야 하기

31

　　숲이나 산이 인접해 있어 자연 친화적인 환경에서 생활할 수 있는 주거 지역을 숲세권이라고 한다. 최근 세대를 막론하고 이러한 숲세권이 각광을 받고 있다. 기존의 주택 구입 조건에 (　　　　　　) 더욱 까다롭게 집을 고르는 사람들이 늘어나고 있는 것이다. 특히 수도권의 경우 1인당 누릴 수 있는 도시 숲 면적이 전국 평균의 절반도 되지 못하는 탓에 숲세권에 대한 희소가치가 더욱 높은 상황이다.

① 교통 여건을 고려해
② 친환경적 요소를 더해
③ 디자인적 가치를 평가해
④ 주변의 편의 시설을 생각해

※ [32~34] 다음을 읽고 글의 내용과 같은 것을 고르십시오. (각 2점)

32

산수화는 동양에서 자연의 풍경을 주제로 하여 그린 그림을 말한다. 이 산수화는 자연의 표현인 동시에 인간이 자연에 대해 지니고 있는 자연관의 반영이기도 하다. 농경 생활을 주로 하였던 동양인들에게 자연이란 매우 소중하고 절대적인 것이었으며, 또한 무생명의 존재로서가 아니라 인간처럼 살아서 움직이는 존재로 인식되었다. 이 때문에 자연을 표현한 것임에도 불구하고 산수화에서는 활기와 힘이 느껴져야 한다는 생각이 전제되어 있었다.

① 산수화는 서양에서 시작된 그림이다.
② 산수화의 주제는 인간과 자연의 조화이다.
③ 산수화에는 자연에 대한 시각이 나타나 있다.
④ 산수화는 여러 곳을 왔다 갔다 하며 그려야 한다.

33

독감은 감기 증세를 일으키는 바이러스 중 '인플루엔자'라고 하는 바이러스에 의해 발생하는 것이다. 일반 감기와 다른 점은 독감의 경우 콧물, 기침 등의 부분적인 증상보다는 발열, 근육통, 두통 등의 전신적인 증상이 훨씬 더 뚜렷하게 나타난다는 것이다. 독감은 주로 날씨가 춥고 건조한 10월부터 5월까지 발생률이 높다. 독감에 걸리면 대개의 경우는 2~3일 정도 발열과 전신 증상이 나타나다가 점차 회복되지만 어린 아이들이나 면역력이 떨어져 있는 만성 질환자 등은 합병증이 생겨 위험한 상태까지 갈 수도 있다.

① 여름에는 독감 발생률이 낮다.
② 건강한 성인들은 독감에 걸리지 않는다.
③ 독감은 감기보다 치료 방법이 더 다양하다.
④ 아이들은 독감에 걸려도 3일 정도가 지나면 낫는다.

34

    대안 학교는 공교육의 문제점을 보완하고 학습자 중심의 자율적인 교육 프로그램을 운영하도록 만들어진 특별 학교이다. 한국의 대안 학교 역사는 비교적 짧은 편이지만 유럽에서는 20세기 초부터 이미 '서머힐 학교'와 같은 대안 학교가 출현했고 1960년대 이후 세계 도처에 여러 형태의 대안 학교가 등장했다. 대안 학교의 유형에는 학교를 중도에 포기한 학생이나 부적응 학생들에게 정상적인 사회인으로 복귀할 수 있도록 기회를 주는 위탁형 대안 학교, 교육 과정과 학교 운영이 자유롭고 일반 학교와 마찬가지로 학력을 인정받는 특성화형 대안 학교 등이 있다.

① 대안 학교는 공교육의 장점을 살린 학교이다.
② 한국의 대안 학교는 100여 년의 역사를 가지고 있다.
③ 유럽에서는 1960년대 이후 대안 학교에 관심을 갖기 시작했다.
④ 일반 학교와 동등한 학력을 인정받을 수 있는 대안 학교도 있다.

※ [35~38] 다음을 읽고 글의 주제로 가장 알맞은 것을 고르십시오. (각 2점)

35

    인터넷 사이트에 게재된 만화, 즉 웹툰이 최근 다수 영화로 만들어지고 있다. 웹툰을 원작으로 하는 영화는 이전에 작품을 봤던 사람들뿐만 아니라 작품을 보지 않았던 사람들에게도 관심거리가 되면서 흥행으로 연결되는 경우가 많다. 그러나 반면 스토리가 긴 웹툰을 2시간 안에 표현하려다 보니 이야기가 매끄럽게 진행되지 못해 관객들에게 실망을 안겨 주는 작품들도 적지 않다. 웹툰을 영화화하는 경우 대부분의 독자들이 원작의 스토리를 그대로 가지고 가기를 원한다는 사실을 기억해야 할 것이다.

① 인기 있는 웹툰만 영화로 만들어진다.
② 웹툰은 인터넷에서 볼 때가 더 재미있다.
③ 웹툰을 영화화하는 것은 매우 복잡한 일이다.
④ 웹툰을 영화화할 때는 원작을 그대로 반영하는 게 좋다.

36

3D프린터는 21세기의 도깨비 방망이라고 불리며 항공이나 자동차와 같은 제조업뿐만 아니라 의료, 건설, 식품 등의 산업 분야에서 활발하게 사용되고 있다. 3D프린터의 가장 큰 장점은 제품을 만드는 복잡한 생산 과정이 필요 없다는 것이다. 3D프린터의 사용 기술을 익히고 프린터만 장만하면 나만의 아이디어를 손쉽게 제품으로 만들 수 있다. 전문가들은 앞으로 10년 이내에 이러한 3D프린터의 대중화가 이루어질 것이므로, 바로 지금부터 각 가정마다 3D프린터로 생활용품을 만들어 쓰는 시대를 준비해야 한다고 조언하고 있다.

① 3D프린터는 신기한 제품이다.
② 3D프린터의 활용 능력을 갖추어야 한다.
③ 3D프린터를 사용하는 분야가 점점 확대되고 있다.
④ 3D프린터 구매 시에는 전문가의 조언을 들어야 한다.

37

분노는 말과 행동이 갑자기 격렬하게 표현되는 감정인데 사람에 따라 밖으로 드러내기도 하고 마음속에 담아 두기도 한다. 과거에는 지나치게 분노를 억압해서 생기는 질병 등이 문제가 되었지만 현재는 지나친 분노 폭발로 인해 여러 가지 문제들이 발생하고 있다. 순간적인 분노를 이기지 못해 대형 범죄로 이어지는 경우가 많아진 것이다. 누구나 화를 가지고 있지만 그렇다고 해서 누구나 범죄를 저지를 만큼 분노를 표출하지는 않는다. 이전에는 화를 참는 방법에만 관심을 기울였다면 이제는 건강하게 화를 내는 방법에 대해 고민하고 자신이 원하는 것을 원만하게 전달할 수 있는 지혜가 필요한 때이다.

① 분노를 참다 보면 심각한 질병에 걸릴 수도 있다.
② 적절한 방법으로 분노를 표현할 수 있도록 해야 한다.
③ 원하는 것이 있을 때에는 그것을 정확하게 전달해야 한다.
④ 분노를 참지 못하는 사람들이 늘면서 범죄도 증가하고 있다.

38

'멍때리기'는 흔히 정신이 나간 것처럼 한눈을 팔거나 넋을 잃은 상태를 말한다. 그런데 2014년 첫 대회가 열린 이후 매년 '멍때리기 대회'가 열릴 만큼 하루 종일 끊임없이 뇌를 통해 무언가를 하기 바쁜 현대인들에게 멍때리기는 시간을 내서 일부러 해야 하는 일이 되었다. 지금까지 멍하게 있는 것은 비생산적이라는 시각 때문에 다소 부정적으로 받아들여졌다. 하지만 역사적으로 보면 멍때리는 행동에서 세상을 바꾼 창의적인 아이디어들이 나온 때가 많으며, 멍하게 있는 것은 복잡했던 생각을 다듬는 기회가 되기 때문에 어떤 문제를 해결하는 데에도 도움이 된다.

① 멍때리기 대회가 더 자주 열려야 한다.
② 현대인들은 멍때리는 일에 관심이 없다.
③ 멍때리는 시간을 갖는 것은 여러 가지로 유익하다.
④ 멍해 있는 시간이 길면 길수록 좋은 아이디어를 얻을 수 있다.

※ [39~41] 주어진 문장이 들어갈 곳으로 가장 알맞은 것을 고르십시오. (각 2점)

39

　　잠을 자다가 깨어나서도 아주 생생하게 기억나는 꿈은 현실에서 어떤 일이 일어날 것인지를 미리 보여 주는 예지몽이 되기도 한다. (㉠) 대다수의 복권 당첨자들 역시 생생한 예지몽을 꾸고 복권을 사게 되었다는 경우가 많다. (㉡) 이러한 꿈은 재물 외에도 학업이나 취업 등에서 좋은 운을 가져다주는 대표적인 길몽으로 알려져 있다. (㉢) 이밖에도 불이 나는 꿈이나 대통령을 만나는 꿈 등이 재물과 관련된 길몽으로 꼽힌다. (㉣)

보기

복권 당첨자들의 가장 흔한 꿈은 돼지꿈과 조상님이 나오는 꿈이다.

① ㉠　　　　　　　　　　　② ㉡

③ ㉢　　　　　　　　　　　④ ㉣

40

　　지난해 '한국 문학 번역상'을 수상한 정우나가 두 번째 번역집『청춘을 노래한 한국 단편』을 펴냈다. (㉠) 2000년 이후에 출간된 한국 단편소설 중 청춘을 주제로 한 작품들을 모아 번역한 것이다. (㉡) 청춘은 뜨겁지만 서툴렀고 항상 원하는 만큼 채워지지 않았던 미완의 시간이다. (㉢) 번역가는 바로 그런 점에서 더욱 '청춘'이라는 주제에 의미를 두고 여러 나라의 독자들과 한국 문학의 세계를 공유하기 위해 이번 번역집을 출간하게 되었다고 한다. (㉣)

보기

또 이런 시간과 경험은 국적이나 성별을 막론하고 누구에게나 허락되는 통과 의례 같은 것이다.

① ㉠　　　　　　　　　　　② ㉡

③ ㉢　　　　　　　　　　　④ ㉣

41

> 흔히들 남자와 여자가 한 쌍을 이루어 잘 사는 것은 궁합이 잘 맞기 때문이라고 한다. (㉠) 다른 식품과 함께 섭취할 때 영양 효율이 높아지는 것은 음식의 궁합이 잘 맞는다고 할 수 있다. (㉡) 반면에 효율이 떨어지는 것은 음식 궁합이 안 맞는다고 할 수 있다. (㉢) 고기를 재울 때 파인애플 즙을 사용하고 고기와 깻잎을 함께 먹는 것이 바로 음식끼리의 궁합을 맞춘 좋은 예이다. (㉣)

보기

그것과 마찬가지로 음식도 그러한 경우가 있다.

① ㉠   ② ㉡

③ ㉢   ④ ㉣

※ [42~43] 다음을 읽고 물음에 답하십시오. (각 2점)

내가 여기에 와서 돈 한 푼 안 받고 일하기를 삼 년하고 꼬박 일곱 달 동안을 했다. 그런데도 미처 못 자랐다니까 이 키는 언제야 자라는 겐지 짜장 영문 모른다. 일을 좀 더 잘해야 한다든지, 혹은 밥을 (많이 먹는다고 노상 걱정이니까) 좀 덜 먹어야 한다든지 하면 나도 얼마든지 할 말이 많다. 하지만 점순이가 아직 어리니까 더 자라야 한다는 여기에는 어째 볼 수 없이 그만 빙빙하고 만다.

이래서 나는 애초 계약이 잘못된 걸 알았다. 이태면 이태, 삼 년이면 삼 년, 기한을 딱 정하고 일을 했어야 할 것이다. (중략)

장인님이 제가 다 알아차려서 "어참, 너 일 많이 했다. 고만 장가들어라." 하고 살림도 내주고 해야 나도 좋을 것이 아니냐. 시치미를 딱 떼고 도리어 그런 소리가 나올까 봐서 지레 펄펄 뛰고 이 야단이다. 명색이 좋아서 데릴사위지 일하기에 싱겁기도 할뿐더러 이건 참 아무것도 아니다.

42 밑줄 친 부분에 나타난 '나'의 심정으로 가장 알맞은 것을 고르십시오.

① 뿌듯하다
② 답답하다
③ 후회스럽다
④ 의심스럽다

43 윗글의 내용으로 알 수 있는 것을 고르십시오.

① 나는 일곱 달 정도 일한 돈을 못 받고 있다.
② 나는 이제부터 밥을 좀 적게 먹으려고 한다.
③ 점순이와 결혼하려면 내 키가 좀 더 자라야 한다.
④ 장인은 구체적인 약속 없이 나에게 일을 시키고 있다.

※ **[44~45] 다음을 읽고 물음에 답하십시오. (각 2점)**

마트에서 장을 보다 보면 유통 기한이 얼마 남지 않은 상품을 저렴하게 파는 것을 볼 수 있다. 우유나 치즈 같은 가공식품부터 김밥이나 튀김 같은 즉석 조리 식품까지 할인 상품의 종류도 매우 다양하다. 이렇게 하면 마트의 입장에서는 곧 (   ) 제품들을 판매해서 좋고, 소비자는 가성비 높은 제품을 구매할 수 있는 기회가 생겨서 좋을 뿐만 아니라 음식물 쓰레기를 줄이는 친환경 효과까지 얻을 수도 있다. 이러한 판매와 구매 방식이 식품 소비의 새로운 경향으로 자리 잡은 것은 버려지는 음식 쓰레기에 대한 소비자들의 인식이 달라졌기 때문이다. 이제 소비자들은 버려지는 음식 쓰레기를 전 지구적 낭비이자, '환경 문제'의 하나로 인식하고 있다. '먹을 수 있다면 쓰레기가 아니다.'라는 인식이 유통 기한이 임박한 상품에 대한 재조명으로 이어지고 있는 것이다.

44 (   )에 들어갈 말로 가장 알맞은 것을 고르십시오.

① 조리해서 먹게 될
② 새로운 가치를 인정받게 될
③ 소비자들에게 값싸게 제공될
④ 상품으로서의 가치를 잃어버릴

45 윗글의 주제로 가장 알맞은 것을 고르십시오.

① 유통 기한이 지난 식품이 더 가치 있다.
② 마트에서 식품을 살 때는 유통 기한을 확인해야 한다.
③ 유통 기한이 임박한 식품에 대한 소비가 이루어져야 한다.
④ 환경 보호를 위해 친환경적인 식품을 구매하는 것이 좋다.

※ [46~47] 다음을 읽고 물음에 답하십시오. (각 2점)

> 사회적으로 관심을 끄는 큰 범죄에 대한 재판이 이루어질 때 일반 국민들이 의견을 낼 수 있는 국민 참여 재판제도가 운용되고 있다. 만 20세 이상의 국민 중 무작위로 선정된 사람들이 재판에 참여하여 판결에 관한 의견을 판사에게 제시하게 되는 제도이다. 이때 제시된 의견이 판결에 법적으로 영향을 미치는 것은 아니다. 그러나 이러한 참여를 통해 국민의 법적인 권리를 보장할 수 있고 판결에 대한 불신을 없앨 수도 있다. 특히 꽤 긴 시간 동안 재판이 진행되다 보니 그 과정에서 여러 차례 주장과 증거들을 정리하고 확인한 후 판결할 수 있다는 큰 장점이 있다. 물론 법률에 대한 지식과 재판 절차 등을 잘 모르는 일반인에게 재판을 맡겼을 때 나타날 수 있는 여러 가지 부작용도 있을 것이다. 하지만 국민 참여 재판의 경우 검사나 변호사가 일반인들의 눈높이에 맞춰 재판을 준비하게 된다. 그렇기 때문에 재판에 참여한 국민들이 사건을 파악하고 판단하는 것이 크게 어렵지 않다고도 볼 수 있다. 따라서 앞으로 국민 참여 재판의 범위를 더 넓히고 또 참여하도록 선정된 사람들은 책임감을 가지고 재판에 참석할 수 있는 사회적 분위기를 조성해야 할 것이다.

46 윗글에 나타난 필자의 태도로 가장 알맞은 것을 고르십시오.

① 국민 참여 재판제도가 판결에 미칠 영향을 예상하고 있다.
② 국민 참여 재판제도가 가져올 긍정적인 효과를 기대하고 있다.
③ 국민들이 법률과 재판에 대한 지식을 갖추어야 함을 강조하고 있다.
④ 국민 참여 재판제도가 범죄자들에 의해 악용될 것을 우려하고 있다.

47 윗글의 내용과 같은 것을 고르십시오.

① 법적인 지식이 풍부한 국민들만 재판에 참여할 수 있다.
② 검사나 변호사들은 국민들의 재판 참여에 반대하고 있다.
③ 판사는 재판에 참여한 국민들의 의견대로 판결을 해야 한다.
④ 다른 재판에 비해 국민 참여 재판에서 나온 판결은 믿을 수 있다.

※ [48~50] 다음을 읽고 물음에 답하십시오. (각 2점)

> 지난 5월 전자 서명법 개정안의 국회 통과로 공인인증서가 폐지되면서 신체 정보를 바탕으로 본인 확인이 가능한 생체 인증이 관심을 끌고 있다. 생체 인증은 인간의 생물학적, 행동적 특징을 통해 사람을 인식하고 신원을 파악하는 기술이다. 신체에서 직접 정보를 추출하는 생체 인증은 지문 인식, 얼굴 인식, 홍채·망막 인식, 손 모양 인식, 정맥 인식 등 매우 다양하다. 이 같은 생체 인증의 가장 큰 장점은 카드와 같은 신분증이 필요 없다는 점이다. 또한 다른 사람이 대신할 수도 없으므로 안전하며 사용자도 자신의 정보를 도용당하는 데에 대한 불안함을 떨칠 수 있어서 걱정 없이 이용할 수 있다. 하지만 상처, 병, 선천성 결손 등에 의해 (   ) 사람을 위한 대안이 필요하다. 또한 생체 인증 정보는 비밀번호처럼 임의로 갱신하는 것이 불가능하기 때문에 한번 복제되면 안전성을 회복하는 것이 불가능할 수도 있는 치명적인 문제를 가지고 있다. 이런 상황에서 피해자가 발생하지 않도록 하기 위해서는 생체 인증 절차에 대한 보완 대책이 반드시 마련되어야 한다.

48 윗글을 쓴 목적으로 알맞은 것을 고르십시오.

① 생체 인증의 도입을 역설하기 위해서
② 생체 인증의 적용 가능성을 분석하기 위해서
③ 새로운 신분 인증 방식의 유형에 대해 설명하기 위해서
④ 생체 인증 절차에 대한 보완책 마련의 필요성을 강조하기 위해서

49 (   )에 들어갈 말로 가장 알맞은 것을 고르십시오.

① 생체 인식이 불가능한
② 신분증을 만들 수 없는
③ 공인인증서 발급이 힘든
④ 개인 정보를 공개할 수 없는

50 윗글의 내용과 같은 것을 고르십시오.

① 국회에서 생체 인증의 사용이 통과되었다.
② 생물학적 특징 한 가지만으로는 신원을 알 수 없다.
③ 생체 인증을 하면 다른 형태의 신분증은 필요가 없다.
④ 생체 인증 정보는 몸의 변화에 따라 계속 수정해야 한다.

한국어능력시험 II
제2회 실전 모의고사

Test of Proficiency in Korean II

The 2nd actual mock test

1교시   듣기, 쓰기 (Listening, Writing)

2교시   읽기 (Reading)

 듣기 모바일 OMR
자동채점

 듣기 MP3 유튜브
바로가기

 읽기 모바일 OMR
자동채점

수험번호(Registration No.)		
이름 (Name)	한국어(Korean)	
	영어(English)	

유의 사항
Information

1. 시험 시작 지시가 있을 때까지 문제를 풀지 마십시오.

   Do not open the booklet until you are allowed to start.

2. 수험번호와 이름을 정확하게 적어 주십시오.

   Write your name and registration number on the answer sheet.

3. 답안지를 구기거나 훼손하지 마십시오.

   Do not fold the answer sheet; keep it clean.

4. 답안지의 이름, 수험번호 및 정답의 기입은 배부된 펜을 사용하여 주십시오.

   Use the given pen only.

5. 정답은 답안지에 정확하게 표시하여 주십시오.

   Mark your answer accurately and clearly on the answer sheet.

marking example	① ● ③ ④

6. 문제를 읽을 때에는 소리가 나지 않도록 하십시오.

   Keep quiet while answering the questions.

7. 질문이 있을 때에는 손을 들고 감독관이 올 때까지 기다려 주십시오.

   When you have any questions, please raise your hand.

실전 모의고사

제 **2** 회

1 교시 듣기(01번~50번)

시험 시간 **60**분 | 정답 및 해설 24쪽

※ [01~03] 다음을 듣고 가장 알맞은 그림 또는 그래프를 고르십시오. (각 2점)

01

①

②

③

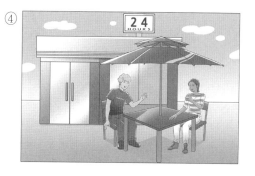
④

02

①

②

③

④

03

① 방송 매체의 선호도

② 방송 매체의 선호도

③ 음식 프로그램의 수
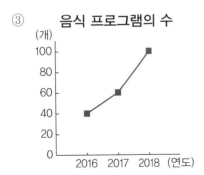

④ 음식 프로그램의 수
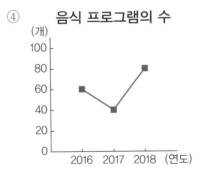

※ [04~08] 다음을 듣고 이어질 수 있는 말로 가장 알맞은 것을 고르십시오. (각 2점)

04
① 저도 그 비결을 좀 알고 싶어요.
② 저도 드라마를 꾸준히 봐야겠네요.
③ 그 드라마를 많이 본다고 들었어요.
④ 한국어를 연습할 시간이 별로 없어요.

05
① 그럼 빨리 예약하도록 하세요.
② 지난주에 여행을 갈 걸 그랬어요.
③ 저는 그 호텔이 마음에 안 들어요.
④ 그러니까 잊지 말고 숙소부터 예약했어야죠.

06
① 정말 아쉬웠겠네요.
② 천천히 가도 될 거예요.
③ 등산을 별로 안 좋아하나 봐요.
④ 아무리 힘들어도 포기하지 마세요.

07 ① 생활비가 없을 줄 알았어.

② 나도 쇼핑하러 가려고 해.

③ 돈을 좀 아껴 쓰지 그랬어?

④ 아르바이트를 그만두는 게 어때?

08 ① 모집하게 되면 다시 전화해 주시겠어요?

② 그럼 오후에만 일을 할 수는 없을까요?

③ 그래서 학생들은 일을 하기가 힘들어요.

④ 학교에 가든지 말든지 신경 쓰지 마세요.

※ [09~12] 다음을 듣고 **여자**가 이어서 할 행동으로 가장 알맞은 것을 고르십시오. (각 2점)

09
① 마늘을 간장에 넣는다.
② 냉장고에서 야채를 꺼낸다.
③ 남자에게 간장을 가져다준다.
④ 불고기 만드는 방법을 찾아본다.

10
① 서울역에서 길을 물어본다.
② 시청역에서 지하철을 갈아탄다.
③ 다음 역에 내려서 버스를 탄다.
④ 내려서 반대 방향의 지하철을 탄다.

11
① 선물을 사러 간다.
② 집들이 준비를 한다.
③ 나영이에게 연락을 한다.
④ 진수에게 주소를 알려 준다.

12
① 마리에게 이메일을 보낸다.
② 마리의 전화번호를 알아본다.
③ 마리를 만나러 공항으로 간다.
④ 마리가 보낸 이메일을 확인한다.

※ **[13~16] 다음을 듣고 들은 내용과 같은 것을 고르십시오. (각 2점)**

13 ① 여자는 식사를 자주 거르는 편이다.
② 남자는 여자의 건강을 걱정하고 있다.
③ 남자는 여자에게 질문을 많이 하는 편이다.
④ 여자는 한국 친구들에게 비슷한 인사를 듣는다.

14 ① 편지에는 좋은 소식을 쓰는 게 좋다.
② 휴대폰으로는 감정을 전달하기가 힘들다.
③ 휴대폰이 없는 사람들은 편지를 써야 한다.
④ 편지를 쓰다 보면 마음속의 이야기를 할 수 있다.

15 ① 올 가을에는 비가 자주 올 것이다.
② 내륙에는 내일 오전에도 비가 내릴 것이다.
③ 소나기로 인해 날씨가 좀 시원해질 것이다.
④ 동해안 지역에는 무더운 날씨가 계속될 것이다.

16 ① 여행자라면 누구나 이 민박을 이용할 수 있다.
② 주인 부부는 자녀들과 함께 민박을 운영하고 있다.
③ 민박에 묵는 동안 한국 음식을 만들어 볼 수 있다.
④ 민박에서는 외국인들에게 일자리도 소개해 주고 있다.

※ [17~20] 다음을 듣고 <u>남자</u>의 중심 생각으로 가장 알맞은 것을 고르십시오. (각 2점)

17
① 집안에서는 청소기를 사용하면 안 된다.
② 아이들을 낮에만 뛰어다니도록 해야 한다.
③ 공동주택에 살려면 서로 예의를 지켜야 한다.
④ 다른 집에 피해를 주지 않는 소음은 내도 된다.

18
① 부장님도 솔직한 사람을 좋아하실 것이다.
② 상황에 따라서 거짓말이 도움이 될 수도 있다.
③ 거짓말을 하는 사람과는 등산을 같이 할 수 없다.
④ 누구나 남에게 피해를 주는 거짓말을 해도 괜찮다.

19
① 부동산 광고의 내용을 무조건 믿어서는 안 된다.
② 인터넷 광고에서는 사진의 역할이 가장 중요하다.
③ 부동산 광고 사진은 휴대폰의 카메라로 찍어야 한다.
④ 시간을 아끼기 위해서는 인터넷으로 집을 알아보는 게 좋다.

20
① 영화는 시끄러운 곳에서 봐야 한다.
② 영화를 보려면 표를 일찍 예매해야 한다.
③ 극장에서 영화를 봐야 재미를 충분히 느낄 수 있다.
④ 시간이 없으면 집에서 인터넷으로 영화를 보는 게 좋다.

※ [21~22] 다음을 듣고 물음에 답하십시오. (각 2점)

21 남자의 중심 생각으로 가장 알맞은 것을 고르십시오.

① SNS는 매우 유용한 통신 수단이다.

② 유학을 가려면 꼼꼼하게 준비해야 한다.

③ 친구 사이라고 해도 서로 예의를 지켜야 한다.

④ 가까운 사이일수록 먼저 사정을 이해해 주어야 한다.

22 들은 내용과 같은 것을 고르십시오.

① 유학을 가면 메시지를 확인하기가 힘들다.

② SNS에 사진을 올리는 것은 위험한 일이다.

③ 남자는 유학 간 친구에게 먼저 연락하지 않을 것이다.

④ 여자는 친구에게 연락할 방법이 없어서 걱정하고 있다.

※ [23~24] 다음을 듣고 물음에 답하십시오. (각 2점)

23 남자가 무엇을 하고 있는지 고르십시오.

① 식당 예약 시간을 변경하고 있다.

② 직원에게 예약 내용을 확인하고 있다.

③ 내일 저녁 모임에 대해 설명하고 있다.

④ 식당에서 만나기로 한 약속을 취소하고 있다.

24 들은 내용과 같은 것을 고르십시오.

① 취소나 변경은 전화로 할 수 있다.

② 금요일 저녁 메뉴에는 갈비찜이 없다.

③ 이 식당의 직원들은 한국어를 잘 모른다.

④ 예약 시간 두 시간 전까지 식당에 도착해야 한다.

※ [25~26] 다음을 듣고 물음에 답하십시오. (각 2점)

25 남자의 중심 생각으로 가장 알맞은 것을 고르십시오.

① 남자 아이들도 춤을 배우는 게 좋다.
② 학교는 학생이 원하는 것을 하게 해 주어야 한다.
③ 도시의 학교보다 시골 학교에서 더 많은 것을 배울 수 있다.
④ 춤을 추는 활동을 통해 더욱 건강한 학교생활을 할 수 있다.

26 들은 내용과 같은 것을 고르십시오.

① 이 학교의 학생들은 하루에 세 시간씩 춤을 배운다.
② 이 학교에는 도시의 학교에 없는 프로그램이 많다.
③ 올해 이 학교의 학생 수는 작년보다 40명이나 늘었다.
④ 남학생들은 대부분 유행하는 춤을 배우는 것을 어색해한다.

※ [27~28] 다음을 듣고 물음에 답하십시오. (각 2점)

27 남자가 말하는 의도로 알맞은 것을 고르십시오.

① 운전면허 시험을 함께 준비하려고
② 여자를 만나서 운전을 가르쳐 주려고
③ 여자가 어떤 차를 운전하는지 알아보려고
④ 운전면허 시험을 잘 보는 방법을 물어보려고

28 들은 내용과 같은 것을 고르십시오.

① 운전은 하면 할수록 쉬워진다.
② 여자는 운전하는 것을 싫어한다.
③ 운전면허 시험은 매주 일요일에 있다.
④ 여자는 운전면허 시험에 어렵게 합격했다.

※ [29~30] 다음을 듣고 물음에 답하십시오. (각 2점)

29 남자가 누구인지 고르십시오.

① 초등학교 교사
② 어린이집 교사
③ 유아용품 회사 직원
④ 어린이 전문 병원 의사

30 들은 내용과 같은 것을 고르십시오.

① 남자는 여자 선생님들과 사이가 안 좋다.
② 여자보다 남자가 아이들을 더 잘 돌본다.
③ 요즘 일자리를 찾지 못한 젊은이들이 많다.
④ 남자는 이 일을 선택한 것을 후회하고 있다.

※ [31~32] 다음을 듣고 물음에 답하십시오. (각 2점)

31 남자의 중심 생각으로 가장 알맞은 것을 고르십시오.

① 여름에는 보양식을 먹어야 한다.
② 요즘은 모두 개를 가족처럼 여기고 있다.
③ 보신탕을 먹은 데에는 역사적인 이유가 있다.
④ 오랫동안 해 왔다고 해서 문화라고 할 수는 없다.

32 남자의 태도로 가장 알맞은 것을 고르십시오.

① 문제에 대한 해결책을 제시하고 있다.
② 자신의 실수에 대해 변명을 하고 있다.
③ 최근 변화된 사회 분위기를 비판하고 있다.
④ 상대방의 의견을 긍정적으로 평가하고 있다.

※ [33~34] 다음을 듣고 물음에 답하십시오. (각 2점)

33 무엇에 대한 내용인지 알맞은 것을 고르십시오.

① 감자탕의 재료 손질 과정
② 감자탕이라는 이름의 유래
③ 감자탕을 맛있게 먹는 방법
④ 감자탕에 들어 있는 영양 정보

34 들은 내용과 같은 것을 고르십시오.

① 한국인들은 저녁에만 감자탕을 먹는다.
② 감자가 많이 들어가야 감자탕이 맛있어진다.
③ 과거에는 주로 술을 마실 때 감자탕을 같이 먹었다.
④ 아이들은 감자탕이 맵기 때문에 별로 좋아하지 않는다.

※ [35~36] 다음을 듣고 물음에 답하십시오. (각 2점)

35 남자가 무엇을 하고 있는지 고르십시오.

① 봉사 활동의 유형을 설명하고 있다.
② 봉사 단원 모집에 대한 안내를 하고 있다.
③ 지구촌 이웃들의 발전 경험을 소개하고 있다.
④ 지금까지 한 봉사 활동의 성과를 보고하고 있다.

36 들은 내용과 같은 것을 고르십시오.

① 청소년들도 봉사 단원으로 지원할 수 있다.
② 봉사 단원이 되면 경제적으로 안정된 삶을 살 수 있다.
③ 누구나 봉사가 끝나면 단체에서 일해 볼 기회를 얻게 된다.
④ 봉사 활동에는 파견 지역 주민들을 가르치는 일도 포함된다.

※ [37~38] 다음을 듣고 물음에 답하십시오. (각 2점)

37 여자의 중심 생각으로 가장 알맞은 것을 고르십시오.

① 윗사람들은 의견을 주장하지 않는 것이 좋다.
② 집단 내의 의사소통은 큰 문제를 방지할 수 있다.
③ 부정적인 분위기는 회의에서 더 나은 결과를 낳는다.
④ 아랫사람들에게는 나쁜 소식을 말하지 않는 것이 좋다.

38 들은 내용과 같은 것을 고르십시오.

① 침묵효과로 인해 부정적인 결과가 생길 수 있다.
② 윗사람들은 글을 쓰는 것을 별로 좋아하지 않는다.
③ 회의에서는 아랫사람이 먼저 말을 꺼내는 게 좋다.
④ 부정적인 분위기를 만드는 것은 주로 아랫사람들이다.

※ [39~40] 다음을 듣고 물음에 답하십시오. (각 2점)

39 이 대화 전의 내용으로 가장 알맞은 것을 고르십시오.

① 일회용 컵을 사용하는 사람들이 점점 늘고 있다.
② 커피숍에서는 커피뿐만 아니라 머그컵도 판매한다.
③ 우리나라는 커피숍 안에서 커피를 마시는 사람이 많다.
④ 우리나라는 매장 안에서 일회용품을 많이 사용하고 있다.

40 들은 내용과 같은 것을 고르십시오.

① 대부분의 커피숍들은 좌석이 부족한 실정이다.
② 손님들은 자신의 머그컵을 사용하고 싶어 한다.
③ 이제 법적으로 커피숍 안에서는 일회용 컵을 쓸 수 없다.
④ 직원들은 일회용 컵 금지에 대한 안내를 해 주지 않는다.

※ [41~42] 다음을 듣고 물음에 답하십시오. (각 2점)

41 이 강연의 중심 내용으로 가장 알맞은 것을 고르십시오.

① 한옥은 양옥과 큰 차이를 가지고 있다.
② 한옥은 예술적인 면에서 가치가 높은 집이다.
③ 한옥을 제대로 이해하려면 운현궁에 가 봐야 한다.
④ 운현궁은 양옥의 실용성을 그대로 보여주는 곳이다.

42 들은 내용과 같은 것을 고르십시오.

① 운현궁은 고종이 왕이 되기 전에 지내던 곳이다.
② 한옥은 공간이 다양해 양옥에 비해 살기 편하다.
③ 한옥의 마루를 보면 곡선의 미를 발견할 수 있다.
④ 한옥의 창문에는 한지를 사용해 화려한 느낌을 준다.

※ [43~44] 다음을 듣고 물음에 답하십시오. (각 2점)

43 무엇에 대한 내용인지 알맞은 것을 고르십시오.

① 여성이 남성보다 정치 활동에 더 적합하다.
② 여성들도 더욱 활발하게 문화 활동을 해야 한다.
③ 여성들도 정치를 할 수 있도록 능력을 더 키워야 한다.
④ 여성들이 정치에 참여할 수 있는 사회적 분위기를 만들어야 한다.

44 여성 정치인의 비율이 낮은 이유로 맞는 것을 고르십시오.

① 여성 인구가 남성보다 적기 때문에
② 우리 사회가 가지고 있는 편견 때문에
③ 남성들보다 감수성이 풍부하기 때문에
④ 정치를 할 만한 능력이 부족하기 때문에

※ [45~46] 다음을 듣고 물음에 답하십시오. (각 2점)

45 들은 내용과 같은 것을 고르십시오.

① 현재 노인 인구가 전체 인구의 10%에 달한다.
② 정부는 지금까지 치매 노인 문제에 잘 대응해 왔다.
③ 치매 노인 문제를 해결하려면 복지 서비스의 확대가 필요하다.
④ 의학 기술의 발달로 치매 발병률은 점점 낮아질 것으로 보인다.

46 여자가 말하는 방식으로 알맞은 것을 고르십시오.

① 치매 노인을 돌봤던 경험을 소개하고 있다.
② 고령화로 인한 사회의 변화를 설명하고 있다.
③ 노인 문제의 해결책을 구체적으로 제시하고 있다.
④ 정부의 정책을 분석하며 자신의 견해를 전달하고 있다.

※ [47~48] 다음을 듣고 물음에 답하십시오. (각 2점)

47 들은 내용과 같은 것을 고르십시오.

① 입장료를 받지 않으면 공원을 관리할 수 없다.
② 과거에도 한라산의 입장료를 받았던 적이 있다.
③ 방문객들은 대부분 입장료를 받으면 안 된다고 생각한다.
④ 한라산에서는 매년 방문객으로 인한 사고가 증가하고 있다.

48 남자의 태도로 알맞은 것을 고르십시오.

① 공원 관리 방법에 대해 다양한 견해를 전달하고 있다.
② 현재 입장료가 상식에 어긋난다는 점을 지적하고 있다.
③ 한라산 보호의 필요성에 대해 적극적으로 주장하고 있다.
④ 입장료 징수의 필요성에 대해 사례를 들어 설명하고 있다.

※ [49~50] 다음을 듣고 물음에 답하십시오. (각 2점)

49 들은 내용과 같은 것을 고르십시오.

① 행복 호텔의 직원들은 유명한 사람이 많다.

② 문제가 처리되면 상사에게 보고하지 않아도 된다.

③ 고객의 편의를 위해서는 상사가 결정한 일도 바꿀 수 있다.

④ 행복 호텔에서는 직원들에게 매출액의 15%를 나누어 준다.

50 여자의 태도로 알맞은 것을 고르십시오.

① 구체적인 사례를 통해 올바른 기업 경영 방안을 제시하고 있다.

② 여러 전문가의 견해를 인용하면서 호텔의 미래를 전망하고 있다.

③ 다른 나라의 사례와 비교해 가면서 기업가의 책임을 밝히고 있다.

④ 최근의 조사 결과를 바탕으로 호텔 운영의 현황을 비판하고 있다.

1 교시 **쓰기(51번~54번)**

시험 시간 **50**분 | 정답 및 해설 39쪽

※ [51~52] 다음 글의 ㉠과 ㉡에 알맞은 말을 각각 쓰시오. (각 10점)

51

신입 회원 모집 안내

사진 동호회 '세상과 세상'에서 신입 회원을 모집합니다. 저희 동호회는 2002년에 만들어져서 현재까지 10년 넘게 활발한 활동을 하고 있습니다. 저희 동호회에는 사진에 관심이 있는 사람이라면 (㉠   ). 여러분도 (㉡   )? 그러면 지금 바로 신청해 주십시오.

㉠: _____

㉡: _____

52

　문화재는 한 나라의 전통을 보여주는 것이다. 또한 잘 보존된 문화재는 그 나라의 이미지를 높여 주기도 한다. 우리는 이러한 문화재의 보존에 대해 정부가 나서서 해야 할 일이라고 생각하기 쉽다. 그러나 문화재 보존은 (㉠   ). 국민 모두가 (㉡   ).

㉠: _____

㉡: _____

53 다음은 '사형제도가 필요한가'에 대한 자료이다. 이 내용을 200~300자의 글로 쓰시오. 단, 글의 제목은 쓰지 마시오. (30점)

- 조사 기관: 법무부
- 조사 대상: 20세 이상 남녀 1,000명

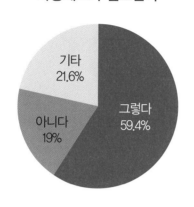

사형제도가 필요한가

기타 21.6%
그렇다 59.4%
아니다 19%

응답의 이유

	'그렇다'	'아니다'
1위	살려 두면 다시 범죄를 저지를 우려가 있다.	국가라고 해도 사람을 죽일 권리는 없다.
2위	사형제도가 없으면 심각한 범죄가 더 늘어날 것이다.	사형을 시키게 되면 재판에 오류가 있어도 되돌릴 수 없다.

54 다음을 참고하여 600~700자로 글을 쓰시오. 단, 문제를 그대로 옮겨 쓰지 마시오. (50점)

과거에 비해 직업관이 다양해지고 복잡해지면서 직업에 대한 사람들의 인식에도 많은 변화가 생겼다. 아래의 내용을 중심으로 자신의 생각을 쓰라.

- 과거에 비해 직업 선택의 기준에는 어떤 변화가 생겼는가?
- 자신에게 맞는 직업은 어떤 직업이라고 생각하는가?
- 그 직업을 가지기 위해서는 어떤 능력이나 자질이 필요한가?

※ 원고지 쓰기의 예

	한	국	은		봄	,	여	름	,	가	을	,	겨	울	의		사	계	절
이		뚜	렷	해	서		계	절	마	다		각	각		아	름	다	운	

제1교시 듣기, 쓰기 시험이 끝났습니다. 제2교시는 읽기 시험입니다.

2 교시 읽기(01번~50번)

※ [01~02] (   )에 들어갈 말로 가장 알맞은 것을 고르십시오. (각 2점)

01 그 사람은 똑똑해서 무엇을 (   ) 빨리 배울 것이다.

① 배우려고   ② 배우더니

③ 배우든지   ④ 배우고도

02 집에 (   ) 손부터 깨끗이 씻어야 한다.

① 오다가는   ② 오는데도

③ 오다보면   ④ 오자마자

※ [03~04] 밑줄 친 부분과 의미가 가장 비슷한 것을 고르십시오. (각 2점)

03 휴대 전화를 <u>잃어버린 탓에</u> 중요한 연락을 받지 못했다.

① 잃어버린 김에   ② 잃어버리는 대신

③ 잃어버리는 대로   ④ 잃어버리는 바람에

04 오랜 기간 열심히 연습했으니까 이번 대회에서 <u>우승할지도 모른다.</u>

① 우승할 수도 있다   ② 우승하기는 틀렸다

③ 우승하고야 말겠다   ④ 우승할 수밖에 없다

※ [05~08] 다음은 무엇에 대한 글인지 고르십시오. (각 2점)

05

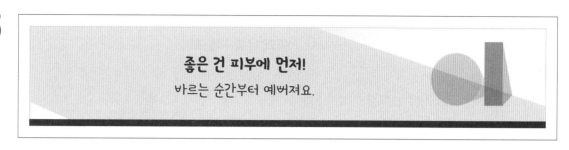

좋은 건 피부에 먼저!
바르는 순간부터 예뻐져요.

① 목걸이　　　② 음료수　　　③ 화장품　　　④ 운동복

06

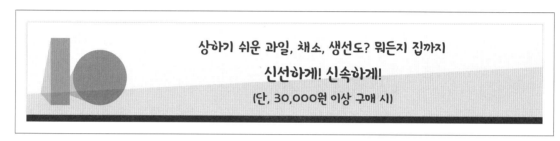

상하기 쉬운 과일, 채소, 생선도? 뭐든지 집까지
신선하게! 신속하게!
(단, 30,000원 이상 구매 시)

① 식당　　　② 마트　　　③ 은행　　　④ 병원

07

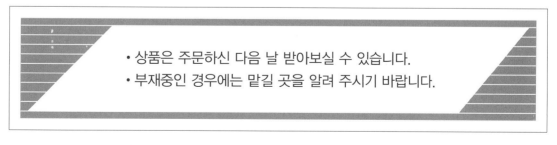

에어컨 적정 온도는 26℃
안 쓸 때는 쏙~ 뽑아 두세요!

① 날씨 정보　　　② 전기 절약　　　③ 시간 절약　　　④ 건강 관리

08

- 상품은 주문하신 다음 날 받아보실 수 있습니다.
- 부재중인 경우에는 맡길 곳을 알려 주시기 바랍니다.

① 배송 안내　　　② 이용 시간　　　③ 사용 설명　　　④ 구매 방법

※ **[09~12] 다음 글 또는 그래프의 내용과 같은 것을 고르십시오. (각 2점)**

09

해외 유학 박람회

1. 기 간: 20○○.3.1.(금) ~ 3.3.(일) / 3일간
2. 장 소: 서울 교육문화회관 3층
3. 내 용: 여러 나라의 대학 소개 및 입학 상담
4. 입장료: 5,000원(사전 등록 시 무료)

※ 박람회장 안에서 외국어 교재도 구입할 수 있습니다.

① 박람회는 3월 한 달간 계속된다.
② 박람회에는 여러 나라의 대학생들이 참가한다.
③ 박람회에 참가하면 외국어 교재도 살 수 있다.
④ 박람회에서 입학 상담을 해 줄 사람을 모집하고 있다.

10

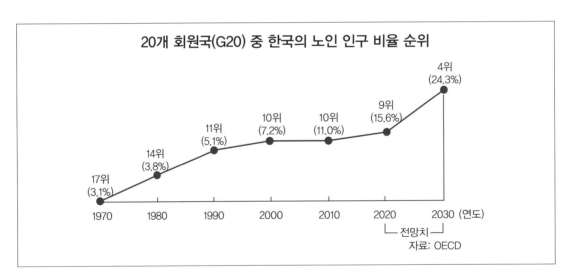

20개 회원국(G20) 중 한국의 노인 인구 비율 순위

① 한국의 노인 인구 비율은 세계에서 네 번째로 높다.
② 한국의 노인 인구 비율이 바뀔 때마다 순위도 바뀌었다.
③ 한국의 노인 인구 비율 순위는 계속 상위권에 머물러 왔다.
④ 한국의 노인 인구 비율은 2020년 이후 급격히 증가할 것이다.

11

    지난 24일 마포구청으로 이천만 원이 들어 있는 돈 봉투가 배달돼 구청 직원들을 깜짝 놀라게 했다. 봉투 안에는 그 돈을 어려운 환경에서 공부하고 있는 학생들을 위해 써 달라는 내용의 편지도 함께 들어 있었다. 또한 돈을 보낸 사람은 편지에서 자신을 마포구에 살고 있는 한 할머니라고만 소개했다. 할머니는 남편이 사고로 죽은 후에 혼자 두 아이를 키워야 했는데 그때 여러 사람의 도움으로 아이들을 무사히 공부시킬 수 있었다고 했다. 그래서 자신이 받은 도움을 다른 사람들에게 돌려주기 위해 이렇게 돈을 보내게 된 것이라고 했다.

① 할머니는 자신의 신분을 정확히 밝히지 않았다.
② 구청의 직원들은 할머니에게 감사의 편지를 보냈다.
③ 마포구청에서는 힘들게 공부하는 학생들을 돕고 있다.
④ 할머니는 마포구에 살고 있는 학생들에게 도움을 받았다.

12

    전통은 오랜 세월 그 사회와 문화에서 지켜온 것이다. 일부에서는 전통이라고 해서 무조건 받아들이기보다는 현실에 맞게 바꿔 나가는 게 좋다고들 한다. 물론 어떤 전통이든지 더 이상 사람들의 생활에 영향을 미치지 못한다면 그것을 원래대로 유지하도록 강요하기는 힘들 것이다. 그러나 그렇다고 해서 전통을 계속 바꿔 나가게 되면 나중에는 그 사회나 문화의 진정한 모습을 잃어버리고 말 것이다.

① 전통을 바꾸는 게 지키는 것보다 어렵다.
② 전통은 현실에 맞게 계속 바꿔 나가야 한다.
③ 현재 우리 생활과 거리가 먼 전통이라도 꼭 지켜야 한다.
④ 전통을 현실에 맞춰 계속 바꾸다가는 중요한 것을 잃어버리게 된다.

※ [13~15] 다음을 순서에 맞게 배열한 것을 고르십시오. (각 2점)

13

> (가) 요즘 사람들은 유행에 매우 민감하다.
> (나) 물론 유행하는 머리 모양이나 옷차림을 따라하는 게 나쁜 것만은 아니다.
> (다) 그래서 거리에 나가면 똑같은 머리 모양과 옷차림을 한 사람들을 많이 볼 수 있다.
> (라) 그러나 어느 정도 유행을 따라가더라도 그 안에서 자신의 개성을 나타낼 수 있어야 한다.

① (가)-(나)-(다)-(라)
② (가)-(다)-(나)-(라)
③ (나)-(라)-(가)-(다)
④ (나)-(라)-(다)-(가)

14

> (가) 태풍은 자연 현상 중 유일하게 이름을 가지고 있습니다.
> (나) 태풍의 이름은 140개가 있는데 순서대로 돌아가며 사용하고 있습니다.
> (다) 그러나 큰 피해를 입힌 태풍의 이름은 더 이상 사용하지 않고 다른 이름으로 바꾸어 사용한다고 합니다.
> (라) 왜냐하면 같은 지역에 동시에 여러 개의 태풍이 생길 수 있어서 각각 이름을 붙여 부르게 되었기 때문입니다.

① (가)-(다)-(나)-(라)
② (가)-(라)-(나)-(다)
③ (나)-(가)-(다)-(라)
④ (나)-(다)-(라)-(가)

15

> (가) 그것은 컴퓨터와 같은 디지털 미디어의 발달 덕분이라고 할 수 있다.
> (나) 그러나 쉽게 정보를 공유할 수 있게 된 것이 좋은 면만 있는 것은 아니다.
> (다) 이제는 매우 다양한 정보를 많은 사람들이 실시간으로 공유할 수 있게 되었다.
> (라) 매우 개인적인 정보까지도 다른 사람들에게 공개되면서 피해를 입는 사례가 증가하고 있기 때문이다.

① (가)-(다)-(나)-(라)
② (가)-(라)-(다)-(나)
③ (다)-(가)-(나)-(라)
④ (다)-(라)-(나)-(가)

※ [16~18] (　　　)에 들어갈 말로 가장 알맞은 것을 고르십시오. (각 2점)

16

> 가정에서 가장 흔하게 먹는 과일 중에 하나가 사과이다. 사과는 하루에 한 개만 먹어도 의사가 필요 없다고 할 만큼 (　　　　　　　) 식품으로 알려져 있다. 그러나 이러한 사과도 저녁에 먹으면 해가 될 수도 있다고 한다. 사과 속의 성분이 장의 운동에 영향을 주어서 배탈이 나거나 위가 상하게 할 수도 있기 때문이다.

① 건강에 유익한
② 누구나 선호하는
③ 먹는 양이 중요한
④ 몸속에서 만들어지는

17

    인간이라면 누구나 어려운 문제가 생기는 것을 피하고 싶어 하는 법이다. 그런데 힘들고 어려운 문제는 가끔 인생에서 중요한 역할을 할 때가 있다. 자신의 힘으로 문제가 해결되었을 경우 생각하지 못했던 많은 것을 배우고 얻게 될 수 있기 때문이다. 이때 무엇보다 우리에게 필요한 것은 (   ) 마음이다. 그것만 있다면 아무리 힘들고 어려운 문제라도 해결해 나갈 수 있을 것이다.

① 도움을 받아들이는
② 그 문제를 피하려는
③ 그 문제를 극복하려는
④ 힘들다고 말할 수 있는

18

    현대인들 중에는 만성피로를 느끼는 사람들이 많다고 한다. 만성피로란 특별히 몸에 문제가 없는데도 쉽게 피곤하고 지치는 등의 상태가 6개월 이상 지속되는 것을 말한다. 즉, 수면 부족 등의 이유로 (   ) 상태와는 달리 피로가 반복되고 지속되는 것이다. 이러한 만성피로에 빠진 사람은 심하면 아침에 일어나는 것부터 시작해서 일상적인 활동을 이어나가는 데 큰 어려움을 느끼게 된다고 한다.

① 피로가 사라진
② 일상생활이 어려운
③ 특별한 문제가 있는
④ 일시적으로 피곤해진

※ [19~20] 다음을 읽고 물음에 답하십시오. (각 2점)

요즘 젊은층의 대화에서는 말을 줄여 쓰거나 새로운 단어를 만들어 사용하는 등의 통신 언어가 많이 사용되고 있다. 통신 언어는 원래 인터넷 채팅이나 게시판, 문자 메시지 등에서 사람들이 보다 빠르고 편리하게 의사소통을 하기 위해 만들어 사용하는 말들이었다. (   ) 요즘은 젊은층의 일상적인 대화에서도 그러한 통신 언어가 흔히 사용되고 있는 것이다. 신문이나 뉴스 등에서도 젊은층의 이러한 언어 사용 문제가 화제가 되는 경우가 많다. 이는 대부분 언어 사용 규칙에서 벗어난 표현을 개성껏 만들어 사용하는 것과 관계가 있다고 한다.

19 (   )에 들어갈 말로 가장 알맞은 것을 고르십시오.

① 반면에
② 그러한
③ 그런데
④ 게다가

20 윗글의 주제로 가장 알맞은 것을 고르십시오.

① 통신 언어는 인터넷에서만 사용해야 한다.
② 통신 언어도 언어 사용 규칙에 맞게 쓰는 게 좋다.
③ 통신 언어를 사용하면 빠르게 의사소통을 할 수 있다.
④ 요즘 젊은층에서는 통신 언어를 빈번하게 사용하고 있다.

※ [21~22] 다음을 읽고 물음에 답하십시오. (각 2점)

청소년 팬들이 자신이 응원하는 아이돌을 위해 아낌없이 투자하는 것이 아이돌 문화의 새로운 모습으로 자리 잡고 있다. 예를 들어 자신이 지지하는 아이돌 가수를 위해 광고를 만들어 지하철역 등에 붙여 놓기도 하는데 지하철역 벽면 광고는 한 달 기준으로 적게는 200만 원에서 많게는 1,000만 원을 넘는다고 한다. 물론 자신이 좋아하는 아이돌을 위해 관심과 애정을 쏟는 것은 정서적으로도 도움이 되는 일일 것이다. 그러나 이렇게 특히 청소년의 시기에는 크게 부담이 될 만큼의 경제적인 투자까지 (   ) 이루어지다 보면 부정적인 결과를 가져올 수도 있다. 아마 아이돌의 입장에서도 그러한 피해를 보는 팬들이 생기는 것은 바라지 않을 것이다.

21 (   )에 들어갈 말로 가장 알맞은 것을 고르십시오.

① 위아래 없이
② 앞뒤 안 재고
③ 발을 끊지 않고
④ 날개 돋친 듯이

22 윗글의 내용과 같은 것을 고르십시오.

① 아이돌 가수들은 한 달에 200만 원 정도를 번다.
② 광고 만드는 일을 하고 싶어 하는 청소년들이 늘고 있다.
③ 지하철 광고를 위해 무리해서 돈을 쓰는 청소년들도 있다.
④ 지하철 광고 때문에 아이돌 가수들이 피해를 보는 경우가 많다.

※ [23~24] 다음을 읽고 물음에 답하십시오. (각 2점)

나는 무역 회사에 다니고 있는 직장인이다. 나는 많이 긴장을 하거나 스트레스를 받으면 심한 두통이 찾아오곤 한다. 가끔 회사에서도 그럴 때가 있는데 참을 수 없을 만큼 머리가 아픈데도 병원에 가서 진료를 받기가 쉽지 않다. 너 나 할 것 없이 바쁜 업무 시간에 병원에 간다고 하는 게 눈치가 보이기 때문이다. 며칠 전에도 두통이 너무 심해서 병원에 다녀오겠다는 이야기를 하려다가 부장님의 말을 듣고 그냥 입을 닫아 버렸다. 부장님은 시계를 한 번 보시더니 "아이구, 오늘은 일이 너무 많아서 커피 한 잔 할 시간이 없었네요. 자, 우리 잠깐 커피 한 잔씩만 하고 다시 열심히 일합시다. 그래야 퇴근 전에 끝낼 수 있죠."라고 말씀하셨다. 앞으로도 직장 생활을 잘 하려면 아무래도 두통을 참는 연습을 더 많이 해야 할 것 같다.

23 밑줄 친 부분에 나타난 '나'의 심정으로 가장 알맞은 것을 고르십시오.

① 두렵다
② 서운하다
③ 억울하다
④ 후회스럽다

24 윗글의 내용과 같은 것을 고르십시오.

① 나는 항상 회사 일 때문에 스트레스를 받는다.
② 보통 커피를 한 잔 마시고 나면 두통이 사라진다.
③ 업무 중에는 머리가 아파도 제때 병원에 갈 수 없다.
④ 업무 시간에 병원에 다녀오면 동료들보다 늦게 퇴근해야 한다.

※ [25~27] 다음 신문 기사의 제목을 가장 잘 설명한 것을 고르십시오. (각 2점)

25

> 피서객은 '더위와의 전쟁', 피서지는 '쓰레기와의 전쟁'

① 피서지에서는 많은 양의 쓰레기를 치우는 문제가 심각하다.
② 피서객들이 더위 속에서 쓰레기를 치우기 위해 애쓰고 있다.
③ 피서지에 가도 날씨가 너무 덥기 때문에 편하게 쉴 수 없다.
④ 피서객들이 쓰레기 문제로 인해 여러 가지로 불편을 겪고 있다.

26

> 저축률 24년 만에 바닥으로, 젊은층도 저축 무관심!

① 24년 동안 저축률이 계속 오르지 않고 있다.
② 젊을 때 저축을 시작해서 24년 정도 하는 게 좋다.
③ 저축률이 한 번 떨어졌다 올라가는 데 24년이 걸린다.
④ 젊은층을 비롯해서 저축률이 24년 만에 가장 낮게 나타났다.

27

> 여름철 음식 보관, 냉장고만 믿어서는 낭패!

① 먹던 음식을 냉장고에 넣는 것은 좋지 않다.
② 여름에는 모든 음식을 냉장고에 보관해야 한다.
③ 여름에는 냉장고 안의 음식도 안심하고 먹을 수 없다.
④ 여름철에 음식을 보관하려면 특별한 냉장고를 마련해야 한다.

※ [28~31] (   )에 들어갈 말로 가장 알맞은 것을 고르십시오. (각 2점)

28

　한 연구에 따르면 조선 시대 서민들의 평균 수명은 35세 혹은 그 이하였을 것으로 추측된다고 한다. 그 이유는 조선 시대 왕 27명의 평균 수명이 46.1세였기 때문이다. 의식주 생활에 전혀 어려움이 없고 (　　　　　　　　) 왕들이 백성보다 오래 살았을 것이라 보는 것이다. 또한 당시 높은 영유아 사망률을 고려해 봐도 지금보다 수명이 40년, 혹은 그 이상 짧았을 것이라 분석했다.

① 나랏일을 보느라 바빴을
② 의료 혜택도 가장 많이 받았을
③ 매일 해결해야 할 일이 많았을
④ 다른 나라 소식도 잘 알고 있었을

29

　이제 스마트폰은 우리에게 너무 익숙할 정도로 남녀노소를 불문하고 편리하게 사용하고 있는 제품이다. 하지만 스마트폰은 우리에게 편리함 못지않게 걱정거리도 가져다주었다. 그것은 바로 스마트폰을 사용하는 동안 (　　　　　　　　) 생긴 건강상의 문제이다. 스마트폰을 보기 위해 얼굴과 목을 아래로 떨어뜨리고 있는 자세는 눈과 목, 뇌의 건강에까지 영향을 준다고 한다.

① 손에 들고 다니다 보니
② 다른 일은 하지 않다 보니
③ 몸을 숙여 집중하는 일이 많아지다 보니
④ 많은 시간을 의자에 앉아서 지내다 보니

30

커피에 들어 있는 카페인의 효능 때문에 우리는 피곤하거나 밤샘 작업을 해야 할 때 흔히 커피를 찾는다. 그런데 커피에는 생각보다 더 다양한 효능이 있는 것으로 알려져 있다. 먼저 커피는 다이어트에도 효과가 있다고 하는데 커피가 (   ) 역할을 하기 때문에 특히 운동하기 전에 커피를 한 잔 마시면 효과가 크다고 한다. 또한 커피에는 숙취 해소에 도움이 되는 성분도 들어 있어서 술을 마신 다음 날 커피를 마시면 어느 정도 효과를 볼 수 있다고 한다.

① 운동 능력을 향상시키는
② 지방을 에너지로 변화시키는
③ 피로함을 느끼지 못하게 하는
④ 우리 몸에 필요한 영양소를 공급하는

31

민담은 그것을 전하는 사람들에 의해서 같은 이야기라도 변화를 겪게 되기 마련이다. 따라서 한 나라 안에서도 조금씩 다른 여러 형태의 이야기가 전해지고, 세계 여러 곳에서 서로 비슷한 민담이 전해 내려오기도 한다. 민담의 주인공들은 대부분 능력이 모자라거나 (   ) 인물이지만 다른 사람의 도움을 받아 성공하거나 원하던 것을 얻게 되는 경우가 많다.

① 결점이 많은
② 위기를 극복한
③ 행운이 따라다니는
④ 현재의 생활에 만족하는

※ [32~34] 다음을 읽고 글의 내용과 같은 것을 고르십시오. (각 2점)

32

사물놀이는 농악의 하나이다. 농촌 마을에서 공동으로 보관하다가 필요할 때마다 꺼내 썼던 네 가지 악기를 연주하며 진행되는 놀이이다. 네 가지 악기에는 꽹과리, 징, 장구, 북이 해당되는데 이 네 개의 악기가 만들어 내는 여러 가지 복잡한 리듬은 듣는 사람에게 흥을 불러일으킨다. 원래 사물이란 불교 의식에 사용되던 악기를 가리키는 말이었는데 1978년부터 지금의 악기로 연주하기 시작했다고 한다. 1980년대 이후에는 직업적으로 사물놀이를 하는 그룹 등도 생겨서 국내외에서 매우 다양한 사물놀이 공연을 볼 수 있다.

① 농악에서는 네 가지의 악기만 사용한다.
② 사물놀이에서는 매우 단순한 음악을 연주한다.
③ 농촌 마을에 가면 언제든지 사물놀이를 볼 수 있다.
④ 1978년 이전에는 사물이 의미하는 악기가 지금과 달랐다.

33

'웰빙'을 추구하는 흐름에 맞춰 패스트푸드도 변하고 있다. 그동안 패스트푸드는 가볍게 먹는 한 끼 식사로 입맛은 충족시킬 수 있었지만 건강식으로는 적합하지 않았다. 그러나 이제는 조금 더 낮은 열량과 질 높은 식재료 사용 등을 통해 웰빙을 생각하는 음식으로 거듭나고 있다. 대표적인 예가 패스트푸드점에서 사용하고 있는 빵의 변화이다. 패스트푸드에는 보통 밥 대신 빵이 사용되는데 최근에는 빵의 재료로 밀가루가 아닌 쌀을 쓰거나 특별히 소화를 돕는 성분을 넣어 빵을 만드는 경우가 많아졌다.

① 빵을 사용한 음식은 건강식이 될 수 없다.
② 패스트푸드는 한 끼 식사로는 적합하지 않다.
③ 패스트푸드는 열량이 높지만 좋은 재료를 사용한다.
④ 빵의 변화만으로도 더 몸에 좋은 음식이 될 수 있다.

34

　　바이러스성 가축 질병들이 다시 우리 식탁을 위협하고 있다. 정부에서 방역을 실시하고는 있지만 안심할 수 있는 단계는 아니다. 그동안에는 대체로 겨울이나 봄에 발생했다가 여름이 오기 전에 잠잠해졌던 가축 질병들이 이제는 계절에 상관없이 위험한 질병이 된 것이다. 소비자들의 걱정도 걱정이지만 가축들을 애써 키워 온 사람들의 심정은 말할 수 없이 괴로울 것이다. 정부가 그렇게 심각한 상황이 아니라고 밝히고 있지만 더 안전한 가축의 생산과 소비를 위해 보다 적극적으로 대처해야 할 것이다.

① 가축 질병들은 이제 계절에 관계없이 발생한다.
② 방역을 실시하면 가축 질병들을 걱정하지 않아도 된다.
③ 가축의 질병 상태는 각 가정의 식탁에서 확인할 수 있다.
④ 가축들의 상태가 심각하지 않으면 정부는 나설 필요가 없다.

※ [35~38] 다음을 읽고 글의 주제로 가장 알맞은 것을 고르십시오. (각 2점)

35

　　현대인들의 큰 관심사 중의 하나가 바로 재테크인데 과거에는 재테크를 40대 이후에나 가능한 것으로 여겼다. 그러나 이제는 사회생활을 막 시작한 20대나 30대들 사이에서도 재테크에 대한 관심이 뜨겁다. 재테크 방법으로는 주식 투자가 대표적인데 주식의 경우 주위의 누군가가 투자해서 이익을 봤다고만 하면 급하게 손을 대는 일이 많다. 그러나 주식은 그 변동의 폭이 크고 움직임을 예상하기 어렵기 때문에 처음부터 욕심을 부리거나 급하게 달려들다가는 크게 손해를 보는 경우가 많으므로 신중을 기해야 한다.

① 재테크는 일찍 시작할수록 좋다.
② 재테크 방법으로는 주식 투자가 제일 안전하다.
③ 재테크를 위해 주식 투자를 할 때는 잘 생각해야 한다.
④ 재테크를 할 때는 주위 사람들의 경험을 참고해야 한다.

36

식물은 스스로 이동할 수 없기 때문에 자신의 씨앗을 운반해 줄 대상이 필요하다. 가장 대표적인 것이 바람인데 바람을 이용하면 에너지 소비 없이 멀리 씨앗을 전파할 수 있다. 하지만 씨앗이 안전하게 살아남을 수 있는 확률이 낮다는 단점이 있기 때문에 식물들은 바람 외에도 다양한 대상을 이용해 씨앗을 운반한다. 그 예로 식물들은 몸에 붙을 수 있는 씨앗을 만들어 지나가는 동물의 몸에 붙게 하기도 하는데 이렇게 하면 동물의 이동 경로에 따라 다양한 곳으로 이동이 가능하다. 또한 적은 수량의 씨앗으로도 성공률이 높아서 다른 전파 방법에 비해 매우 안정적이고 경제적이라고 할 수 있다.

① 식물은 스스로 자신의 씨앗을 옮길 수 없다.
② 바람을 이용해서 씨앗을 운반하면 시간이 오래 걸린다.
③ 동물들의 몸에 씨앗을 붙여 전파하는 방법이 가장 효율적이다.
④ 동물들의 이동 경로에 따라 씨앗의 생존 확률이 달라지게 된다.

37

인공지능 기술은 이미 우리 생활의 여러 측면에서 혁명을 일으키고 있으며 예술 분야도 예외는 아니다. 예술가와 인공지능 기술 간의 협업은 창조성의 새로운 경계를 탐구하고 예술 작품의 새로운 가능성을 열어주고 있다. 물론 이러한 현상에 대해 인공지능이 인간 고유의 예술 영역까지 침범하고 있다며 크게 우려하는 목소리도 나오고 있다. 그러나 인간과 인공지능의 상호작용이 서로의 단점을 보완할 수 있는 방향으로 진행된다면 보다 흥미롭고 다채로운 미래의 예술을 기대할 수 있을 것이다.

① 인간의 예술 활동에는 현실적으로 한계가 있다.
② 인공지능의 도움 없이는 예술 활동이 힘들어졌다.
③ 인간과 인공지능의 협업으로 새로운 예술이 가능해졌다.
④ 인공지능은 여러 분야에서 인간의 역할을 대신하고 있다.

38

대인관계를 원만하게 유지하는 데 제일 필요한 것은 공감 능력이다. 다른 사람의 상황과 감정을 충분히 이해하고 거기에 적합한 반응을 보이는 것이 바로 공감 능력이라고 할 수 있다. 이러한 공감 능력을 키우는 첫 번째 방법은 다른 사람이 하는 말을 끝까지 듣는 것이다. 사람들은 보통 말하고 싶어 하는 욕구가 커서 듣는 것을 어려워하기 때문에 종종 상대가 말을 끝내기도 전에 끼어드는 경우가 생기기도 한다. 그렇게 하면 나와 이야기를 나누고자 했던 상대방의 의욕도 사라지기 때문에 결국 대화를 이어 나가기 힘들게 되는 것이다.

① 대인관계를 유지하기 위해서는 대화를 많이 해야 한다.
② 공감하기 위해서는 상대방의 말을 잘 들어 주어야 한다.
③ 말을 잘하는 사람들은 다른 사람의 말을 듣지 않으려고 한다.
④ 공감 능력을 키우려면 좋아하는 사람과 대화 연습을 해야 한다.

※ [39~41] 주어진 문장이 들어갈 곳으로 가장 알맞은 것을 고르십시오. (각 2점)

39

　　나비 효과란 나비의 단순한 날갯짓이 날씨를 변화시킬 수 있다는 이론에서 출발한 것이다. (㉠) 미세한 차이가 엄청난 결과를 가져온다는 나비 효과는 과학이론에서 처음 발전했다. (㉡) 그러나 점차 경제학과 일반 사회학 등에서도 광범위하게 쓰이게 되었다. (㉢) 또한 한 달 후나 1년 후의 정확한 기상예보가 불가능하듯이 주식이나 경기의 장기적인 예측이 불가능한 것도 이러한 나비 효과가 영향을 미치기 때문이다. (㉣)

보기

가령 1930년대의 대공황이 미국의 어느 시골 은행의 부도로부터 시작되었다고 본다면 이것은 나비 효과의 한 예가 되는 것이다.

① ㉠　　　　　　② ㉡

③ ㉢　　　　　　④ ㉣

40

　　다음 주부터 방영될 예정인 한 프로그램이 시청자들의 관심을 끌고 있다. (㉠) 국내 최초로 시도되는 치매 노인들의 식당 영업 이야기인데, 이미 예고편만으로도 기대감을 더하고 있다. (㉡) 프로그램에서는 출연자들의 첫 만남을 비롯해서 그들의 담백한 일상과 90일 간의 개업 과정이 세심하게 그려지며 시청자들의 호응을 불러일으킬 계획이다. (㉢) 소식을 들은 시청자들은 벌써부터 방송에 대한 긍정적인 반응을 쏟아내고 있다. (㉣) 이 흥미진진한 식당 영업 이야기는 앞으로 한 달 동안 매주 금요일 시청자들을 찾아갈 예정이다.

보기

치매에 대한 편견을 버리고 제대로 알 수 있는 기회가 될 것 같다는 것도 그러한 반응 중의 하나이다.

① ㉠　　　　　　② ㉡

③ ㉢　　　　　　④ ㉣

41

> 　　최근 연극에서는 관객과의 호흡이 더 중요해지고 있다. (㉠) 그런데 이달 초에 개막한 연극 〈관객〉은 관객과의 호흡을 넘어서 관객을 객석에서 연기하는 한 명의 배우로 만들어 버리는 공연이다. (㉡) 이 연극에서는 배우들에게 특별히 정해진 배역도 없다. (㉢) 그냥 배우가 자신 그대로, 이름도 본명 그대로 사용하며 배우가 주인공일 수도 있고 관객이 주인공일 수도 있다. (㉣)

보기

즉 관객도 연극을 그냥 관람하는 게 아니라 공연의 주체가 된다.

① ㉠   ② ㉡

③ ㉢   ④ ㉣

※ [42~43] 다음을 읽고 물음에 답하십시오. (각 2점)

버리라고 하였더니, 그런 징이래야 한동안 신게 되구, 무엇이 어쩌구 하며 수다를 피는 소리가 듣기 싫어 그대로 신기는 신었으나, 점잖지 못하게 저벅저벅, 그 징이 땅바닥에 부딪히는 금속성 소리가 심히 귀맛에 역했다. (중략)

어느 날 초으스름이었다. 좀 바쁜 일이 있어 창경원 곁담을 끼고 걸어 내려오노라니까, 앞에서 걸어가던 이십 내외의 어떤 한 젊은 여자가 이 이상히 또그닥거리는 구두 소리에 안심이 되지 않는 모양으로, 슬쩍 고개를 돌려 또그닥 소리의 주인공을 물색하고 나더니, 별안간 걸음이 빨라진다. (중략)

나의 그 또그닥거리는 구두 소리는 분명 자기를 위협하느라고 일부러 그렇게 따악딱 땅바닥을 박아 내며 걷는 줄로만 아는 모양이다. (중략)

여자는 왜 그리 남자를 믿지 못하는 것일까. 여자를 대하자면 남자는 구두 소리에까지도 세심한 주의를 가져야 점잖다는 대우를 받게 되는 것이라면, 이건 이성에 대한 모욕이 아닐까 생각을 하며, 나는 그 다음으로 그 구두징을 뽑아 버렸거니와 살아가노라면 별한 데다가 다 신경을 써 가며 살아야 되는 것이 사람임을 알았다.

42 밑줄 친 부분에 나타난 '나'의 심정으로 가장 알맞은 것을 고르십시오.

① 얄밉다
② 민망하다
③ 뿌듯하다
④ 억울하다

43 윗글의 내용으로 알 수 있는 것을 고르십시오.

① 나는 소리가 크게 나는 구두굽을 좋아한다.
② 여자는 창경원부터 내 뒤를 따라오기 시작했다.
③ 여자는 구두굽 소리 때문에 나에 대해서 오해를 했다.
④ 나는 좀 더 점잖은 사람이 되기 위해서 구두를 새로 샀다.

※ [44~45] 다음을 읽고 물음에 답하십시오. (각 2점)

최근 걷기가 생활 속 운동에서 벗어나 그 자체로 삶의 즐거움이 되거나 여행의 목적이 되는 경우가 많아지고 있다. 이에 따라 걷기 좋은 동네가 살기 좋은 동네라는 생각이 커지고 있는 상황이다. 기술의 발달로 도시는 더 편리해지고 자동차가 더 빠르게 다니도록 도로들을 넓히고 있다. 그러나 사람들은 반대로 조용한 골목길을 찾아 산책하고 잠시라도 한가한 시간을 즐기며 (   ). 주민들이 모여 얘기를 나누며 휴식을 즐기던 동네 좁은 길이나 마을 공원과 같은 공간이 줄어드는 것이 아쉬운 것은 이런 이유 때문이다. 이제는 다시 걸을 수 있고 산책할 수 있는 도시로 변화해야 할 때이다. 도시도 결국 사람을 위한 공간인 만큼 온갖 조형물과 자동차 등에 내어 주었던 도시의 곳곳을 다시 찾아야 할 때인 것이다.

44 (   )에 들어갈 말로 가장 알맞은 것을 고르십시오.

① 일상에서 여유를 찾고자 한다
② 새로운 경험을 해 보려고 한다
③ 먼 곳으로 여행을 가고 싶어 한다
④ 도시의 문제에 대해 생각해 볼 기회를 만든다

45 윗글의 주제로 가장 알맞은 것을 고르십시오.

① 걷기는 누구나 쉽게 실천할 수 있는 운동이다.
② 도시에 사는 사람들은 산책을 즐길 여유가 별로 없다.
③ 기술의 발달로 우리는 더욱 편리한 생활을 하게 되었다.
④ 이제는 걸을 수 있는 공간이 있는 도시로 변화해야 한다.

※ [46~47] 다음을 읽고 물음에 답하십시오. (각 2점)

많은 전문가들은 저출산이 인구 감소를 비롯해서 국가 경제에까지 큰 영향을 미친다고 설명한다. 젊은 성인의 수가 부족해져서 생기는 사회의 고령화는 산업 활동에 필요한 노동력을 감소시키고 정부의 지출을 늘리는 주요한 원인이 된다. 또한 젊은 층의 감소로 소비 인구가 줄면 장기적으로 경제 성장률을 하락시켜 국가 경쟁력을 약화시키는 원인으로 작용한다. 저출산의 원인으로는 우선 만혼을 꼽을 수 있는데 만혼이 증가하면 그만큼 평생 낳는 아기의 수가 감소하게 된다. 더불어 커지는 양육비의 부담, 독신을 선호하는 사람의 증가, 개인주의 성향의 확대 등을 출산율 저하의 원인으로 꼽을 수 있다. 전문가들은 저출산 문제를 극복하지 못하면 선진국의 조건을 갖추기도 어려울 뿐만 아니라 국가의 기반마저 흔들릴 것이라고 경고하고 있다.

46 윗글에 나타난 필자의 태도로 가장 알맞은 것을 고르십시오.

① 미래 사회의 고령화를 예상하고 있다.
② 출산율 저하로 인한 문제들을 우려하고 있다.
③ 독신을 선호하는 사람들의 입장을 옹호하고 있다.
④ 경제 성장을 위한 정부의 지출 확대를 요구하고 있다.

47 윗글의 내용과 같은 것을 고르십시오.

① 경제력이 높을수록 아이를 많이 낳지 않는다.
② 고령화 사회에 접어들면 출산율이 높아질 것이다.
③ 선진국들은 출산율의 저하에 대해 걱정하지 않는다.
④ 사람들이 늦게 결혼하는 것도 출산율 저하의 원인이 된다.

※ [48~50] 다음을 읽고 물음에 답하십시오. (각 2점)

얼마 전부터 주 52시간으로 근로 시간을 줄인 근로 기준법이 시행되고 있는데, '저녁이 있는 삶'을 잃어버린 직장인에게는 매우 반가운 소식이다. 그러나 쉴 수 있는 시간이 늘어나서 좋은 데 반해 그만큼 소득은 줄어들 가능성이 크다. 야근과 주말 근무가 사라진 근로자의 실질 소득 감소폭이 적지 않을 것이기 때문이다. 근로 시간 단축으로 전체 근로자의 11.8% 정도는 (   ) 전망도 나오고 있다. 또한 정부의 기대처럼 일자리가 늘어나면 좋겠지만 재계에서는 근로 시간은 줄이되 인력은 늘리지 않으면서 생산성만 높일 방안을 놓고 고민하고 있는 듯하다. 아직 근로 시간에 대한 기준이 명확히 규정되어 있지 않은 것도 큰 문제가 되고 있다. 현재로서는 업무상 지인과 식사를 하거나 해외 출장을 가는 등의 시간이 근로 시간에 포함되는지 불분명하다. 그래도 이처럼 근로 시간을 축소하는 것은 이미 세계 공통의 추세가 되어 버린 것으로 보인다. 물론 해결해야 할 문제가 가득 놓여 있지만 이제는 직장과 가정의 양립, 일과 삶의 균형을 추구하는 방향으로 근로 시간 단축이 자리를 잡을 수 있도록 모두가 지혜를 발휘해야 할 것이다.

48 윗글을 쓴 목적으로 가장 알맞은 것을 고르십시오.

① 근로자들의 어려운 상황을 알리기 위해서
② 주 52시간 근무제의 내용을 설명하기 위해서
③ 임금 감소에 대한 정부의 입장을 전달하기 위해서
④ 근로 시간 단축이 자리를 잡기 위한 노력을 당부하기 위해서

49 (   )에 들어갈 말로 가장 알맞은 것을 고르십시오.

① 임금이 감소할 것이라는
② 직장을 옮기게 될 것이라는
③ 새로운 법에 찬성할 것이라는
④ 업무를 제시간에 끝내지 못할 것이라는

50 윗글의 내용과 같은 것을 고르십시오.

① 업무상 식사 시간은 근로 시간에 포함된다.
② 세계적으로 근로 시간을 줄이고 있는 상황이다.
③ 근로 기준법 시행 이후 근로자들의 소득이 증가했다.
④ 재계에서는 일자리를 늘릴 방안을 놓고 고민 중이다.

한국어능력시험 II
제3회 실전 모의고사

Test of Proficiency in Korean II

The 3rd actual mock test

1교시 듣기, 쓰기 (Listening, Writing)

2교시 읽기 (Reading)

 듣기 모바일 OMR
자동채점

 듣기 MP3 유튜브
바로가기

 읽기 모바일 OMR
자동채점

수험번호(Registration No.)		
이름 (Name)	한국어(Korean)	
	영어(English)	

유의 사항
Information

1. 시험 시작 지시가 있을 때까지 문제를 풀지 마십시오.

   Do not open the booklet until you are allowed to start.

2. 수험번호와 이름을 정확하게 적어 주십시오.

   Write your name and registration number on the answer sheet.

3. 답안지를 구기거나 훼손하지 마십시오.

   Do not fold the answer sheet; keep it clean.

4. 답안지의 이름, 수험번호 및 정답의 기입은 배부된 펜을 사용하여 주십시오.

   Use the given pen only.

5. 정답은 답안지에 정확하게 표시하여 주십시오.

   Mark your answer accurately and clearly on the answer sheet.

marking example	① ● ③ ④

6. 문제를 읽을 때에는 소리가 나지 않도록 하십시오.

   Keep quiet while answering the questions.

7. 질문이 있을 때에는 손을 들고 감독관이 올 때까지 기다려 주십시오.

   When you have any questions, please raise your hand.

제 3 회 실전 모의고사

1교시 듣기(01번~50번)

시험 시간 **60**분 | 정답 및 해설 45쪽

※ [01~03] 다음을 듣고 가장 알맞은 그림 또는 그래프를 고르십시오. (각 2점)

01

①

②

③

④

02

①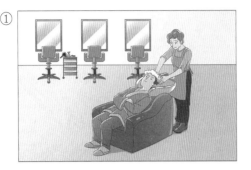

②

③

④

03

①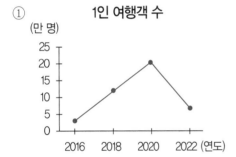

1인 여행객 수

②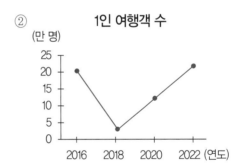

1인 여행객 수

③

1인 여행객 증가 이유

1위 | 일정을 마음대로 변경할 수 있어서

2위 | 나만을 위한 시간을 보낼 수 있어서

3위 | 새로운 사람을 만날 수 있어서

④

1인 여행객 증가 이유

1위 | 새로운 사람을 만날 수 있어서

2위 | 나만을 위한 시간을 보낼 수 있어서

3위 | 일정을 마음대로 변경할 수 있어서

※ [04~08] 다음을 듣고 이어질 수 있는 말로 가장 알맞은 것을 고르십시오. (각 2점)

04
① 내일은 먹을 수 있어.
② 학교에 도착하면 연락할게.
③ 내일부터는 좀 일찍 일어나도록 해.
④ 오늘도 학교에 안 갈까 봐 걱정했어.

05
① 약국은 문을 일찍 닫아요.
② 그럼 이제 약을 사러 가도 돼요.
③ 밤에 기침을 많이 하는 줄 알았어요.
④ 그럼 약을 며칠 더 드시는 게 좋겠어요.

06
① 겨울에는 행사를 하기가 힘들어서요.
② 이번에는 행사 제품이 많지 않아서요.
③ 행사가 끝나면 다시 말씀드리겠습니다.
④ 이번에는 행사를 못 할까 봐 걱정이에요.

07 ① 컴퓨터가 고장난 것 같은데.
② 집에서 수업을 들으면 되잖아.
③ 인터넷으로 듣는 게 더 쉬운 것 같아.
④ 컴퓨터가 없으면 수업을 들을 수 없을 거야.

08 ① 네, 그럼 주말에 갈게요.
② 아니요, 주말에도 바쁘다고 해요.
③ 네, 그럼 집 주소를 가르쳐 드릴게요.
④ 아니요, 그때까지는 보내 드릴 수 없어요.

※ [09~12] 다음을 듣고 <u>여자</u>가 이어서 할 행동으로 가장 알맞은 것을 고르십시오. (각 2점)

09 ① 선물을 산다.
② 식당을 알아본다.
③ 진수한테 전화한다.
④ 새 직장을 찾아본다.

10 ① 강사를 만난다.
② 역사책을 읽는다.
③ 강의를 들어 본다.
④ 수강 신청을 한다.

11 ① 화분을 버린다.
② 큰 나무를 심는다.
③ 새 화분을 사러 간다.
④ 꽃가게에 전화를 한다.

12 ① 퇴근하고 집에 간다.
② 내년 계획을 세운다.
③ 승진 시험을 준비한다.
④ 약국에 가서 약을 산다.

※ [13~16] 다음을 듣고 들은 내용과 같은 것을 고르십시오. (각 2점)

13 ① 여자는 오늘부터 방학이다.
② 여자는 방학에 제주도에 간다.
③ 남자는 방학에 다이빙을 배울 것이다.
④ 남자는 제주도에서 봉사 활동을 하려고 한다.

14 ① 비행기 안에서는 물을 마실 수 없다.
② 특별한 경우에만 음식을 주문할 수 있다.
③ 좌석을 옮기려면 먼저 승무원에게 말해야 한다.
④ 비행기 안에서는 무료로 음료를 제공하지 않는다.

15 ① 서울 지역에는 물에 잠긴 곳이 없다.
② 퇴근 시간이 되면 비가 그칠 것이다.
③ 비는 한 시간 전부터 내리기 시작했다.
④ 일부 도로는 자동차가 다닐 수 없는 상황이다.

16 ① 남자는 택배 회사에 취업하려고 한다.
② 택배가 많은 날에는 식사도 하기 힘들다.
③ 남자는 얼마 전에 회사에 휴가를 신청했다.
④ 휴일에 택배를 보내려면 택배 회사에 직접 가야 한다.

※ [17~20] 다음을 듣고 <u>남자</u>의 중심 생각으로 가장 알맞은 것을 고르십시오. (각 2점)

17
① 비타민은 아침에 먹는 게 좋다.
② 영양제도 자기 몸에 맞게 먹어야 한다.
③ 여러 영양제를 같이 먹으면 효과가 없다.
④ 나이가 들면 들수록 몸에 좋은 것을 먹어야 한다.

18
① 도시의 공기가 점점 나빠지고 있다.
② 요즘은 시골의 교육 환경도 도시만큼 좋다.
③ 시골에 편의 시설을 더 많이 만들어야 한다.
④ 아이들을 위해서는 도시보다 시골에 사는 게 낫다.

19
① 나쁜 습관은 쉽게 바꿀 수 없다.
② 회사 일을 문자로 전달하는 것은 좋지 않다.
③ 퇴근 후에도 필요하다면 일 얘기를 할 수도 있다.
④ 일이 끝난 후에도 좀 천천히 퇴근하는 것이 좋다.

20
① 영화제는 그 지역의 축제처럼 만들어야 한다.
② 멋진 사진을 찍으려면 영화 촬영지에 가야 한다.
③ 영화제 기간에는 지역 상인들의 도움이 필요하다.
④ 영화에 관심이 있는 사람들은 영화제에 꼭 참여해야 한다.

※ [21~22] 다음을 듣고 물음에 답하십시오. (각 2점)

21 남자의 중심 생각으로 가장 알맞은 것을 고르십시오.

① 사람들은 식당 주인이 친절한 식당을 선호한다.

② 식당에서는 좋은 음식을 제공하는 것이 우선이다.

③ 식당을 고르기 전에 꼭 이용 후기를 읽어 봐야 한다.

④ 식당에서 먹는 음식들은 건강에 별로 도움이 안 된다.

22 들은 내용과 같은 것을 고르십시오.

① 손님들은 식당의 서비스에는 관심이 없다.

② 식당들은 이용 후기 때문에 피해를 보기도 한다.

③ 식당 주인들은 이용 후기에 별로 신경을 쓰지 않는다.

④ 손님들에게 편지를 써 주면 좋은 평가를 받을 수 있다.

※ [23~24] 다음을 듣고 물음에 답하십시오. (각 2점)

23 남자가 무엇을 하고 있는지 고르십시오.

① 건강 보험 가입 내용을 알아보고 있다.

② 건강 보험 가입 방법을 문의하고 있다.

③ 건강 보험료 납부 기간을 확인하고 있다.

④ 건강 보험 가입을 위한 신청서를 요청하고 있다.

24 들은 내용과 같은 것을 고르십시오.

① 외국인은 건강 보험에 가입할 수 없다.

② 남자는 친구의 생년월일을 모르고 있다.

③ 신청자 본인이 아니면 보험 가입 신청을 할 수 없다.

④ 인터넷으로는 친구의 보험 가입 정보를 확인할 수 있다.

※ [25~26] 다음을 듣고 물음에 답하십시오. (각 2점)

25 남자의 중심 생각으로 가장 알맞은 것을 고르십시오.

① 살을 빼려면 고기보다 과일을 많이 먹어야 한다.
② 음식 조절과 운동을 함께 하는 다이어트가 좋다.
③ 유행하는 다이어트는 무엇이든 따라하면 안 된다.
④ 한 가지 음식만 먹는 다이어트는 남성들에게 적합하다.

26 들은 내용과 같은 것을 고르십시오.

① 다이어트를 하면 부작용이 생긴다.
② 젊은 여성들은 운동을 좋아하지 않는다.
③ 어떤 음식이라도 한 가지만 먹는 것은 안 좋다.
④ 음식을 조금씩만 먹으면 운동하기가 힘들어진다.

※ [27~28] 다음을 듣고 물음에 답하십시오. (각 2점)

27 남자가 말하는 의도로 알맞은 것을 고르십시오.

① 주식 투자의 방법을 설명하기 위해
② 주식 투자의 필요성을 일깨우기 위해
③ 주식 투자의 문제점을 지적하기 위해
④ 주식 투자에 대한 인식 변화를 말하기 위해

28 들은 내용과 같은 것을 고르십시오.

① 여자는 주식 투자에 잘 모르고 있다.
② 남자는 주식 투자를 해서 돈을 많이 벌었다.
③ 주식 투자를 하게 되면 처음에는 다 손해를 본다.
④ 요즘 직장에서는 주식 투자에 성공한 사람이 인기가 많다.

※ [29~30] 다음을 듣고 물음에 답하십시오. (각 2점)

29 남자가 누구인지 고르십시오.

① 뉴스를 진행하는 사람
② 카페를 운영하는 사람
③ 커피의 향을 연구하는 사람
④ 방향제를 만드는 법을 가르치는 사람

30 들은 내용과 같은 것을 고르십시오.

① 커피 찌꺼기는 대부분 자원으로 활용되고 있다.
② 커피 찌꺼기를 사러 오는 손님들이 점점 늘고 있다.
③ 커피 찌꺼기를 재활용하려면 뜨거운 물이 필요하다.
④ 커피 찌꺼기로 만든 방향제는 좋은 반응을 얻고 있다.

※ [31~32] 다음을 듣고 물음에 답하십시오. (각 2점)

31 남자의 중심 생각으로 가장 알맞은 것을 고르십시오.

① 소비자들은 자신들의 불만을 정부에 전달해야 한다.
② 식재료 문제가 발생한 것은 오로지 생산자들 탓이다.
③ 안전한 식재료를 위해서는 생산자의 노력이 중요하다.
④ 식재료 문제를 해결하기 위한 정부의 정책이 필요하다.

32 남자의 태도로 가장 알맞은 것을 고르십시오.

① 정부의 태도를 회의적으로 바라보고 있다.
② 사례를 들어 상대방의 주장을 반박하고 있다.
③ 상황을 분석하면서 예상되는 문제를 우려하고 있다.
④ 상대의 의견을 일부 인정하며 다른 주장을 하고 있다.

※ [33~34] 다음을 듣고 물음에 답하십시오. (각 2점)

33 무엇에 대한 내용인지 알맞은 것을 고르십시오.

① 차의 활용 방법
② 차의 다양한 효능
③ 커피와 차의 공통점
④ 차에 대한 동서양의 인식 차이

34 들은 내용과 같은 것을 고르십시오.

① 동서양을 막론하고 차를 즐기고 있다.
② 차는 병원에서 약 대신 사용되기도 한다.
③ 동양에서는 커피보다 차의 소비량이 많다.
④ 차의 성분 중에는 건강에 악영향을 미치는 것도 있다.

※ [35~36] 다음을 듣고 물음에 답하십시오. (각 2점)

35 남자가 무엇을 하고 있는지 고르십시오.

① 지역 개발 계획을 설명하고 있다.
② 새로 지어질 시설을 소개하고 있다.
③ 지역 이기주의에서 벗어날 것을 호소하고 있다.
④ 쓰레기 매립장 건립으로 인한 혜택을 홍보하고 있다.

36 들은 내용으로 같은 것을 고르십시오.

① 주민들은 공공시설을 위험 시설로 생각한다.
② 주민들은 지역 개발을 반대하는 시위를 하고 있다.
③ 주민들은 시급한 공공사업부터 시작하기를 바라고 있다.
④ 주민들은 법원 유치가 지역에 도움이 될 거라고 생각한다.

※ [37~38] 다음을 듣고 물음에 답하십시오. (각 2점)

37 여자의 중심 생각으로 가장 알맞은 것을 고르십시오.

① 협소 주택 열풍이 더욱 확산되어야 한다.
② 독창적인 집을 지으려면 비용이 많이 든다.
③ 협소 주택을 지으려면 관련 지식을 쌓고 준비해야 한다.
④ 집을 지을 때는 건축에 대해 잘 아는 전문가가 필요하다.

38 들은 내용과 같은 것을 고르십시오.

① 협소 주택은 다른 주택보다 공사 기간이 길다.
② 협소 주택의 인기는 개성의 표현과 관계가 있다.
③ 협소 주택을 짓다 보면 법을 위반하는 일이 많이 생긴다.
④ 집을 짓기 전에 세운 예산보다 더 많은 비용을 쓸 수는 없다.

※ [39~40] 다음을 듣고 물음에 답하십시오. (각 2점)

39 이 대화 전의 내용으로 가장 알맞은 것을 고르십시오.

① 다크 투어리즘에 대한 홍보가 필요하다.
② 역사적인 장소들이 제대로 관리되지 않고 있다.
③ 다크 투어리즘에 대한 사람들의 관심이 높아졌다.
④ 재난 현장의 구호 활동에 참여하려는 사람들이 늘고 있다.

40 들은 내용과 같은 것을 고르십시오.

① 비극적인 역사는 되돌아볼 필요가 없다.
② 편안하게 즐기거나 쉬기만 하는 여행은 의미가 없다.
③ 여행을 통해 얻은 교훈은 일상생활에서 큰 도움이 된다.
④ 어두웠던 역사의 현장에서 인류의 고통을 함께 느낄 수 있다.

※ [41~42] 다음을 듣고 물음에 답하십시오. (각 2점)

41 이 강연의 중심 내용으로 가장 알맞은 것을 고르십시오.

① 인간의 모든 예술 활동은 가치가 있다.
② 연극의 가치는 배우의 연기에 달려 있다.
③ 대중들의 기준에 맞는 것이라야 예술적 가치가 있다.
④ 작품을 감상할 때에는 예술가의 표현 의도를 파악해야 한다.

42 들은 내용과 같은 것을 고르십시오.

① 예술가가 작품의 내용을 마음대로 결정해서는 안 된다.
② 지나치게 선정적인 내용의 연극은 예술적 가치가 떨어진다.
③ 다른 사람과 같은 기준으로 작품을 감상하는 것은 좋지 않다.
④ 작품을 통해 예술가의 의도를 모두 파악하는 것은 불가능하다.

※ [43~44] 다음을 듣고 물음에 답하십시오. (각 2점)

43 무엇에 대한 내용인지 알맞은 것을 고르십시오.

① 인간이 동물들과 소통하는 것이 가능해졌다.
② 동물들도 고유의 의사소통 방식을 가지고 있다.
③ 인간의 언어 체계는 매우 복잡한 방식으로 되어 있다.
④ 인간의 언어와 동물들이 내는 소리에는 유사한 부분이 많다.

44 동물들의 언어에 대한 설명으로 맞는 것을 고르십시오.

① 큰돌고래는 다양한 소리로 의사소통을 한다.
② 강아지가 앞발을 내미는 것은 무의식적인 행동이다.
③ 특정한 몇몇 동물들만이 서로 정보를 교환할 수 있다.
④ 꿀벌은 애정을 표현하기 위해 춤을 추는 듯한 행위를 한다.

※ [45~46] 다음을 듣고 물음에 답하십시오. (각 2점)

45 들은 내용과 같은 것을 고르십시오.

① 바이올린 소리는 따뜻하고 편안한 느낌을 준다.
② 관현악곡에서 악기들의 이미지는 거의 정해져 있다.
③ 작곡가들은 높은 음역의 악기를 별로 좋아하지 않는다.
④ 독주가 많이 들어가 있는 관현악곡이 높은 평가를 받는다.

46 여자가 말하는 방식으로 알맞은 것을 고르십시오.

① 각 악기의 연주 방법을 설명하고 있다.
② 관현악곡이 연주되는 장면을 묘사하고 있다.
③ 관현악곡이 완성되는 과정을 요약하여 제시하고 있다.
④ 각 악기의 소리가 만들어 내는 느낌을 비교하고 있다.

※ [47~48] 다음을 듣고 물음에 답하십시오. (각 2점)

47 들은 내용과 같은 것을 고르십시오.

① 저작권법을 알면서도 저작권을 침해하는 사례가 많다.
② 그동안 협회에서는 상담 전화를 이용해 홍보를 해 왔다.
③ 저작권법에 대한 이해를 통해 저작권 분쟁을 줄일 수 있다.
④ 저작권법을 모르는 사람은 인터넷을 사용하지 않는 게 좋다.

48 남자의 태도로 알맞은 것을 고르십시오.

① 저작권법 시행 결과를 종합적으로 평가하고 있다.
② 홍보 부족이라는 지적에 수긍하면서 계획을 밝히고 있다.
③ 저작권법 홍보 방안에 대한 상대방의 견해를 비판하고 있다.
④ 전문가의 말을 인용해 저작권법 시행의 필요성을 주장하고 있다.

※ [49~50] 다음을 듣고 물음에 답하십시오. (각 2점)

49 들은 내용과 같은 것을 고르십시오.

① 이 책은 요즘 사람들도 쉽게 읽을 수 있다.

② 이 책은 과학자들에 의해 높은 평가를 받고 있다.

③ 이 책은 만들어진 당시 남성들에게만 소개되었다.

④ 이 책은 한글로 쓰여 요즘 사람들도 읽을 수 있다.

50 여자의 태도로 알맞은 것을 고르십시오.

① 조리서에 대한 맹신을 경계하고 있다.

② 조리서의 보존 방안을 모색하고 있다.

③ 조리서의 가치를 높이 평가하고 있다.

④ 조리서 공개의 필요성을 역설하고 있다.

1 교시 **쓰기(51번~54번)** 시험 시간 **50**분 | 정답 및 해설 60쪽

※ [51~52] 다음 글의 ㉠과 ㉡에 알맞은 말을 각각 쓰시오. (각 10점)

51

답장	전체답장	전달	삭제

☆ 나영 씨에게

▼ **보낸 사람:** "리나" 〈lina@sidae.com〉
　 받는 사람: "나영" 〈nayong@sidae.com〉

나영 씨, 그동안 여러 가지로 고마웠습니다.
이제 짐 정리도 끝나서 오늘 우체국에 짐을 (　　㉠　　).
가족들을 만날 생각을 하면 아주 기쁘지만, 당분간 나영 씨를 못 볼 것 같아 아쉽습니다.
그래서 아주 작은 선물을 준비했는데 마음에 (　　㉡　　).
그럼 우리 내년에 또 만나요.

㉠: _____

㉡: _____

52

　　책을 읽는 이유가 다양한 것처럼 안 읽는 이유도 참 다양하다. 하지만 책을 안 읽는 이유를 들어보면 핑계처럼 느껴지기도 한다. 옛날에는 출판 과정이 (　　㉠　　) 오히려 좋은 책을 만나게 되면 몇 번이고 반복해서 읽는 사람들이 많았다. 그만큼 책을 읽고 (　　㉡　　). 그러나 지금은 출판 환경이 과거와 비교할 수 없을 만큼 원활해졌지만 혼자 생각에 빠져 있을 시간적 여유가 없다.

㉠: _____

㉡: _____

53 다음은 '비대면 강의 선호도'에 대한 자료이다. 이 내용을 200~300자의 글로 쓰시오. 단, 글의 제목은 쓰지 마시오. (30점)

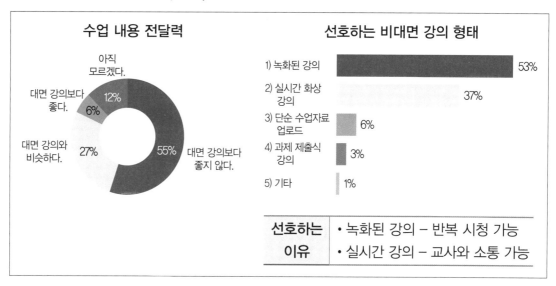

54 다음을 참고하여 600~700자로 글을 쓰시오. 단, 문제를 그대로 옮겨 쓰지 마시오. (50점)

제 3 회 │ 실전 모의고사

우리 사회는 이미 고령화에 접어들었다. 65세 이상의 노인 인구는 급속도로 증가하고 있어, 머지않아 초고령화 사회를 맞이하게 될 것이라고도 한다. 아래의 내용을 중심으로 자신의 생각을 쓰라.

- 고령화 사회에 접어들면 어떤 문제가 발생할 수 있는가?
- 고령화 사회의 문제를 해결하려면 국가적으로 어떤 노력이 필요한가?
- 행복한 노후를 위해 우리 스스로 준비해야 할 것은 무엇인가?

※ 원고지 쓰기의 예

	한	국	은		봄	,	여	름	,	가	을	,	겨	울	의		사	계	절
이		뚜	렷	해	서		계	절	마	다		각	각		아	름	다	운	

제1교시 듣기, 쓰기 시험이 끝났습니다. 제2교시는 읽기 시험입니다.

② 교시 읽기(01번~50번)

※ [01~02] (   )에 들어갈 말로 가장 알맞은 것을 고르십시오. (각 2점)

01 지하철에서 책을 (   ) 내려야 할 역을 지나쳤다.

① 읽든지   ② 읽다가
③ 읽고서   ④ 읽어도

02 한국 친구 덕분에 한국어를 많이 (   ).

① 배우면 된다   ② 배워야 한다
③ 배우게 되었다   ④ 배우도록 했다

※ [03~04] 밑줄 친 부분과 의미가 가장 비슷한 것을 고르십시오. (각 2점)

03 선생님을 <u>만나고자</u> 여기까지 왔습니다.

① 만나기 위해서   ② 만나기 무섭게
③ 만나는 반면에   ④ 만나는 대신에

04 같은 재료라고 해도 음식 맛은 <u>요리하기에 달려 있다</u>.

① 요리할 따름이다   ② 요리할 모양이다
③ 요리하기 십상이다   ④ 요리하기 나름이다

※ [05~08] 다음은 무엇에 대한 글인지 고르십시오. (각 2점)

05

하루에 한 병!

비타민 가득~ 초록빛 세상!

① 커피　　　　② 콜라　　　　③ 주스　　　　④ 우유

06

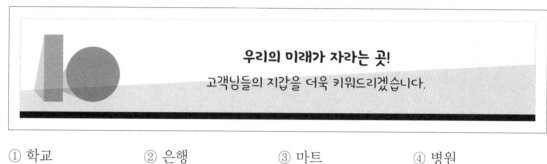

우리의 미래가 자라는 곳!

고객님들의 지갑을 더욱 키워드리겠습니다.

① 학교　　　　② 은행　　　　③ 마트　　　　④ 병원

07

"엄마, 이제 무섭지 않아요."

아이의 학교 가는 길, 우리가 지켜야 합니다.

① 시간 절약　　　　② 자연 보호　　　　③ 예절 교육　　　　④ 교통 안전

08

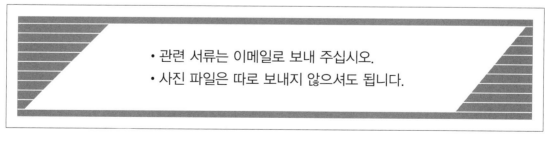

• 관련 서류는 이메일로 보내 주십시오.
• 사진 파일은 따로 보내지 않으셔도 됩니다.

① 접수 방법　　　　② 이용 순서　　　　③ 구입 문의　　　　④ 배달 안내

※ [09~12] 다음 글 또는 그래프의 내용과 같은 것을 고르십시오. (각 2점)

09

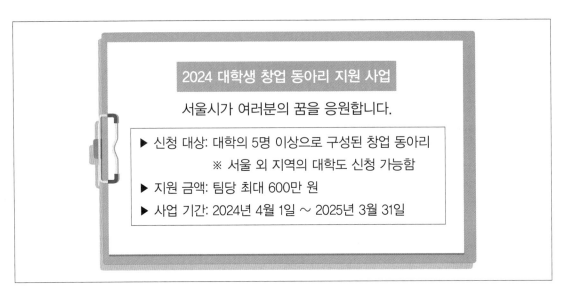

① 동아리 지원은 2년 동안 계속된다.

② 서울 지역의 동아리만 지원을 받을 수 있다.

③ 동아리 인원이 두세 명인 경우에도 신청할 수 있다.

④ 동아리 활동 지원금은 600만 원까지 받을 수 있다.

10

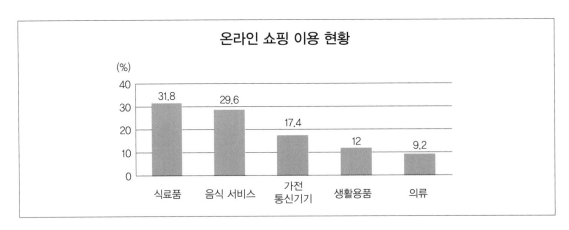

① 온라인으로 제일 많이 구입하는 것은 옷이다.

② 음식과 관련된 소비가 온라인 쇼핑의 절반을 넘는다.

③ 온라인으로 생활용품도 식료품만큼 많이 구입하고 있다.

④ 냉장고나 세탁기를 온라인으로 구입하는 경우는 거의 없다.

11

    얼마 전 태풍이 지나간 부산의 한 해변을 청소했던 외국인 세 모녀의 이야기가 화제가 되고 있다. 지난 8일 영어강사인 제인 씨는 두 딸과 집 근처 해변에 갔다. 그런데 쓰레기가 가득한 것을 보고 충격을 받은 큰딸이 먼저 어머니에게 청소를 제안했고 작은딸도 재미있을 것 같다면서 함께 청소를 시작하게 되었다. 미국에서 온 세 모녀는 해변 청소를 통해 직접 환경 보호에 참여할 수 있는 기회가 되었다며 기뻐했다.

① 어머니는 큰딸의 제안을 거절했다.
② 세 모녀는 곧 미국에 돌아갈 것이다.
③ 큰딸은 태풍 피해를 입은 해변을 보고 놀랐다.
④ 세 모녀는 환경 보호에 참여하기 위해 한국에 왔다.

12

    최근 경복궁에서 현대의 것과 유사한 처리 시설을 갖춘 대형 화장실 유적이 발굴되었다. 궁궐 내부에서 화장실 유적이 나온 것은 처음 있는 일인데 이번에 발굴된 화장실은 하급 관리나 궁궐을 지키는 군인들이 주로 이용했던 것으로 추정된다. 이번 유적의 발굴은 그동안 큰 관심을 가지지 않았던 조선 시대 궁궐의 생활사 복원에 많은 도움이 될 것으로 기대된다. 문화재연구소는 이번 발굴조사의 결과를 동영상으로 만들어 이 분야에 관심 있는 연구자와 시민들에게도 제공할 예정이다.

① 화장실 유적은 여러 궁궐에서 쉽게 볼 수 있다.
② 화장실 유적의 발굴에는 일반 시민들도 많이 참여했다.
③ 화장실 유적을 통해 과거의 생활 모습을 알아볼 수 있다.
④ 조선 시대 하급 관리들은 궁궐 밖에 있는 화장실을 이용했다.

※ [13~15] 다음을 순서에 맞게 배열한 것을 고르십시오. (각 2점)

13

> (가) 그러나 과학적으로 그것을 알아내는 것은 쉬운 일이 아니다.
> (나) 그런데 어떤 사람들은 손에 있는 지문이 그 열쇠가 될 수 있다고 말한다.
> (다) 자신의 성격이 어떤지, 어디에 재능이 있는지, 잘 아는 것은 매우 중요하다.
> (라) 잘 알려진 대로 지문은 사람마다 다르며 그 모양에 따라 특징도 다르기 때문이다.

① (다)-(가)-(나)-(라)
② (다)-(나)-(가)-(라)
③ (라)-(가)-(나)-(다)
④ (라)-(나)-(가)-(다)

14

> (가) 그것은 바로 입사 지원자의 지원 동기이다.
> (나) 취업 면접에서 면접관이 중요하게 보는 요소들은 기업마다 다를 것이다.
> (다) 하지만 이런 변수들을 떠나 모든 면접관이 중요하게 보는 요소가 하나 있다.
> (라) 지원 동기가 불충분한 사람은 일하는 행복을 느끼지 못할 확률도 높기 때문이다.

① (가)-(나)-(다)-(라)
② (가)-(다)-(나)-(라)
③ (나)-(가)-(라)-(다)
④ (나)-(다)-(가)-(라)

15

(가) 지하철에서 급하게 내리면서 지하철 바닥에 지갑을 떨어뜨렸다.

(나) 계속 불러도 내가 못 들으니까 회사까지 나를 따라온 고마운 학생이었다.

(다) 그런데 회사 앞에 도착했을 때쯤 내 지갑을 들고 뛰어오는 학생을 발견했다.

(라) 나는 그것도 모르고 회사에 늦을까 봐 지하철에서 내리자마자 뛰기 시작했다.

① (가)-(다)-(라)-(나)

② (가)-(라)-(다)-(나)

③ (라)-(가)-(나)-(다)

④ (라)-(나)-(가)-(다)

※ [16~18] (   )에 들어갈 말로 가장 알맞은 것을 고르십시오. (각 2점)

16

몇 년 전부터 술을 마시면서 책을 읽을 수 있는 서점들이 문을 열어 화제가 되고 있다. 이 '술 마시는 서점'에서는 술과 책을 매개로 한 각종 공연들이 열리고 다양한 모임의 행사도 진행된다. 한 서점에서는 유명한 (   ) 술을 함께 전시해 놓고 그 책을 구매하는 사람들에게 한 잔씩 서비스로 제공하기도 한다.

① 회사에서 만든

② 소설에 등장하는

③ 식당에서 팔고 있는

④ 사람들이 많이 마시는

17

한국인들은 '정'이라는 말을 많이 사용한다. '정'을 한마디로 말하기는 힘들지만 (   ) 마음이라고 할 수 있다. 사람뿐만 아니라 어떤 사물 혹은 장소에 대해서도 친해졌다거나 익숙해졌다는 마음을 느끼게 되었을 때 '정이 들다'라고 표현하는데 한국 사회에 빨리 적응하려면 이런 문화에 대해 잘 이해해야 한다.

① 빨리 알고 싶다는
② 더 큰 새로움을 느끼는
③ 누구에게나 도움이 되는
④ 친근함이나 따뜻함을 느끼는

18

음식도 돈처럼 저축할 수 있는 '푸드 뱅크'라는 은행이 있다. 이 곳은 음식을 맡길 수만 있지 다시 찾을 수 있는 곳은 아니다. 푸드 뱅크는 가정과 급식소 등에서 남은 음식이나 (   ) 판매하기 힘든 음식을 모아서 이웃과 나눌 수 있도록 한 은행이다. 푸드 뱅크에는 마트에서 1+1 행사로 받은 여유분의 식품이나 너무 많이 사서 다 먹을 수 없는 음식 등 적은 양의 음식도 기부할 수 있다.

① 만들기 어려워서
② 찾는 손님이 많아서
③ 맡기는 사람이 없어서
④ 유통 기한이 가까워져서

※ [19~20] 다음을 읽고 물음에 답하십시오. (각 2점)

> 잡초라고 불리는 야생초들은 세계 곳곳에서 자라고 있다. 이들 야생초가 번성하는 데에는 개미가 매우 중요한 역할을 하고 있다. 야생초가 씨앗을 통해 영양분이 풍부한 물질을 공급하면 개미는 그 씨앗들을 열심히 실어 나르면서 번식을 돕는다. 과학자들은 야생초뿐만 아니라 수많은 식물들이 개미와의 협력을 통해 많은 곳으로 퍼져나가고 있다는 사실을 확인했다. (   ) 개미가 없다면 숲과 같은 자연환경이 훼손될 경우 회복 가능성이 사라지게 된다고 말할 수 있다.

19 (   )에 들어갈 말로 가장 알맞은 것을 고르십시오.

① 만일
② 과연
③ 비록
④ 반면

20 윗글의 주제로 가장 알맞은 것을 고르십시오.

① 개미는 과학자들에게 흥미로운 관찰 대상이다.
② 개미는 자연 생태계 조성에 매우 중요한 역할을 한다.
③ 개미가 없는 환경에서는 식물들을 연구하기가 힘들다.
④ 개미는 훼손된 자연환경 속에서도 오랫동안 살아갈 수 있다.

※ [21~22] 다음을 읽고 물음에 답하십시오. (각 2점)

복권에 당첨되는 것은 (   )만큼 어려운 일이다. 그래서 복권을 사는 사람들을 부정적으로 보는 사람들도 있다. 왜냐하면 헛된 희망을 가지고 쓸데없는 일에 돈과 시간을 낭비한다고 생각하기 때문이다. 그러나 실현될 가능성이 낮다고 해도 가끔은 꿈이 이루어지는 순간을 상상하며 복권을 사 보는 것도 즐거운 일이 될 수 있다. 현실이 괴롭고 힘들더라도 이러한 희망이나 기대가 있으면 그것만으로도 즐겁고 활기차게 살아갈 수 있을지도 모른다.

21 (   )에 들어갈 말로 가장 알맞은 것을 고르십시오.

① 도토리 키 재기
② 누워서 떡 먹기
③ 하늘의 별 따기
④ 손 안 대고 코 풀기

22 윗글의 내용과 같은 것을 고르십시오.

① 현실이 힘들고 괴로운 사람만 복권을 산다.
② 희망을 가지는 것만으로도 활력을 얻을 수 있다.
③ 복권을 사는 것은 돈과 시간을 낭비하는 일이다.
④ 희망을 가지면 복권 당첨의 가능성을 높일 수 있다.

※ [23~24] 다음을 읽고 물음에 답하십시오. (각 2점)

오늘은 평소처럼 아침 5시 30분에 눈을 떴다. 그리고 간단하게 스트레칭을 한 뒤, 물을 한 잔 마시고 아침 준비를 시작했다. 남편과 아이들을 위해 내가 10년 넘게 해 오고 있는 일이다. 남편과 아이들은 내가 준비한 아침을 먹고 씩씩하게 회사와 학교로 갔다. <u>나는 그런 모습만 봐도 배가 불러서 아침을 안 먹어도 될 것 같았다.</u> 그리고 나는 청소와 빨래를 한 후, 잠깐 쉬면서 책을 읽다가 또다시 남편과 아이들이 먹을 저녁을 준비했다. 직장에 다니는 친구들은 별일 없이 집안일에만 매여 있는 나를 답답하게 생각하곤 한다. 물론 나도 가끔은 전업주부로 사는 것이 답답하고 아쉬울 때가 있다. 그러나 아이들이 커 가면서 또 남편과 함께 나이를 먹어 가면서 나는 집안일이 더욱더 가치가 있는 일이라는 것을 느낀다. 그래서 만약 집안일에도 전문가가 있다면 그런 전문가가 되어 보고 싶다.

23 밑줄 친 부분에 나타난 '나'의 심정으로 가장 알맞은 것을 고르십시오.

① 후련하다
② 서운하다
③ 창피하다
④ 뿌듯하다

24 윗글의 내용과 같은 것을 고르십시오.

① 나는 오늘 평소보다 좀 일찍 일어났다.
② 전업주부로 집안일을 하다 보면 답답할 때가 많다.
③ 전업주부로 사는 것이 항상 만족스러운 것은 아니다.
④ 직장에 다니는 친구들은 집안일이 가치가 있다고 생각한다.

※ [25~27] 다음 신문 기사의 제목을 가장 잘 설명한 것을 고르십시오. (각 2점)

25

정부의 집값 잡기, 서민 경제에 찬물 끼얹는 중

① 정부의 부동산 정책이 서민 경제에 악영향을 미치고 있다.
② 정부의 부동산 정책 때문에 서민 물가가 많이 떨어지고 있다.
③ 정부의 부동산 정책을 서민들이 아주 냉정하게 평가하고 있다.
④ 정부의 부동산 정책이 서민들의 마음을 시원하게 해 주고 있다.

26

"우리 개는 안 물어요." 주인들의 흔한 착각

① 자신의 반려견에게 물리는 사람들이 늘고 있다.
② 개를 키우기 전에 개의 특성에 대해서 알아봐야 한다.
③ 한번 사람을 문 적이 있는 개는 다시 사람을 물 수 있다.
④ 자신의 반려견은 물지 않는다고 확신하는 것은 잘못된 것이다.

27

꿀잠 자게 해 주는 바나나, 불안감도 '사르르'

① 바나나를 꿀과 함께 먹으면 잠을 푹 잘 수 있다.
② 바나나는 자기 전에 먹어야 불안감에도 효과가 있다.
③ 바나나는 숙면에도 도움이 될뿐더러 불안감도 없애 준다.
④ 바나나를 먹을 때 속이 불편한 사람은 꿀과 함께 먹는 게 좋다.

※ [28~31] (   )에 들어갈 말로 가장 알맞은 것을 고르십시오. (각 2점)

28

　　과학 기술이 발달하면서 책의 새로운 형태인 '전자책'이 등장하게 되었다. 휴대 전화와 같은 손바닥만 한 이 작은 전자기기에 수백 권의 책을 넣어서 가지고 다닐 수 있게 되었다. 전자책의 발달로 이제는 책을 보기 위해 (　　　　　　　) 원하는 책을 바로 읽을 수 있게 되었다. 물론 전자책이 전자기기 사용에 익숙하지 않은 노년층에게는 별로 도움이 안 된다는 지적도 있지만 이제 전자책은 시간에 쫓기는 현대인들에게 꼭 필요한 독서 수단으로 자리잡고 있다.

① 간편하게 도서관을 이용하며
② 과학 기술의 발달에 부정적이고
③ 일부러 도서관이나 서점에 갈 필요 없이
④ 한정된 장소에서 시간에 구애받지 않으며

29

　　매년 70세 이상 고령 운전자에 의한 교통사고가 증가함에 따라 고령자들의 운전면허 자진 반납 및 교통카드 지원 사업이 시작되었다. 그동안 운전면허증을 반납하려면 직접 경찰서나 운전면허 시험장에 가서 면허증을 제출해야 했으나 이제는 (　　　　　　　) 주민등록상 주소지의 주민 센터만 방문하면 되는 것으로 반납 절차가 간편해졌다. 그리고 운전면허를 자진 반납한 고령자를 대상으로 다양한 대중교통과 편의점 등을 대상으로 사용 가능한 교통카드를 지원해 주고 있다.

① 교통사고에 대한 걱정 없이
② 경찰서나 시험장에 갈 필요 없이
③ 운전면허 취득을 위한 노력 없이
④ 교통카드를 지원 받으려는 생각 없이

30

　'거꾸로 학습'은 학생이 수업을 주도하는 형식의 새로운 교육 방법이다. '거꾸로 학습' 또는 '거꾸로 교실'에서는 학생이 수업에 대한 준비를 스스로 하고 준비한 내용을 수업 시간에 선생님 대신 같은 반 학생들에게 직접 설명해 준다. 이 수업에서 학생은 (　　　　　　　) 수동적 역할에서 벗어나 선생님이나 다른 학생들과 다양한 상호작용을 함으로써 수업에서 적극성을 발휘하고 참여도도 높일 수 있다. 또한 그 결과 학업성취도가 향상되는 것을 기대할 수도 있고 더불어 리더십도 키울 수 있게 된다.

① 교사의 강의를 듣기만 하는
② 교사의 수업을 대신해 주는
③ 성적을 향상시키려고 노력하는
④ 다른 학생들과 의사소통을 하는

31

　우리 몸의 혈액 속에 존재하는 B 림프구는 놀라운 기억력을 가지고 있는데 바로 이 능력이 질병으로부터 신체를 보호하는 데 결정적인 기능을 한다. '예방 접종'이라고 하는 것은 바로 이러한 B 림프구의 기억력을 활용한 것이다. 외부로부터 바이러스, 곰팡이 같은 병원체가 체내에 침투하면 우리 몸은 이 병원체로부터 몸을 지키기 위해 항체라는 방어 체계를 형성한다. 항체는 병원체 표면에 부착된 항원에 반응하는데 특정 항원에 대항해 만들어진 항체는 (　　　　　　　) 다음번에 같은 병원체가 들어오면 처음보다 훨씬 빠르고 강력하게 대응한다.

① 다른 항원과 싸우다가
② 방어 체계를 공격하다가
③ 우리 몸속에 침투하다가
④ 그 항원을 기억하고 있다가

※ [32~34] 다음을 읽고 글의 내용과 같은 것을 고르십시오. (각 2점)

32

아리랑은 '아리랑'이나 '아라리' 또는 그와 비슷한 소리를 노래에 끼워 사용하는 여러 민요들을 가리킨다. 이것이 어느 시대에 생겨났는지 정확히 밝혀지지는 않았지만 오랜 세월 전국으로 분포되어 왔고 해외에도 널리 퍼져 있다. 아리랑의 내용은 대개 그 지역 민중의 일상적인 생활 모습과 감정들을 담고 있다. 이러한 아리랑은 언제 어디에서건 노래가 불릴 때마다 한국 사람들에게 그들이 하나라는 것을 확인시켜 주는 역할을 한다.

① 모든 민요에 아리랑 소리를 끼워 사용한다.
② 아리랑의 발생 시기를 정확히 알 수는 없다.
③ 해외에서도 언제 어디에서건 아리랑이 불린다.
④ 아리랑을 불러 보게 함으로써 한국 사람인지 확인할 수 있다.

33

『동의보감』은 허준이 왕의 명을 받아 약 15년간에 걸쳐 집필한 의학 서적이다. 총 25권 중 목차 2권, 의학 내용 23권으로 이루어져 있다. 의학 내용으로는 질병 치료는 물론 건강 증진과 관련된 많은 한약재가 기재되어 있는데 특히 당시 민간에서 흔히 쓰이고 있던 각종 약재의 이름부터 효능, 채취와 가공 방법 등에 대해 자세히 기술해 놓았다. 또한 『동의보감』에서는 약과 음식의 근원이 같다고 하면서 책에 기재된 약재 중 상당수를 식재료로 활용하여 건강과 장수에 도움이 되도록 하는 다양한 방법도 소개하고 있다.

① 이 책은 허준이 왕과 함께 쓴 의학서이다.
② 이 책 25권은 모두 의학 내용으로 구성되어 있다.
③ 이 책을 보면 건강에 좋은 식재료가 무엇인지 알 수 있다.
④ 이 책에서는 주로 쉽게 볼 수 없는 약재들을 소개하고 있다.

34

　　지난달 세종문화회관에서 인기 있는 온라인 게임의 음악을 연주하는 교향악단의 공연이 처음 무대에 올랐습니다. 개관 43년 만에 처음으로 열린 게임 음악회에는 기다렸다는 듯이 많은 게임 팬들이 몰렸습니다. 학창 시절부터 게임에 빠져 있던 지휘자 또한 공연을 통해 게임 음악 전문 지휘자라는 새로운 길을 개척하기도 했습니다. 공연은 예매가 시작되자마자 매진됐는데 여성 관객 비율이 80% 정도인 다른 공연과 달리 이 게임 음악회는 예매자의 60%가 남성입니다.

① 이번 음악회에서는 여성 관객을 찾아보기 힘들었다.
② 게임 음악회는 43년 동안 꾸준히 사랑을 받아 왔다.
③ 이번 음악회의 지휘자는 오랫동안 게임을 좋아해 왔다.
④ 게임 음악만을 연주하는 전문 교향악단의 공연이 있었다.

※ [35~38] 다음을 읽고 글의 주제로 가장 알맞은 것을 고르십시오. (각 2점)

35

　　사람들은 대체로 어떤 상품을 구입할 때 희소성의 영향을 받는다. 즉, 다른 사람들이 많이 가지고 있지 않은 것이라면 더 따져 볼 것도 없이 그 상품의 구매를 결정하는 경우가 많다는 것이다. 따라서 상품 마케팅을 할 때에는 그러한 소비자의 심리를 잘 활용해야 한다. 남은 상품이 마지막이라거나 오늘만 할인을 한다거나 하는 광고 문구들은 진실일 수도 있고 거짓일 수도 있다. 그러나 쉽게 살 수 없는 상품일수록 더 가치 있어 보이고 또 사고 싶어지는 것은 사실일 것이다.

① 소비자의 심리를 이용한 상품 마케팅을 해야 한다.
② 상품을 구입할 때 다른 사람들의 반응도 살펴봐야 한다.
③ 광고 문구를 보지 않고 상품을 구입하면 반드시 후회한다.
④ 소비자들은 오히려 쉽게 구입할 수 있는 상품에 관심이 많다.

36

　　아동 학대의 원인을 묻는 질문에 적지 않은 사람들이 아동의 문제 행동을 지적하곤 한
다. 그러나 아동들은 발달상 무엇이 사회적으로 맞고, 틀린 행동인지를 아직 잘 모르는 시
기라는 점에서 충분히 문제가 되는 행동을 할 수밖에 없다. 따라서 아동 학대의 원인은 아
이의 문제성에서 비롯된다기보다는 잘못된 양육 태도와 전략으로 대응한 어른에게 있다.
이러한 아동 학대를 멈추기 위해서는 어른들을 대상으로 하는 예방 교육을 비롯하여 부모
의 양육 및 교사의 보육 스트레스 등을 줄일 수 있는 심리적 지원도 반드시 필요하다.

① 아동 학대를 막으려면 아이들의 심리를 잘 파악해야 한다.
② 아동 학대는 문제 행동을 일으키는 아이들에게서 비롯된다.
③ 아동 학대를 저지르는 어른들은 잘못된 양육 태도를 가지고 있다.
④ 아동 학대 예방을 위해 성인 대상의 교육과 심리적 지원이 병행되어야 한다.

37

　　대기 오염에 의한 큰 문제 중의 하나는 산성비이다. 이 산성비는 인간에게 피해를 줄 뿐
만 아니라 물고기가 없는 강과 호수를 만들고 동식물과 삼림을 죽게 하여 생태계 전체를
파괴하는 무서운 힘을 갖고 있다. 60년대에 유럽에서 산성비에 대한 경고가 나온 이후 과
학자들은 산성 물질에 대한 연구에 착수하였다. 그 결과 미국의 대부분 지역에서 삼림 피
해가 나타났으며 캐나다 동부 지역 호수의 절반 이상이 극도로 산성화되었다는 결과를 얻
었다.

① 산성 물질에 대한 과학자들의 노력이 큰 성과를 거두었다.
② 산성비는 인간을 포함한 생태계에 막대한 피해를 끼치고 있다.
③ 산성비에 의한 피해는 캐나다 대부분의 지역에서 가장 심각하게 나타난다.
④ 산성비에 대한 경고가 나온 이후, 사람들은 생태계를 지키기 위해 노력하고 있다.

38

지금까지 올림픽은 한 나라의 한 도시에서 개최하는 게 기본이었다. 그런데 올림픽 준비에 드는 비용의 부담으로 이득은커녕 손해를 보는 경우가 많아지자 올림픽도 살아남기 위한 변화를 선택했다. 대회별로 올림픽 종목을 결정할 때 어느 정도 자유를 부여해 사람들이 좋아하는 경기를 추가하고 여러 도시에 대회를 나눠서 개최함으로써 비용의 부담을 줄이도록 한 것이다. 물론 올림픽의 이상은 여전히 스포츠를 통한 인간의 완성과 국제 평화의 증진에 있겠지만 이제 올림픽도 경제적 측면에 대한 계산 없이는 개최가 힘든 시대가 되었다.

① 올림픽 개최를 통해 경제적인 이익을 추구하게 되었다.
② 올림픽을 통한 국제 평화의 증진은 이제 기대할 수 없다.
③ 올림픽의 이상을 실현하려면 한 도시에서 개최해야 한다.
④ 올림픽도 다양한 변화를 모색하지 않으면 살아남을 수 없다.

※ [39~41] 주어진 문장이 들어갈 곳으로 가장 알맞은 것을 고르십시오. (각 2점)

39

파이어족은 경제적 자립을 바탕으로 조기에 은퇴를 하고자 하는 사람들을 가리키는 용어이다. (㉠) 이들은 일반적인 은퇴 연령인 50~60대가 아닌 30대 말이나 늦어도 40대 초반에 은퇴를 하겠다는 목표를 가지고 있다. (㉡) 파이어족은 원하는 목표액을 달성해 부자가 되겠다는 것이 아니라 조금 덜 쓰고 덜 먹더라도 자신이 하고 싶은 일을 하면서 사는 것이다. (㉢) 예를 들어 생활비 절약을 위해 주택 규모를 줄이고 외식과 여행을 줄이는 것은 물론 식재료를 스스로 재배하기도 한다. (㉣)

보기

그 목표를 위해 20대부터 소비를 줄이고 극단적인 절약을 선택한다.

① ㉠ 　　　　② ㉡
③ ㉢ 　　　　④ ㉣

40

고양이는 화장실을 매우 청결하게 사용하는 것으로 유명하다. (㉠) 태어난 지 얼마 되지 않았을 때부터 고양이는 스스로 대소변을 가릴 수 있을 정도이다. (㉡) 대신 볼일을 보고 자신의 흔적을 감추는 습성 때문에 고양이 화장실에는 모래를 깔아 주어야 한다. (㉢) 이는 대소변을 가리지 못해서가 아니라 일부러 하는 행동이다. (㉣) 주인이 더러워진 모래를 제때 바꿔 주지 않으면 화장실이 청결하지 못하다고 시위를 하는 것이다.

보기

가끔 고양이들도 화장실이 아닌 소파나 이불 등에 볼일을 보는 경우가 있다.

① ㉠ 　　　　② ㉡
③ ㉢ 　　　　④ ㉣

41

심리 상담사 정우나 씨가 지난 20여 년간 상담을 하면서 느낀 점을 엮은 수필집 『나를 위로해 준 사람들』을 펴냈다. (㉠) 이 책에는 교사이자 상담가인 정우나 씨가 수업과 상담 과정에서 수많은 학생들을 만나며 느낀 감정들이 섬세하게 담겨 있다. (㉡) 정우나 씨는 상담 과정에서 오히려 자신의 상처도 더 잘 들여다보게 되었으며 많은 위로를 받았다고 고백한다. (㉢) 살아가면서 작은 위로가 필요한 사람들이 있다면 주저 없이 이 책을 읽어 보기를 권한다. (㉣)

보기

더불어 그런 상처 입은 감정을 인정하고 마음을 지키기 위한 방법도 들려준다.

① ㉠   ② ㉡

③ ㉢   ④ ㉣

※ [42~43] 다음을 읽고 물음에 답하십시오. (각 2점)

나는 금년 여섯 살 난 처녀애입니다. 내 이름은 박옥희이고요. 우리 집 식구라고는 세상에서 제일 이쁜 우리 어머니와 단 두 식구뿐이랍니다. 아차, 큰일났군, 외삼촌을 빼놓을 뻔했으니……. 지금 중학교에 다니는 외삼촌은 어디를 그렇게 싸돌아다니는지, 집에는 끼니 때 외에는 별로 붙어 있지 않아, 어떤 때는 한 주일씩 가도 외삼촌 코빼기도 못 보는 때가 많으니까요. 깜빡 잊어버리기도 예사지요, 무얼. (중략)

내가 세상에 나오기도 전에 아버지는 돌아가셨다니까, 나는 아버지 얼굴도 못 뵈었지요. 그러니 아무리 생각해 보아도 아버지 생각은 안 나요. 아버지 사진이라는 사진은 나도 한두 번 보았지요. 참으로 훌륭한 얼굴이에요. <u>아버지가 살아 계신다면 참말로 이 세상에서 제일가는 잘난 아버지일 거예요.</u> (중략) 우리 집 정말 식구는 어머니와 나 단 둘뿐인데, 아버님이 계시던 사랑방이 비어 있으니까 그 방도 쓸 겸, 또 어머니의 잔심부름도 해줄 겸 해서, 우리 외삼촌이 사랑방에 와 있게 되었어요.

42 밑줄 친 부분에 나타난 '나'의 심정으로 가장 알맞은 것을 고르십시오.

① 안타깝다
② 부끄럽다
③ 실망하다
④ 후회스럽다

43 윗글의 내용으로 알 수 있는 것을 고르십시오.

① 나는 부모님과 외삼촌이랑 살고 있다.
② 나는 아버지의 얼굴을 어렴풋이 기억한다.
③ 외삼촌은 아버지가 지내던 방을 사용하고 있다.
④ 어머니는 일이 없으신지 주로 집에 계시는 일이 많다.

※ [44~45] 다음을 읽고 물음에 답하십시오. (각 2점)

심폐소생술은 알고 보면 그리 대단한 기술을 요하는 것도 아닌데 대부분의 사람들이 잘 모르고 있는 탓에 귀한 목숨을 잃어버리는 안타까운 경우가 너무도 많다. 흔히 '삶과 죽음을 가르는 4분'이라고 하는데 심폐소생술의 중요성을 가장 확실하게 표현한 말이 아닐까 싶다. 심폐소생술을 실시할 때 가장 중요한 것은 바로 시간이다. 심장과 폐는 정지된 후라도 4분 이내에 심폐소생술을 실시하면 거의 대부분 완전한 회복이 가능해진다. 그러나 만약 4분 이내에 심폐소생술로 심장의 기능을 (   ) 결국 뇌손상으로 이어져 목숨을 잃고 마는 것이다. 이처럼 심폐소생술을 잘 배워 두는 것만으로도 생각지 못한 상황에서 누군가의 귀중한 생명을 구하는 데에 큰 역할을 할 수 있다.

44 (   )에 들어갈 말로 가장 알맞은 것을 고르십시오.

① 확실히 막지 못하면
② 빨리 대체할 수 없으면
③ 정확히 알아낼 수 없으면
④ 원래대로 돌려놓지 않으면

45 윗글의 주제로 가장 알맞은 것을 고르십시오.

① 심장과 폐는 우리 몸속 기관 중 회복 능력이 제일 뛰어나다.
② 심폐소생술은 특별한 기술이 없어도 누구나 쉽게 배울 수 있다.
③ 심폐소생술을 잘 알아 두면 다른 사람들의 생명을 구할 수 있다.
④ 심폐소생술을 받지 못해 목숨을 잃는 것은 너무도 안타까운 일이다.

※ [46~47] 다음을 읽고 물음에 답하십시오. (각 2점)

어떤 것이든 자신의 느낌을 자유롭게 표현할 수 있는 도구가 바로 문학이다. 문학은 크기와 모양도 일정하지 않으며, 정답도 없다. 때때로 문학은 아름다운 사랑을 이야기하기도 하고, 이별의 아픔을 이야기하기도 한다. 또는 우리 사회에 숨어 있는 거대한 갈등을 밖으로 드러내 보이기도 한다. 문학을 통해서 우리는 자신의 감정을 표현하고 타인의 다양한 문제와 만나면서 세상과 소통한다. 그러나 언제부터인가 각박한 현대사회를 살아가고 있는 사람들에게 문학은 비현실적인 이야기, 나와 상관없는 이야기로 점점 멀어져 가기 시작했다. 살기 바빠서 타인과 세상은 물론 자신의 모습과 감정도 돌아볼 여유가 없어진 것이다. 그러나 바쁘고 힘들수록 문학을 가까이 하다 보면 오히려 그 속에서 현실적인 문제들에 대한 해답을 얻을 수도 있고 새로운 길을 찾을 수도 있다. 문학 속에는 아름답고 슬프고 고통스럽기도 한 세상의 질서가 다 들어 있기 때문이다.

46 윗글에 나타난 필자의 태도로 가장 알맞은 것을 고르십시오.

① 문학을 읽기 어려운 현실을 비판하고 있다.
② 현실적인 문학이 많아지는 것을 지지하고 있다.
③ 현대인들에게 문학을 가까이 할 것을 요구하고 있다.
④ 문학을 통해 사회적 갈등이 해결되기를 기대하고 있다.

47 윗글의 내용과 같은 것을 고르십시오.

① 문학을 읽으면 우리 사회의 문제를 알 수 있다.
② 요즘 사람들은 문학을 통해 자신의 감정을 되돌아본다.
③ 문학은 이별의 슬프고 아픈 이야기를 주로 담고 있다.
④ 문학 속에서 현실적인 문제들에 대한 답을 얻을 수는 없다.

※ [48~50] 다음을 읽고 물음에 답하십시오. (각 2점)

다수의 개인 방송이 선정적이고 폭력적인 내용으로 도마에 오른 지는 이미 오래되었다. 이른바 '1인 미디어'의 영향력이 커지면서 규제의 필요성이 요구되고 있는 가운데 특히 (   ) 목소리가 높아지고 있다. 그런데 현행법상 언론 매체로서 법률적인 규제를 받는 대상에는 이러한 1인 미디어가 포함되지 않는다. 방송 내용은 방송법에 따라 헌법의 기본 질서 및 인권, 사회윤리, 인종과 종교의 차별 금지 등을 준수해야 한다. 그러나 1인 미디어는 그러한 심의의 대상이 아니므로 일반적으로 인터넷과 관련된 규제에 근거해 제재를 받고 있다. 국내 1인 미디어에 대한 규제는 해외에 비해 그 수준이 높은 편이지만 미디어 사업자의 적극적인 자율 규제를 유도하는 법적 제도는 미비하다. 그러므로 물론 강력한 공적 규제도 필요하겠지만 보다 근본적인 문제 해결을 위해서는 사업자가 자율적으로 불법적인 방송 내용에 대해 삭제 등의 조치를 취할 수 있도록 하는 법적 조항을 마련하는 것이 훨씬 더 효과가 있을 것이다.

48 윗글을 쓴 목적으로 알맞은 것을 고르십시오.

① 법적 조항의 문제점을 옹호하기 위해서
② 법적 조항 마련의 필요성을 강조하기 위해서
③ 법률 시행의 구체적 방안을 제시하기 위해서
④ 법률 적용에 있어 국내와 해외의 차이를 설명하기 위해서

49 (   )에 들어갈 말로 가장 알맞은 것을 고르십시오.

① 언론 매체를 늘려야 한다는
② 심의에서 제외시켜야 한다는
③ 방송법을 모두 바꿔야 한다는
④ 공적 규제를 더 강화해야 한다는

50 윗글의 내용과 같은 것을 고르십시오.

① 극히 일부의 개인 방송만이 문제가 되고 있다.
② 1인 미디어 방송은 언론 매체에 포함되지 않는다.
③ 언론 매체에 대한 규제 및 심의는 헌법에서 정하고 있다.
④ 국내 1인 미디어에 대한 규제 수준은 해외에 비해 낮은 편이다.

한국어능력시험 II
제4회 실전 모의고사

Test of Proficiency in Korean II
The 4th actual mock test

1교시   듣기, 쓰기 (Listening, Writing)

2교시   읽기 (Reading)

 듣기 모바일 OMR
자동채점

 듣기 MP3 유튜브
바로가기

 읽기 모바일 OMR
자동채점

수험번호(Registration No.)		
이름 (Name)	한국어(Korean)	
	영어(English)	

유의 사항
Information

1. 시험 시작 지시가 있을 때까지 문제를 풀지 마십시오.
   Do not open the booklet until you are allowed to start.

2. 수험번호와 이름을 정확하게 적어 주십시오.
   Write your name and registration number on the answer sheet.

3. 답안지를 구기거나 훼손하지 마십시오.
   Do not fold the answer sheet; keep it clean.

4. 답안지의 이름, 수험번호 및 정답의 기입은 배부된 펜을 사용하여 주십시오.
   Use the given pen only.

5. 정답은 답안지에 정확하게 표시하여 주십시오.
   Mark your answer accurately and clearly on the answer sheet.

marking example	① ● ③ ④

6. 문제를 읽을 때에는 소리가 나지 않도록 하십시오.
   Keep quiet while answering the questions.

7. 질문이 있을 때에는 손을 들고 감독관이 올 때까지 기다려 주십시오.
   When you have any questions, please raise your hand.

제4회 실전 모의고사

제4회

1교시 듣기(01번~50번)
시험 시간 **60**분 | 정답 및 해설 66쪽

※ [01~03] 다음을 듣고 가장 알맞은 그림 또는 그래프를 고르십시오. (각 2점)

01

①

②

③

④

02

①

②

③

④

03

① 맞벌이 증가 이유

1위	생활비 부담 증가
2위	여성의 경제활동 참여 증가
3위	노후 준비

② 맞벌이 증가 이유

1위	여성의 경제활동 참여 증가
2위	노후 준비
3위	생활비 부담 증가

③ 맞벌이 가구 수

맞벌이 / 외벌이
44.9%
(567만 5천 가구)

④ 맞벌이 가구 수

맞벌이 / 외벌이
52.6%
(584만 6천 가구)

※ [04~08] 다음을 듣고 이어질 수 있는 말로 가장 알맞은 것을 고르십시오. (각 2점)

04   ① 출발 장소로 오세요.
　　　② 내년에는 갈 수 있어요.
　　　③ 회사 일이 너무 많아서요.
　　　④ 같이 못 갈까 봐 걱정했어요.

05   ① 정말요? 힘들면 그만두세요.
　　　② 그래요? 그럼 한번 가 봐야겠어요.
　　　③ 맞아요. 편의점이 일하기가 좋아요.
　　　④ 그럼요. 다음 주부터 일하기로 했어요.

06   ① 너무 서두르지 마.
　　　② 벌써 그렇게 많이 썼어?
　　　③ 다음 주에 내는 게 좋겠는데.
　　　④ 미리 해 놓으면 편하지 않겠어?

07
① 그냥 하얀색을 사는 게 어때?
② 그럼 다른 모자도 한번 써 볼까?
③ 파란색도 잘 어울리는 것 같은데.
④ 나는 하얀색 모자가 마음에 들어.

08
① 그럼 다른 장소를 빨리 알아보겠습니다.
② 그럼 행사 계획을 한번 세워 보겠습니다.
③ 행사를 진행할 수 있게 돼서 다행입니다.
④ 내일 회의에서 결정하면 좋을 것 같습니다.

※ [09~12] 다음을 듣고 <u>여자</u>가 이어서 할 행동으로 가장 알맞은 것을 고르십시오. (각 2점)

09 ① 카드를 반납한다.
② 여권을 가지러 간다.
③ 신청서를 받으러 간다.
④ 신청 방법을 확인한다.

10 ① 가방을 맡긴다.
② 사진을 찍으러 간다.
③ 예약 내용을 확인한다.
④ 하고 싶은 머리 모양을 고른다.

11 ① 모자를 벗는다.
② 떨어진 모자를 줍는다.
③ 남자에게 모자를 빌린다.
④ 다른 놀이 기구의 표를 산다.

12 ① 새 화분을 산다.
② 화분에 물을 준다.
③ 화분에 날짜를 붙인다.
④ 고추로 반찬을 만든다.

※ [13~16] 다음을 듣고 들은 내용과 같은 것을 고르십시오. (각 2점)

13 ① 두 사람은 거울을 붙이고 있다.
② 화장대는 주말에 완성될 것이다.
③ 여자는 여기에 거울을 사러 왔다.
④ 남자는 가구를 만드는 회사에 다닌다.

14 ① 설명회는 회의실에서 열린다.
② 영상에서는 학교별 기념품이 소개된다.
③ 설명회에서 바로 입학 신청을 할 수 있다.
④ 학교별 안내 영상을 보려면 2층으로 가야 한다.

15 ① 눈은 아침부터 내리기 시작했다.
② 지금은 눈이 자주 오는 겨울이다.
③ 저녁 시간까지 길이 미끄러울 것이다.
④ 밤새 여러 곳에서 교통사고가 발생했다.

16 ① 여자는 동물들의 몸짓에 관심이 있다.
② 여자는 동물들에게 대화를 가르쳐 왔다.
③ 여자는 여러 마리의 동물을 기르고 있다.
④ 여자의 몸짓은 동물들의 몸짓과 비슷하다.

※ [17~20] 다음을 듣고 <u>남자</u>의 중심 생각으로 가장 알맞은 것을 고르십시오. (각 2점)

17 ① 카페의 이름에는 모두 의미가 있다.
② 영어로 된 가게 이름은 잊어버리기 쉽다.
③ 가게의 이름은 한국어로 만드는 게 좋다.
④ 관심을 끌려면 가게 이름을 재미있게 지어야 한다.

18 ① 싸운 후에는 먼저 사과를 하는 게 좋다.
② 손으로 편지를 쓰는 것은 어려운 일이다.
③ 사과를 할 때는 마음을 잘 표현해야 한다.
④ 손편지를 보내면 마음을 더 잘 전할 수 있다.

19 ① 도시 생활이 시골 생활보다 낫다.
② 도시에서는 맑은 공기를 마시기가 힘들다.
③ 여유로운 출퇴근 길이 시골 생활의 큰 장점이다.
④ 직장인들에게는 출퇴근 시간의 문제가 중요하다.

20 ① 식당에서는 다양한 메뉴를 제공해야 한다.
② 고기를 많이 먹게 되면 건강을 해칠 수 있다.
③ 건강에 도움이 되는 음식을 섭취하는 게 좋다.
④ 채식 식단을 유지하는 것은 건강에 도움이 된다.

※ [21~22] 다음을 듣고 물음에 답하십시오. (각 2점)

21 남자의 중심 생각으로 가장 알맞은 것을 고르십시오.

① 아침 식사로는 빵이 제일 적당하다.
② 서로 따뜻한 마음을 나누는 것이 중요하다.
③ 하루를 잘 보내려면 아침을 꼭 먹어야 한다.
④ 노인들보다 아이들을 더 먼저 도와주어야 한다.

22 들은 내용과 같은 것을 고르십시오.

① 남자는 3년 전부터 무료로 빵을 나눠 주고 있다.
② 아이들은 빵을 받아 가는 데 큰 의미를 느끼지 못한다.
③ 남자는 내년에 다른 지역으로 빵 가게를 옮길 예정이다.
④ 매일 아침 많은 사람이 빵을 사기 위해 가게를 찾아온다.

※ [23~24] 다음을 듣고 물음에 답하십시오. (각 2점)

23 남자가 무엇을 하고 있는지 고르십시오.

① 여행 계획을 변경하고 있다.
② 여행 상품을 소개하고 있다.
③ 지원금 신청 방법을 안내하고 있다.
④ 지원금 사용 방법을 설명하고 있다.

24 들은 내용과 같은 것을 고르십시오.

① 여자의 가족은 해외여행을 갈 것이다.
② 여행 지원금은 인터넷으로 신청할 수 있다.
③ 신청서는 여행 한 달 전까지 제출해야 한다.
④ 행복동 주민은 누구나 여행 지원금을 받을 수 있다.

※ [25~26] 다음을 듣고 물음에 답하십시오. (각 2점)

25 남자의 중심 생각으로 가장 알맞은 것을 고르십시오.

① 음악을 들으면서 식사하는 것이 건강에 좋다.

② 인기를 얻으려면 큰 무대에서 노래를 해야 한다.

③ 노래가 인기를 얻는 데에는 멜로디의 영향이 크다.

④ 노래를 만들 때에는 가사보다 멜로디를 먼저 만들어야 된다.

26 들은 내용으로 같은 것을 고르십시오.

① 남자의 노래 가사는 쉽게 따라 부를 수 있다.

② 사람들은 걱정이 있을 때 남자의 노래를 듣는다.

③ 남자는 식당에 온 손님들과 이야기하는 것을 좋아한다.

④ 남자는 자신의 공연에 여러 나라의 가수들을 초청했다.

※ [27~28] 다음을 듣고 물음에 답하십시오. (각 2점)

27 남자가 말하는 의도로 알맞은 것을 고르십시오.

① 어제 본 결혼식 분위기를 전달하기 위해

② 여자의 결혼 준비 상황을 확인하기 위해

③ 자신이 원하는 결혼식에 대해 알려주기 위해

④ 결혼식에 누구를 초대하고 싶은지 물어보기 위해

28 들은 내용과 같은 것을 고르십시오.

① 결혼식 전에 축하 인사를 미리 해야 한다.

② 남자는 어제 친구의 결혼식에서 장난을 쳤다.

③ 결혼식의 축가는 친한 친구가 부르는 게 좋다.

④ 남자는 조용한 분위기에서 결혼식을 하고 싶어 한다.

※ [29~30] 다음을 듣고 물음에 답하십시오. (각 2점)

29 여자가 누구인지 고르시오.

① 카페를 운영하는 사람

② 여행 상품을 개발하는 사람

③ 숙박 시설에서 일하는 사람

④ 직업에 관한 상담을 해 주는 사람

30 들은 내용과 같은 것을 고르십시오.

① 직업 체험은 어떤 분야에서든지 가능하다.

② 실수를 하면 더 이상 체험을 계속할 수 없다.

③ 직업 체험은 여행 중 원하는 기간만큼 할 수 있다.

④ 직업 체험에 대한 현장의 반응들은 좋은 편이었다.

※ [31~32] 다음을 듣고 물음에 답하십시오. (각 2점)

31 남자의 중심 생각으로 가장 알맞은 것을 고르십시오.

① 펌프장 시설이 지하로 들어가기 때문에 안전하다.

② 초등학교 근처에 펌프장을 세우는 것은 적절하지 않다.

③ 초등학교 운영에는 학부모들의 의견이 반영되어야 한다.

④ 침수를 막을 수 있다면 공원이 훼손되는 것은 상관없다.

32 남자의 태도로 가장 알맞은 것을 고르십시오.

① 상대방의 의견에 적극적으로 동조하고 있다.

② 전문가의 주장을 인용해 상대방을 설득하고 있다.

③ 상대방의 의견을 존중하면서 양해를 구하고 있다.

④ 근거를 제시하며 상대방의 주장을 비판하고 있다.

※ [33~34] 다음을 듣고 물음에 답하십시오. (각 2점)

33 무엇에 대한 내용인지 알맞은 것을 고르십시오.

① 물고기 소리의 의미
② 물고기 소리의 크기
③ 물고기 소리의 다양성
④ 물고기 소리의 연구 비용

34 들은 내용과 같은 것을 고르십시오.

① 물고기들은 울음소리가 모두 다르다.
② 소리를 이용해 물고기들이 사는 위치를 파악할 수 있다.
③ 물고기들이 내는 소리를 연구하는 것은 불가능한 일이다.
④ 육지의 동물들은 물고기보다 더 다양한 소리를 만들어 낸다.

※ [35~36] 다음을 듣고 물음에 답하십시오. (각 2점)

35 남자가 무엇을 하고 있는지 고르십시오.

① 궁궐에 대한 지식의 필요성을 강조하고 있다.
② 궁궐을 관람하는 방법에 대해 소개하고 있다.
③ 궁궐을 소재로 한 작품의 특징을 설명하고 있다.
④ 궁궐을 소재로 한 작품 전시회의 의의를 밝히고 있다.

36 들은 내용과 같은 것을 고르십시오.

① 미술관의 바닥에는 궁궐 그림이 그려져 있다.
② 오늘은 '궁궐 나들이' 전시회가 시작되는 날이다.
③ 전시회 관람 후 여러 궁궐의 입장권을 받을 수 있다.
④ 전시회는 궁궐을 돌아보며 작품을 감상하게 되어 있다.

※ [37~38] 다음을 듣고 물음에 답하십시오. (각 2점)

37 여자의 중심 생각으로 가장 알맞은 것을 고르십시오.

① 보행자들 스스로 스마트폰 사용을 자제해야 한다.
② 사고 방지를 위해 신호등을 더 많이 설치해야 한다.
③ 횡단보도를 건널 때에는 신호등을 계속 확인해야 한다.
④ 스마트폰 사용자들에게는 바닥형 신호등이 꼭 필요하다.

38 들은 내용과 같은 것을 고르십시오.

① 스마트폰 때문에 시력이 나빠진 사람들이 많다.
② 바닥형 신호등은 두 가지 색으로 신호를 표시한다.
③ 보행자들은 바닥형보다 서 있는 신호등을 선호한다.
④ 바닥형 신호등 설치에 찬성하는 사람이 70%에 이른다.

※ [39~40] 다음을 듣고 물음에 답하십시오. (각 2점)

39 이 대화 전의 내용으로 가장 알맞은 것을 고르십시오.

① 인공지능의 활용과 함께 심각한 문제가 발생했다.
② 일부 분야에서 인공지능 서비스가 도입되기 시작했다.
③ 일상생활 속 다양한 분야에서 인공지능이 활용되고 있다.
④ 인공지능 서비스 도입에 대한 사람들의 관심이 높아지고 있다.

40 들은 내용과 같은 것을 고르십시오.

① 인공지능의 범위는 가급적 넓게 정하는 것이 좋다.
② 인공지능 서비스에 대한 위험성을 판단하기는 힘들다.
③ 인공지능 서비스를 이용해 개인 정보를 보호할 수 있다.
④ 인공지능만의 판단에 온전히 맡기는 것은 위험할 수 있다.

※ [41~42] 다음을 듣고 물음에 답하십시오. (각 2점)

41 이 강연의 중심 내용으로 가장 알맞은 것을 고르십시오.

① 체지방이 없어지면 건강이 나빠질 수도 있다.
② 다이어트를 하는 사람들은 체지방부터 빼야 한다.
③ 지방도 반드시 섭취해야 할 필수적인 영양소이다.
④ 식물성 지방과 동물성 지방을 잘 구분해서 섭취해야 한다.

42 들은 내용과 같은 것을 고르십시오.

① 동물성 지방은 비타민을 옮기는 역할을 한다.
② 활동량이 많은 사람은 단백질 섭취에 신경 써야 한다.
③ 탄수화물은 지방에 비해 칼로리가 높은 에너지원이다.
④ 건강한 피부를 가지려면 식물성 지방을 섭취해야 한다.

※ [43~44] 다음을 듣고 물음에 답하십시오. (각 2점)

43 무엇에 대한 내용인지 알맞은 것을 고르십시오.

① 불안을 일으키는 자극
② 뇌의 변화와 불안증의 관계
③ 불안증을 쉽게 극복하는 방법
④ 뇌의 구조가 성격에 미치는 영향

44 불안증 환자들이 불안감에 빠지는 이유로 맞는 것을 고르십시오.

① 외부 상황에 대한 판단력이 떨어지기 때문에
② 새로운 정보나 자극을 받아들이지 못하기 때문에
③ 불안증을 치료의 대상으로 생각하지 않기 때문에
④ 다른 사람들과 동일한 방식으로 세상을 인식하기 때문에

※ [45~46] 다음을 듣고 물음에 답하십시오. (각 2점)

45 들은 내용과 같은 것을 고르십시오.

① 피그말리온 효과는 칭찬과 기대에서 비롯된다.
② 피그말리온은 신의 모습을 아름다운 조각으로 만들었다.
③ 교사들의 관심이 지나치면 학생들에게 부담이 될 수 있다.
④ 가정이나 직장에서는 피그말리온 효과가 나타나기 힘들다.

46 여자가 말하는 방식으로 알맞은 것을 고르십시오.

① 근거를 제시하며 신화의 허구성을 지적하고 있다.
② 조사 결과를 바탕으로 칭찬의 필요성을 강조하고 있다.
③ 자녀 교육에 있어서 부모의 역할이 중요함을 역설하고 있다.
④ 신화 속 이야기를 인용해서 기대와 칭찬의 효과를 주장하고 있다.

※ [47~48] 다음을 듣고 물음에 답하십시오. (각 2점)

47 들은 내용과 같은 것을 고르십시오.

① 소비기한 표시제는 모든 식품에 적용될 예정이다.
② 유통기한이 지나도 식품의 안전한 섭취가 가능하다.
③ 유통기한은 소비자 중심의 표시제로서 기간이 긴 편이다.
④ 소비기한 표시제가 시행되고 있는 나라는 아직 많지 않다.

48 남자의 태도로 알맞은 것을 고르십시오.

① 제도의 신속한 시행을 강력하게 주장하고 있다.
② 제도 시행에 대한 관심과 협조를 당부하고 있다.
③ 제도 시행 후 나타날 긍정적 효과를 기대하고 있다.
④ 제도 시행의 문제점을 지적하며 개선을 촉구하고 있다.

※ [49~50] 다음을 듣고 물음에 답하십시오. (각 2점)

49 들은 내용과 같은 것을 고르십시오.

① 세종은 하루에 한 번씩 경연을 열었다.
② 경연은 임금이 신하들을 가르치는 것이다.
③ 경연의 전통은 지금까지 계속 이어져 오고 있다.
④ 경연에서는 임금과 신하들이 모두 토론에 참여한다.

50 남자의 태도로 알맞은 것을 고르십시오.

① 경연 제도가 단절된 이유를 설명하고 있다.
② 조선 시대 정치 제도의 문제점을 분석하고 있다.
③ 경연 제도의 가치를 계승해야 함을 역설하고 있다.
④ 현대 정치 제도의 부재로 인한 혼란을 경계하고 있다.

1 교시 쓰기(51번~54번)   시험 시간 **50**분 | 정답 및 해설 80쪽

※ [51~52] 다음 글의 ㉠과 ㉡에 알맞은 말을 각각 쓰시오. (각 10점)

51

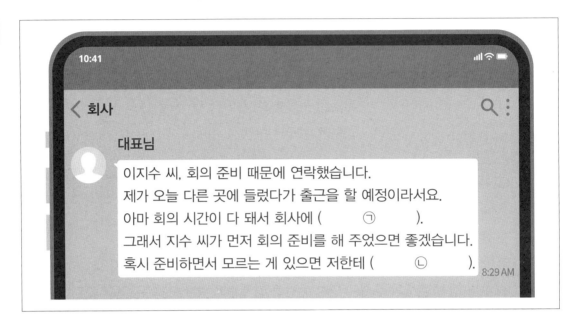

10:41

< 회사   🔍 ⋮

대표님

이지수 씨, 회의 준비 때문에 연락했습니다.
제가 오늘 다른 곳에 들렀다가 출근을 할 예정이라서요.
아마 회의 시간이 다 돼서 회사에 (㉠   ).
그래서 지수 씨가 먼저 회의 준비를 해 주었으면 좋겠습니다.
혹시 준비하면서 모르는 게 있으면 저한테 (㉡   ).   8:29 AM

㉠: _____

㉡: _____

52

   누구나 한 번쯤은 다른 사람에게 칭찬을 받고 기뻤던 경험이 있을 것이다. 그리고 때로는 다른 사람에게 칭찬을 해 주고 기분이 좋아졌던 적도 있을 것이다. 왜냐하면 칭찬은 받는 사람뿐만 아니라 하는 사람에게도 (㉠   ). 이렇게 본다면 반대로 타인에 대한 나쁜 말은 그 말을 하는 사람에게도 부정적인 영향을 미친다고 할 수 있다. 따라서 나 자신을 위해서라도 타인에게 (㉡   ) 것이 좋다.

㉠: _____

㉡: _____

53 다음은 '결혼에 대한 인식 변화'에 대한 자료이다. 이 내용을 200~300자로 쓰시오. 단, 글의 제목은 쓰지 마시오. (30점)

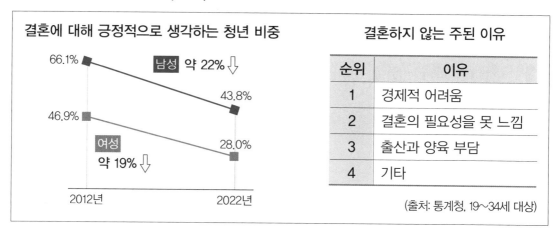

| 결혼에 대해 긍정적으로 생각하는 청년 비중 | 결혼하지 않는 주된 이유 |

66.1% 남성 약 22% ⬇
43.8%
46.9% 여성 약 19% ⬇
28.0%
2012년 2022년

순위	이유
1	경제적 어려움
2	결혼의 필요성을 못 느낌
3	출산과 양육 부담
4	기타

(출처: 통계청, 19~34세 대상)

54 다음을 참고하여 600~700자로 글을 쓰시오. 단, 문제를 그대로 옮겨 쓰지 마시오. (50점)

우리가 살고 있는 도시는 끊임없이 변화하고 있다. 도시는 박물관이 아니라 사람이 사는 곳이기 때문이다. 그러나 자연과 환경을 생각하지 않는 변화와 개발은 결국 우리에게 부정적인 미래를 가져다 줄 수밖에 없다. 아래의 내용을 중심으로 자신의 생각을 쓰라.

- 도시 개발이 필요한가?
- 도시 개발이 문제가 되고 있는 이유는 무엇인가?
- 도시 개발의 바람직한 방향은 무엇인가?

※ 원고지 쓰기의 예

	한	국	은		봄	,	여	름	,	가	을	,	겨	울	의		사	계	절
이		뚜	렷	해	서		계	절	마	다		각	각		아	름	다	운	

제1교시 듣기, 쓰기 시험이 끝났습니다. 제2교시는 읽기 시험입니다.

제 4 회 실전 모의고사

2 교시 읽기(01번~50번)

시험 시간 **70**분 | 정답 및 해설 82쪽

※ [01~02] (　　　)에 들어갈 말로 가장 알맞은 것을 고르십시오. (각 2점)

01 오래 (　　　) 다리가 좀 아팠다.

① 걷도록 　　　　　　　② 걷든지

③ 걸었더니 　　　　　　④ 걸으려면

02 내 동생은 책을 아주 좋아해서 서점에서 (　　　).

① 살 뻔했다 　　　　　　② 살 뿐이다

③ 사는 중이다 　　　　　④ 살다시피 한다

※ [03~04] 밑줄 친 부분과 의미가 가장 비슷한 것을 고르십시오. (각 2점)

03 나는 학교를 <u>졸업하고 나서</u> 바로 취직할 것이다.

① 졸업한 후에 　　　　　② 졸업한 탓에

③ 졸업하기 위해 　　　　④ 졸업하는 대신에

04 할 말이 있어서 안 그래도 막 <u>연락하려던 참이었다.</u>

① 연락하고 말았다 　　　② 연락하려고 했다

③ 연락했어야 했다 　　　④ 연락할 걸 그랬다

※ [05~08] 다음은 무엇에 대한 글인지 고르십시오. (각 2점)

05

안 신은 것 같은 편안함!
많이 걸으시는 분께 추천합니다.

① 안경　　　② 신발　　　③ 모자　　　④ 자전거

06

300년 전 사람들은 어떻게 살았을까?
궁금증을 해결하고 싶다면!

① 우체국　　　② 편의점　　　③ 사진관　　　④ 박물관

07

남을 위한 작은 관심, 작은 실천
더 큰 행복과 사랑으로 돌아옵니다.

① 봉사 활동　　　② 자원 절약　　　③ 건강 관리　　　④ 화재 예방

08

• 반드시 전원을 끈 후에 배터리를 분리해 주세요.
• 제품에 물기가 없는 상태에서 사용해야 합니다.

① 구입 문의　　　② 교환 안내　　　③ 주의 사항　　　④ 수리 방법

※ [09~12] 다음 글 또는 그래프의 내용과 같은 것을 고르십시오. (각 2점)

09

제15회 한강 국제 마라톤 대회

구분	참가비
42.195km	50,000원
10km	30,000원
5km	20,000원

▶ 일시: 3월 24일(일) 오전 8시
▶ 신청 자격: 만 18세 이상의 남녀(국내 거주하는 외국인도 참가할 수 있습니다.)
▶ 마라톤 대회 참가 경험이 없어도 신청 가능하며, 신청 후 취소 및 환불은 대회 한 달 전까지 가능합니다.

① 참가자의 나이에 따라 참가비가 달라진다.
② 한국에 살지 않는 외국인은 참가할 수 없다.
③ 참가 신청을 취소하더라도 참가비는 환불받을 수 없다.
④ 대회 참가 경험이 있으면 18세 이하도 신청이 가능하다.

10

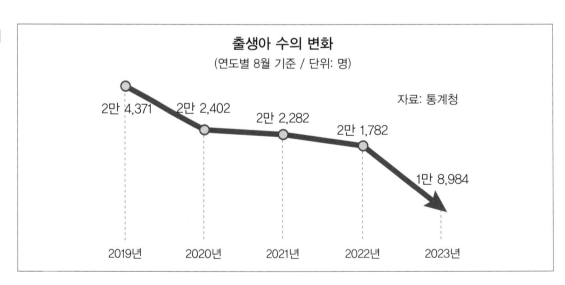

출생아 수의 변화
(연도별 8월 기준 / 단위: 명)

자료: 통계청

2만 4,371   2만 2,402   2만 2,282   2만 1,782   1만 8,984

2019년   2020년   2021년   2022년   2023년

① 출생아 수는 최근 5년간 꾸준히 감소하고 있다.
② 2022년에는 출생아 수가 2만 명을 넘지 못했다.
③ 출생아 수의 감소폭은 매년 비슷한 변화를 보이고 있다.
④ 2023년에는 남자 아이가 여자 아이보다 많이 태어났다.

11

서울시는 지난 20일에 열린 '친환경 건축 대상'에서 대상을 수상했다고 밝혔다. 올해로 9회째를 맞는 이 상은 건축물에 새로운 에너지 자원을 효율적으로 사용한 공공기관 등을 대상으로 시상한다. 서울시가 올 2월 새로 지은 5층 규모의 관광 안내 센터는 새로운 에너지와 재생 에너지의 사용이 조화를 이룬 친환경 건축물로 높이 평가받았다.

① 서울시는 이 상을 아홉 번이나 받았다.
② 이 상의 시상식은 매월 20일에 열린다.
③ 서울시는 올해 관광 안내 센터를 새로 지었다.
④ 공공기관의 건축물에는 재생 에너지를 사용해야 한다.

12

최근 우리 몸에 있는 지방의 필요성에 대한 연구 결과들이 발표되면서 관심을 모으고 있다. 대부분의 사람은 지방이라고 하면 무조건 나쁘다고 생각하면서 지방이 없는 마른 몸을 선호한다. 그러나 지방은 특히 추운 날씨에 우리 몸의 열을 지켜주는 역할을 하고 에너지가 부족해지면 에너지를 만드는 데도 사용된다. 또한 몸에 적당한 양의 지방이 없으면 면역력이 떨어져 병에 걸리기도 쉬워진다고 한다. 그렇기 때문에 자신이 사용하는 에너지보다 지방이 많이 쌓여 있으면 문제가 되는 것이지 무조건 지방이 없어야 좋은 것은 아니다.

① 에너지가 필요한 사람은 지방이 들어 있는 음식만 먹어야 한다.
② 대부분의 사람은 지방을 적당히 유지하는 데 관심을 가지고 있다.
③ 날씨가 추울 때에는 지방이 우리 몸의 온도를 높이는 역할을 한다.
④ 지방은 평소 사용하는 에너지보다 항상 더 많이 가지고 있는 것이 좋다.

※ [13~15] 다음을 순서에 맞게 배열한 것을 고르십시오. (각 2점)

13

(가) 이럴 때 교통수단별로 분실물 찾는 방법을 알아두면 편리하다.
(나) 만약 버스를 이용했다면 먼저 승하차 시간과 장소를 알아야 한다.
(다) 그리고 나서 버스 회사에 연락해 분실 내용을 알리고 확인하도록 한다.
(라) 대중교통을 이용하다가 중요한 물건을 두고 내려서 당황한 적이 있을 것이다.

① (나)-(다)-(라)-(가)
② (나)-(라)-(가)-(다)
③ (라)-(가)-(나)-(다)
④ (라)-(나)-(다)-(가)

14

(가) 눈은 우리 삶에서 매우 중요한 역할을 한다.
(나) 또한 눈병 예방을 위해서는 항상 손을 깨끗하게 하는 것도 중요하다.
(다) 이러한 노력을 통해 건강한 눈을 유지하고 여러 질병도 예방할 수 있다.
(라) 따라서 눈에 불편한 증상이 나타나면 반드시 적절한 치료를 받아야 한다.

① (가)-(라)-(나)-(다)
② (가)-(나)-(라)-(다)
③ (다)-(가)-(나)-(라)
④ (다)-(나)-(가)-(라)

15

> (가) 레몬을 이용해서 집에서도 간단하게 화장품을 만들 수 있다.
> (나) 이렇게 만든 화장품은 20일 후에 레몬을 꺼내고 사용하면 된다.
> (다) 그다음 레몬을 썰어 약간의 소주와 약품을 넣고 골고루 섞어 준다.
> (라) 우선 화장품을 넣을 유리병을 준비하고 깨끗이 씻어서 말려 놓는다.

① (가)-(다)-(라)-(나)
② (가)-(라)-(다)-(나)
③ (나)-(가)-(다)-(라)
④ (나)-(다)-(가)-(라)

※ [16~18] (　　　)에 들어갈 말로 가장 알맞은 것을 고르십시오. (각 2점)

16

> 　퍼스널 컬러는 각자의 피부, 머리카락, 눈동자 등의 색과 잘 어울리는 색을 말한다. 사람마다 차이가 있는 (　　　　　　　) 그 사람을 더 생기 있고 활기차게 보이도록 하는 개인 고유의 색인 것이다. 자신에게 맞는 퍼스널 컬러를 찾으면 화장을 할 때나 옷을 고를 때도 활용할 수 있다.

① 기분을 반영해서
② 옷차림과 어울려서
③ 성격 유형에 맞추어
④ 신체 색과 조화를 이루어

17

한국에서는 일반적으로 윗사람과 대화를 할 때 예의가 아니라고 생각해서 상대방의 눈을 (   ) 경우가 많다. 그런데 때로는 이런 행동이 상대방을 신뢰하지 않는다는 의미로 느껴져서 오히려 실례가 될 수도 있다고 한다. 대화할 때의 시선 처리는 그런 이유 때문에 매우 중요하다. 대화할 때는 상대방의 시선을 피하지 말고 부드럽게 마주보면서 필요에 따라 적당한 눈짓으로 공감을 표현해 주는 것이 좋다.

① 피하기 힘든
② 무섭게 쳐다보는
③ 계속 바라보고 있는
④ 똑바로 쳐다보지 않는

18

해양 쓰레기는 크게 땅에서 발생한 쓰레기와 바다에서 발생한 쓰레기로 구분할 수 있다. 그 종류는 플라스틱 제품, 유리병, 낚시 도구 등 다양한데, 이것들은 날이 갈수록 바다에 심각한 문제를 일으키고 있다. 예를 들어, 해양 자원을 (   ) 하는 것은 물론이고, 쓰레기가 해안까지 쌓여 육지 환경마저 오염시킬 우려도 있다.

① 충분히 검토하게
② 빠른 속도로 개발하게
③ 적절히 활용하지 못하게
④ 간편히 육지로 옮길 수 없게

※ [19~20] 다음을 읽고 물음에 답하십시오. (각 2점)

> 소비자들의 미디어 이용 목적이나 형태가 변화함에 따라 1인 미디어 산업이 주목을 받고 있다. 1인 미디어란 개인이 다양한 콘텐츠를 직접 생산하고 공유할 수 있는 새로운 형태의 미디어를 말한다. 최근 자신이 직접 제작한 동영상을 적극적으로 소개하고 공유하려는 사람들이 급격히 증가하면서 1인 미디어 산업도 매우 다양한 분야로 확장되고 있다. 1인 미디어는 전통적인 미디어 형태와는 달리 미디어를 공유하는 사람들 사이에 활발한 상호 작용이 이루어진다는 특징이 있다. (   ) 실시간 소통이 가능해 정보의 공유와 확산 속도도 매우 빠르다고 할 수 있다.

19 (   )에 들어갈 말로 가장 알맞은 것을 고르십시오.

① 게다가
② 그래도
③ 아무리
④ 어차피

20 윗글의 주제로 가장 알맞은 것을 고르십시오.

① 소비자들은 다양한 목적으로 미디어를 이용한다.
② 최근 1인 미디어 산업에 대한 관심이 높아지고 있다.
③ 1인 미디어를 제작하기 위해서는 전문적인 기술이 필요하다.
④ 1인 미디어의 장점은 만든 사람과 직접 이야기할 수 있다는 것이다.

※ [21~22] 다음을 읽고 물음에 답하십시오. (각 2점)

> 과일에는 비타민, 섬유질 등 우리 몸에 이로운 성분이 풍부하지만 식후에 바로 먹으면 오히려 몸에 해로울 수도 있다. 과일 속 당분은 그대로 간으로 이동한 뒤 알코올과 비슷한 작용을 통해 지방으로 저장되기 때문이다. (   ) 과일을 흡수 속도가 훨씬 빠른 주스의 형태로 섭취하면 비만의 가능성이 더 커지게 된다. 따라서 식사를 마치고 두 시간 정도가 지난 후에 과일을 먹거나, 아니면 식사량을 줄일 수 있도록 식사하기 한 시간 전에 먹는 것이 좋다.

21 (   )에 들어갈 말로 가장 알맞은 것을 고르십시오.

① 혀를 차서
② 눈을 맞춰서
③ 한술 더 떠서
④ 갈피를 못 잡아서

22 윗글의 내용과 같은 것을 고르십시오.

① 과일은 많이 먹으면 먹을수록 좋다.
② 과일과 술을 같이 먹는 것은 몸에 해롭다.
③ 비만을 예방하려면 과일을 먹지 말아야 한다.
④ 과일은 언제 먹느냐에 따라 효과가 달라진다.

※ [23~24] 다음을 읽고 물음에 답하십시오. (각 2점)

　　다른 도시에 살던 부모님이 우리 집 위층으로 이사를 오시게 된 것은 네 살과 여섯 살이 된 우리 아이들 때문이다. 직장에 다니는 나와 남편을 대신해서 아이들을 돌봐 주기 위해 이사를 오신 것이다. 얼마 전 우리 부부가 쉬는 일요일이었다. 아이들이 피자를 먹고 싶다고 해서 외식을 한 일이 있었다. 처음에는 부모님도 모시고 나갈까 했지만 부모님은 피자와 같은 음식을 좋아하시지 않는 데다가 아이들에게 필요한 것이 있어 쇼핑도 할 생각이었기 때문에 그냥 우리끼리 외출을 했다. 아이들도 신경 써야 하는데 부모님까지 모시고 다니는 것이 좀 힘들고 귀찮아서 그랬던 것 같다. 그런데 그날 저녁 집으로 돌아와 쇼핑한 것들을 정리하고 있는데 어머니가 내려오셨다. 어머니께서는 내게 흰 봉투 하나를 건네셨다. 요즘 남편과 내가 다 바빠서 서로 얼굴 볼 시간도 없을 것 같다고 하시면서 둘이서만 맛있는 저녁이라도 한번 먹고 들어오라고 하시는 것이었다. <u>봉투를 받아 든 내 손이 가볍게 떨렸다.</u> 봉투 안에 들어 있던 10만 원은 아직도 쓰지 못하고 있다. 돌아오는 일요일에 부모님을 모시고 나가 바람도 쐬어 드리고 맛있는 것도 함께 먹을 생각이다.

---

23 **밑줄 친 부분에 나타난 '나'의 심정으로 가장 알맞은 것을 고르십시오.**

① 귀찮고 불편하다

② 힘들고 부담스럽다

③ 죄송하고 부끄럽다

④ 기쁘고 자랑스럽다

24 **윗글의 내용과 같은 것을 고르십시오.**

① 나는 어머니와 함께 살기 위해 이사를 했다.

② 나는 쉬는 날마다 항상 남편과 쇼핑을 한다.

③ 나는 한 번도 아이들과 외식을 한 적이 없다.

④ 나는 이번 주 일요일에 부모님과 외출할 것이다.

※ [25~27] 다음 신문 기사의 제목을 가장 잘 설명한 것을 고르십시오. (각 2점)

25

> 서점가는 지금 '행복 열차' 앓이… 한 달 새 10만 부나 팔려

① 현재 '행복 열차'라는 책이 큰 인기를 얻고 있다.
② 최근 '행복'이라는 이름의 열차가 운행을 시작했다.
③ '행복 열차'라는 책이 서점에서 이번 달까지만 판매된다.
④ 서점에 가면 '행복 열차'라는 책을 읽고 있는 사람들이 많다.

26

> 우산 잊지 마세요! 낮부터 비 소식, 남부 지방은 '뚝' 그쳐

① 전국적으로 많은 비가 내리고 있다.
② 남부를 제외한 다른 지역에 비가 올 것이다.
③ 남부 지역에 갈 사람은 우산을 준비해야 한다.
④ 비가 오지 않더라도 우산을 가지고 다니는 게 좋다.

27

> 문 닫는 소규모 점포가 한 달에 평균 1,000여 곳… 정부 지원 시급

① 문을 닫는 소규모 점포가 증가해 정부가 대책을 수립하고 있다.
② 규모가 작은 가게들을 위해서 정부가 빨리 지원책을 마련해야 한다.
③ 소규모 점포를 지원하기 위해 정부가 대책을 마련했지만 큰 효과는 없었다.
④ 작은 규모의 가게들은 정부의 특별한 지원 없이도 쉽게 영업을 시작할 수 있다.

※ [28~31] (   )에 들어갈 말로 가장 알맞은 것을 고르십시오. (각 2점)

28

아무 생각 없이 앉아 있는 것은 왠지 시간을 낭비하는 것 같아서 부정적으로 여겨지는 경우가 많다. 일분일초를 아껴 써야 하는 바쁜 현대인들은 업무를 마치고 쉬고 있어도 일과 일상의 문제를 걱정하며 머리로는 (   ) 때문이다. 그러나 하루에 몇 분 정도라도 이렇게 머리를 비워 놓고 있는 시간은 우리 뇌에 휴식을 주고, 심신의 긴장감을 해소시켜 집중력과 창의력을 높여 주는 효과가 있다.

① 의욕 없이 보내기
② 즐거운 상상을 하기
③ 끊임없이 일하고 있기
④ 다가올 미래를 기다리기

29

감자를 보관할 때 가장 중요한 것은 바로 보관 장소입니다. 감자는 햇빛에 오래 노출되면 녹색 점이 생기는데 이것은 감자의 표면에 독이 있는 물질이 생긴 것입니다. 따라서 감자는 창고나 지하실과 같이 서늘하고 어두운 곳에서 보관하는 것이 가장 좋습니다. 그러나 또 (   ) 감자 내부의 전분이라고 하는 물질이 설탕으로 변화되어 감자의 맛이 달라지므로 냉장 보관은 피하고 실온보다는 조금 낮은 정도의 온도에서 보관하는 것이 좋습니다.

① 너무 차갑게 보관하면
② 보관 장소를 바꾸게 되면
③ 감자의 껍질을 깎아서 보관하면
④ 다른 냉장 식품과 함께 넣어두면

30

　　스케이트 선수들은 몸을 거의 'ㄱ자'로 꺾은 상태에서 스케이트를 타는데 선수들의 경기복 역시 'ㄱ 자세'를 하는 선수들을 위해 특별히 제작된 복장이다. 스케이트 경기복은 탄성이 강한 고무 재질로 제작돼 경기 중 선수들이 상체를 숙일 수 있도록 (　　　　　　) 역할을 하게 된다. 이런 이유 때문에 스케이트 선수들이 경기를 마치자마자 허리를 펴고 경기복의 지퍼를 내리는 경우를 흔히 볼 수 있다.

① 하체를 강하게 해 주는
② 몸을 앞으로 당겨 주는
③ 달리는 속도를 높여 주는
④ 허리의 통증을 줄여 주는

31

　　우리는 새로운 지식을 익힐 때 기존에 가지고 있던 배경지식을 활용하게 된다. 따라서 평소 독서를 통해 배경지식을 쌓아두면 이것은 (　　　　　　) 데에도 영향을 미칠 수 있다. 학교에서 배우는 교과서에는 많은 양의 정보와 지식이 압축되어 있는데 그 압축된 내용을 이해하는 과정에서 배경지식이 매우 큰 역할을 수행하기 때문이다.

① 좋은 책을 고르는
② 독서량을 점점 늘려 가는
③ 학교 공부에서 성적을 올리는
④ 학교 교육과정의 특징을 이해하는

※ [32~34] 다음을 읽고 글의 내용과 같은 것을 고르십시오. (각 2점)

32

조선 시대의 뛰어난 발명가 장영실은 사회적으로 노비라는 낮은 신분의 출신이었다. 그러나 신분의 높고 낮음보다는 능력을 우선시했던 세종대왕 덕분에 천체 관측 등 여러 분야에서 훌륭한 발명품을 만들어 내게 되었다. 물론 장영실이 세종 때 처음 궁에 들어간 것은 아니었다. 이미 그 전부터 농기구나 무기 수리를 잘하는 궁중 기술자로 알려져 있었지만 세종으로부터 아낌없는 지원을 받아 더 큰 활약을 하게 된 것이다.

① 장영실은 세종대왕에게 많은 선물을 받았다.
② 장영실은 노비들의 삶을 개선하고자 노력했다.
③ 장영실은 자신의 사회적 신분을 밝히지 않았다.
④ 장영실은 세종 이전에 이미 능력을 인정받고 있었다.

33

피아노는 음량이 풍부하고 다른 악기에 비해 쉽게 소리의 크기와 강도에 변화를 줄 수 있다. 또 여러 개의 음을 동시에 칠 수 있기 때문에 독주용뿐만 아니라 반주용으로도 쓰이는 만능 악기이다. 피아노는 종류도 다양한데 그중 그랜드 피아노는 가장 전통적이고 고급스러운 피아노로 알려져 있다. 보통 콘서트장과 같이 규모가 큰 곳에서 연주되는 그랜드 피아노는 매우 큰 음량과 넓은 음역을 제공한다는 특징이 있다.

① 피아노는 가장 전통적인 악기이다.
② 피아노는 소리의 강약을 조절하기가 쉽다.
③ 피아노는 콘서트를 할 때 꼭 필요한 악기이다.
④ 피아노는 다른 악기보다 넓은 영역의 소리를 낼 수 있다.

34

건강이 안 좋아지면 손톱에도 이상이 생긴다. 우리가 음식을 먹으면 그 영양이 몸속에서 여러 곳으로 보내지고 마지막에 손톱으로 전달된다. 그런데 영양이 충분하지 못하면 손톱까지 가지 못하고 그로 인해서 손톱이 깨지거나 색이 변하는 등 여러 가지 증상이 나타나게 된다. 발톱도 손톱과 마찬가지로 영향을 받기는 하지만 몸의 건강 상태를 알아보는 데에는 발톱보다 손톱이 더 도움이 된다.

① 손톱의 색과 몸의 건강 상태는 크게 관계가 없다.

② 아무리 잘 먹어도 손톱까지는 영양분이 가지 않는다.

③ 발톱은 우리 몸의 건강 상태에 아무런 영향을 받지 않는다.

④ 손톱이 깨졌다면 건강에 문제가 없는지 확인해 보는 게 좋다.

※ [35~38] 다음을 읽고 글의 주제로 가장 알맞은 것을 고르십시오. (각 2점)

35

매년 공항에서 비행기와 조류가 충돌해 공기 흡입구로 조류가 빨려 들어가는 사고가 적지 않게 발생하고 있다. 이 때 기체와 충돌하는 새의 크기가 작다고 해도 그 충격이 매우 크고 심각한 사고로 발전할 수도 있다. 따라서 그러한 사고가 발생하지 않도록 예방하는 것이 무엇보다 중요하다. 세계 각국의 공항에서는 이를 위해 다양한 방법을 사용하고 있다. 예를 들어 공항 주변 갈대밭과 같이 새들이 서식할 수 있는 환경을 없애기도 하고, 주기적으로 공포탄을 발사하여 새들을 쫓아내기도 한다.

① 조류 간 충돌 사고로 심각한 피해가 계속 발생하고 있다.

② 비행기를 타는 사람들은 조류에도 관심을 가질 필요가 있다.

③ 공항마다 조류 충돌을 막을 수 있도록 대책을 마련해야 한다.

④ 공항에서 떨어진 곳에 새들이 살 수 있는 환경을 만들어 줘야 한다.

36

　　약용 식물은 다양한 형태로 사용될 수 있는데 일부 식물은 잎이나 꽃, 뿌리 등을 직접 복용하기도 하고 다른 경우에는 차로 우려내거나 가루 형태로 만들어 먹기도 한다. 전통 의학에서는 이러한 약용 식물이 중요한 역할을 담당하였으며 현대 의학에서도 마찬가지로 그 효능이 검증되고 있다. 그러나 전문적인 의약품이 아니라고 해도 함부로 섭취해서는 안 된다. 특히 다른 의약품과 함께 복용하는 경우에는 부작용이 발생할 수 있으므로 전문가와 상담하는 것이 좋다.

① 약용 식물을 섭취할 때는 주의가 필요하다.
② 약용 식물은 다양한 방식으로 섭취할 수 있다.
③ 약용 식물을 다른 약과 함께 복용해서는 안 된다.
④ 현대 의학에서도 약용 식물을 적극 활용해야 한다.

37

　　"A 방법으로 공부한 사람들 중 30%의 사람들이 시험에 합격했습니다."와 "B 방법으로 공부한 사람들 중 60% 정도의 사람들이 시험에서 떨어졌습니다."라는 문장을 비교해 보자. 많은 사람들이 B 방법보다 A 방법이 학습 효과가 더 높은 것처럼 느낄 것이다. 이 경우 사람들은 '합격했습니다'라는 긍정적인 표현에 마음을 빼앗기는 경향이 있기 때문이다. 즉 같은 내용이지만 기술 방법을 변경하는 것만으로도 선택에 영향을 미치게 되는 것이다. 그래서 제품의 효과를 부각시키고자 하는 광고에서는 긍정적인 면을 강조하는 방향으로 표현함으로써 상품의 판매를 높이는 경우가 많다.

① 공부 방법에 따라 시험 결과가 달라진다.
② 같은 내용이라도 사람들은 긍정적인 표현에 이끌리게 된다.
③ 긍정적인 사고방식을 가지고 있어야 시험에 합격할 수 있다.
④ 제품의 효과가 떨어지더라도 광고를 잘 만들면 판매를 높일 수 있다.

38

요즘 사람들은 작지만 확실한 행복, 일명 '소확행'을 꿈꾼다. 이는 경제 침체가 긴 시간 이어지다 보니 이루기 힘든 큰 행복보다는 생활 속에서 느낄 수 있는 작은 행복을 추구하게 되었기 때문이다. 이러한 행복을 추구하는 사람들은 고급 레스토랑에 가서 비싼 스테이크를 먹기보다는 편의점에서 제일 맛있는 도시락을 사서 편하게 먹으며 만족한다. 그러나 생각해 보면 이 작은 행복도 그냥 얻어지는 것은 아니다. 그것은 도시락을 기분 좋게 먹을 수 있도록 하루 종일 땀 흘려 애쓴 결과이다. 따라서 남들이 보기에는 별 것 아닌 것처럼 보일 수 있겠지만 그 하나하나의 가치는 결코 작은 것이 아니다.

① 경제적 여유가 있어야지만 행복해질 수 있다.
② 작은 행복을 추구하다 보면 꿈도 작아지게 된다.
③ 행복해지려면 행복의 크고 작음을 구분할 줄 알아야 한다.
④ 작은 행복도 노력해야 얻을 수 있는 것이므로 가치가 크다.

※ [39~41] 주어진 문장이 들어갈 곳으로 가장 알맞은 것을 고르십시오. (각 2점)

39

전통적인 한옥의 난방 방식이었던 온돌은 그야말로 따뜻한 돌이다. (㉠) 온돌은 구들이라고 불리기도 하는데 구들은 '구운 돌'의 약자이다. (㉡) 하지만 몇십 년 전만 하더라도 겨울에 시골에서 외출을 하려면 미리 주워 놓은 돌을 구워 주머니에 넣고 다니곤 했다. (㉢) 아마도 온돌 역시 거주 공간을 이렇게 따뜻하게 달궈야겠다는 생각에서 만들어졌을 것이다. (㉣)

보기

요즘은 한겨울 외출 시에도 휴대용 난방 기구로 몸을 따뜻하게 유지할 수 있다.

① ㉠　　　　　　　　　② ㉡
③ ㉢　　　　　　　　　④ ㉣

40

고도로 발달된 과학 문명을 누리고 있는 지금도 사람들은 해결하기 어려운 문제와 마주하면 점이나 사주 같은 것을 보러 간다. (㉠) 그곳에서 사람들은 때로 자신의 처지를 다 알고 해 주는 것 같은 설명이나 조언을 듣고 깜짝 놀라기도 하는데 이를 '확증 편향'이라고 한다. (㉡) 이것은 자신이 믿거나 기대했던 것과 일치하는 정보에만 주목하는 심리를 의미한다. (㉢) 그것은 점을 보러 가거나 그 결과를 믿는 것이 인간의 본능 중 하나인 불안을 잠재워 줄 수 있기 때문이다. (㉣)

보기

그런데 이렇게 이미 자신이 생각하고 있던 것에 맞는 정보만 받아들일 것이라면 점을 왜 보러 가는 것일까?

① ㉠　　　　　　　　　② ㉡
③ ㉢　　　　　　　　　④ ㉣

41

　　강준호 감독의 신작 『아름다운 계절의 우리』는 옴니버스 형식의 영화이다. (㉠) 옴니버스는 하나의 주제를 중심으로 몇 개의 독립된 짧은 이야기를 엮어 한 편의 작품으로 만든 것이다. (㉡) 따라서 관객들에게 더 다양한 경험을 전달할 수 있다. (㉢) 강준호 감독도 이번 영화에서 12명이나 되는 주인공들의 각기 다른 사랑 이야기를 통해 결국 사랑이 우리의 시간을 아름답게 만들어 준다는 메시지를 전달하고 있다. (㉣)

보기

또한 다양한 모습의 인물들이 등장하여 영화를 보는 재미를 더욱 높여주기도 한다.

① ㉠　　　　　　　　　　　　　　② ㉡

③ ㉢　　　　　　　　　　　　　　④ ㉣

※ **[42~43] 다음 글을 읽고 물음에 답하십시오. (각 2점)**

"이 바보."

조약돌이 날아왔다.

소년은 저도 모르게 벌떡 일어났다.

단발머리 나풀거리며 소녀가 막 달린다. 갈밭 사잇길로 들어섰다.

뒤에는 청량한 가을 햇살 아래 빛나는 갈꽃뿐. 이제 저쯤 갈밭 머리로 소녀가 나타나리라. 꽤 오랜 시간이 지났다고 생각했다. 그런데도 소녀는 나타나지 않았다. 발돋움을 했다. 그러고도 상당한 시간이 지났다고 생각됐다. 저쪽 갈밭 머리에서 갈꽃이 한 옴큼 움직였다. 소녀가 갈꽃을 안고 있었다. 그리고 이제는 천천한 걸음이었다. 유난히 맑은 가을 햇살이 소녀의 갈꽃 머리에서 반짝거렸다. 소녀 아닌 갈꽃이 걸어가는 것만 같았다. <u>소년은 이 갈꽃이 아주 뵈지 않게 되기까지 그대로 서 있었다.</u> 문득, 소녀가 던진 조약돌을 내려다보았다. 물기가 걷혀 있었다. 소년은 조약돌을 집어 주머니에 넣었다.

---

42 밑줄 친 부분에 나타난 '소년'의 심정으로 가장 알맞은 것을 고르십시오.

① 설렌다

② 부럽다

③ 서운하다

④ 쓸쓸하다

43 윗글의 내용으로 알 수 있는 것을 고르십시오.

① 소년이 소녀에게 꽃을 선물했다.

② 소녀는 소년에게 관심을 가지고 있다.

③ 소녀는 갈밭에서 소년을 기다리고 있다.

④ 소년과 소녀는 오늘 처음 만난 사이이다.

※ [44~45] 다음을 읽고 물음에 답하십시오. (각 2점)

지금 우리가 익숙하게 먹고 있는 식품들 중 실수로 발견했거나 실패한 결과물에서 탄생한 것들이 꽤 있다는 것은 이미 알려진 사실이다. 가장 대중적인 탄산음료로 사랑받아 온 콜라의 경우에도 한 약사가 피로를 풀어 주고 두통을 덜어 주는 새로운 약을 발명하는 과정에서 그 약사를 옆에서 돕고 있던 사람의 실수로 만들어진 것이라고 한다. 요즘 간단한 아침 식사로 많이 먹고 있는 시리얼의 경우도 마찬가지이다. 요양원 환자들의 식단을 담당하고 있던 어느 박사가 음식을 만들다가 옥수수 가루로 만들어 놓은 반죽을 망쳐 버렸다. 그런데 이것을 버릴 수 없어서 불에 구워 식사로 내놓았던 것이 오늘날 우리가 먹는 시리얼의 시작이 된 것이다. 이러한 식품들이 오늘날 우리 식단에서 애용되고 있는 것은 실수나 실패가 그 자체로 끝나지 않고 (   ). 따라서 누구나 실수나 실패를 할 수는 있지만 그것으로 인해 어떤 결과를 얻느냐 하는 것은 생각하기에 따라 달라질 수 있을 것이다.

44 (   )에 들어갈 말로 가장 알맞은 것을 고르십시오.

① 반성할 수 있는 기회가 된 덕분이다
② 새로운 아이디어로 발전되었기 때문이다
③ 다른 사람들에게 큰 감동을 준 결과이다
④ 더 높은 목표를 향해 갈 수 있는 용기를 주었기 때문이다

45 윗글의 주제로 가장 알맞은 것을 고르십시오.

① 아침 식사는 간단하게라도 꼭 하는 것이 좋다.
② 대중적인 식품을 개발하는 데에는 많은 노력이 필요하다.
③ 실수나 실패의 경험을 통해 더 값진 결과를 얻을 수도 있다.
④ 실수나 실패를 한 사람에게 재도전할 수 있는 기회를 주어야 한다.

※ [46~47] 다음을 읽고 물음에 답하십시오. (각 2점)

최근 재개발이 급속도로 진행되고 있는 지역에서 임대료 상승이 새로운 문제로 떠오르고 있다. 재개발이 진행되면 새로운 주거 지역이 생겨나고 그로 인해 소비력이 있는 사람들도 더 많이 유입된다. 그러다 보면 자연스럽게 기존에 형성되어 있던 상권으로 새로 유입된 수요에 맞추기 위한 새로운 상권이 형성될 것이며 그에 따라 임대료도 상승하는 일이 생기는 것이다. 물론 지역 개발로 인해 땅값이 올랐으니 어느 정도의 임대료 상승은 자연스러운 현상이라고 생각할 수도 있다. 하지만 임대료 상승률이 평균 50%에 달하는 탓에 높아진 임대료를 감당하지 못하고 기존 상인들이 다른 지역으로 떠나는 경우가 빈번해짐으로써 재개발을 반기지 않는 주민들도 생겨나고 있는 실정이다. 또한 비싼 임대료에도 불구하고 수요 증가에 대한 기대를 가지고 영업을 이어 오던 상인들도 지역이 대형 프랜차이즈 위주의 상권으로 변화하면서 결국 가게 문을 닫게 되는 사례도 증가하고 있다. 이러한 상황은 결국 사회적인 부익부 빈익빈 현상을 가속화하게 되므로 재개발 지역을 중심으로 기존 상인들을 충분히 보호할 수 있는 제도적 장치가 마련되어야 할 것이다.

46 윗글에 나타난 필자의 태도로 가장 알맞은 것을 고르십시오.

① 낙후된 지역의 재개발 진행 결과에 감탄하고 있다.
② 재개발 지역에 더욱 많은 소비층이 모이기를 기대하고 있다.
③ 임대료 상승으로 상인들이 떠나는 문제에 대해 우려하고 있다.
④ 지역 발전을 위해서는 기존의 상권이 확대되어야 함을 강조하고 있다.

47 윗글의 내용과 같은 것을 고르십시오.

① 재개발이 진행되면 새로운 수요가 발생하게 된다.
② 지역 개발로 인한 임대료 상승은 그 폭이 크지 않다.
③ 재개발로 인해 주거 지역에도 다양한 가게가 문을 열었다.
④ 지역 주민들은 대형 프랜차이즈가 들어오는 것에 반대하고 있다.

※ [48~50] 다음을 읽고 물음에 답하십시오. (각 2점)

축제는 그 자체로는 상당히 좋은 것이지만 현재 전국 각지에서 열리고 있는 축제의 성격과 내용을 보면 한 번쯤 짚고 넘어가야 할 문제들이 있다. 우선 지역 축제가 지방자치단체의 홍보 수단이나 수익 사업으로 전락해 버려 정작 주민들과 관광객들에게는 외면을 받는 경우가 많다. 또한 (   ) 여기저기서 베껴서 눈살을 찌푸리게 하는 경우도 있다. 그 나물에 그 밥인 축제가 많다는 것이다. 그리고 축제 현장에 가 보면 노래자랑이나 미술 등 축제의 주제와 아무 상관없는 공연 위주의 이벤트들이 이어지다 보니 정작 그 축제를 즐기기 위해 먼 길을 찾아온 관광객들에게 만족감을 주지 못하는 상황도 많다. 따라서 불필요한 축제로 인한 예산 낭비가 지나친 것이 아니냐는 지적들도 이어지고 있다. 상황이 이렇다 보니 정부 차원에서도 이미 축제 구조 조정에 나선 상황이다. 지역 정체성과 차별화된 내용에 대한 고민 없이 축제가 단지 일회성 혹은 전시성 행사에 그친다면 순기능보다 역기능이 더 크다는 사실을 기억해야 한다.

48 윗글을 쓴 목적으로 가장 알맞은 것을 고르십시오.

① 지역 축제의 필요성을 알리기 위해
② 지역 축제의 문제점을 분석하기 위해
③ 지역 축제의 준비 과정을 소개하기 위해
④ 지역 축제를 즐기는 방법에 대해 설명하기 위해

49 (   )에 들어갈 말로 가장 알맞은 것을 고르십시오.

① 예산이 좀 부족하다 싶으면
② 정부 차원에서 나섰다 싶으면
③ 특정 축제가 인기가 있다 싶으면
④ 관광객들에게 외면을 받는다 싶으면

50 윗글의 내용과 같은 것을 고르십시오.

① 관광객들도 축제를 통해 수익을 얻을 수 있다.
② 정부에서도 각 지역의 축제를 적극적으로 홍보하고 있다.
③ 지방자치단체들은 축제로 인한 예산 낭비 때문에 고민하고 있다.
④ 공연 위주의 축제로는 다양한 관광객들을 만족시키는 데 한계가 있다.

한국어능력시험 II
제5회 실전 모의고사

Test of Proficiency in Korean II
The 5th actual mock test

1교시   듣기, 쓰기 (Listening, Writing)

2교시   읽기 (Reading)

 듣기 모바일 OMR
자동채점

 듣기 MP3 유튜브
바로가기

 읽기 모바일 OMR
자동채점

수험번호(Registration No.)		
이름 (Name)	한국어(Korean)	
	영어(English)	

유의 사항
Information

1. 시험 시작 지시가 있을 때까지 문제를 풀지 마십시오.

   Do not open the booklet until you are allowed to start.

2. 수험번호와 이름을 정확하게 적어 주십시오.

   Write your name and registration number on the answer sheet.

3. 답안지를 구기거나 훼손하지 마십시오.

   Do not fold the answer sheet; keep it clean.

4. 답안지의 이름, 수험번호 및 정답의 기입은 배부된 펜을 사용하여 주십시오.

   Use the given pen only.

5. 정답은 답안지에 정확하게 표시하여 주십시오.

   Mark your answer accurately and clearly on the answer sheet.

marking example	① ● ③ ④

6. 문제를 읽을 때에는 소리가 나지 않도록 하십시오.

   Keep quiet while answering the questions.

7. 질문이 있을 때에는 손을 들고 감독관이 올 때까지 기다려 주십시오.

   When you have any questions, please raise your hand.

제5회 실전 모의고사

1교시 듣기(01번~50번)

시험 시간 **60**분 | 정답 및 해설 86쪽

※ [01~03] 다음을 듣고 가장 알맞은 그림 또는 그래프를 고르십시오. (각 2점)

01

①

②

③

④

02

①

②

③

④

03

① 1인 가구의 수

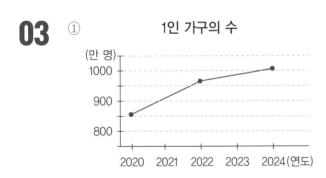

② 1인 가구의 수

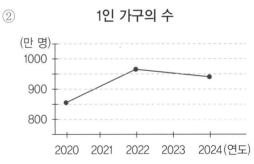

③ 1인 가구로 지내는 이유

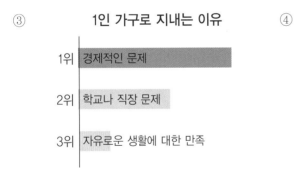

④ 1인 가구로 지내는 이유

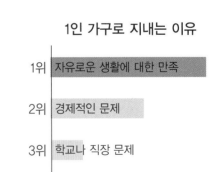

※ [04~08] 다음을 듣고 이어질 수 있는 말로 가장 알맞은 것을 고르십시오. (각 2점)

04
① 어제 무슨 일이 있었어?
② 그래? 나도 전화하려고 했어.
③ 그래? 전화가 안 돼서 걱정했어.
④ 내일 다시 전화해서 물어봐야겠어.

05
① 그럼 저 컵을 사는 게 어때요?
② 다른 가게에서는 그 컵을 못 봤어요.
③ 그럼 아까 그 가게로 다시 가 볼까요?
④ 수미 씨한테 컵을 선물하는 게 좋겠네요.

06
① 일주일에 세 번 정도라도 대단하다.
② 요즘은 별로 바쁘지 않은 것 같은데.
③ 운동을 시작하면 생각이 달라질 거야.
④ 출근 전까지는 모든 준비를 다 끝내야 해.

07
① 글쎄요. 영화는 혼자 봐도 될 것 같아요.
② 그래요? 영화가 나오면 가서 봐야겠는데요.
③ 그래요? 그렇게 유명한 영화인지 몰랐어요.
④ 글쎄요. 영화가 별로 재미없다고 하더라고요.

08
① 다른 노트북을 선물해야겠네요.
② 노트북을 좀 빨리 수리하는 게 좋겠어요.
③ 지금 노트북을 새로 사는 건 힘들 거예요.
④ 일단 최대한 빨리 한번 수리해 보겠습니다.

※ [09~12] 다음을 듣고 <u>여자</u>가 이어서 할 행동으로 가장 알맞은 것을 고르십시오. (각 2점)

09
① 주차를 한다.
② 카페를 찾아본다.
③ 카페로 들어간다.
④ 영화표를 예매한다.

10
① 이메일을 보낸다.
② 전기 요금을 낸다.
③ 메시지를 확인한다.
④ 이번 달 요금을 계산한다.

11
① 할인 코너로 간다.
② 과학 책을 읽는다.
③ 아이들에게 물어본다.
④ 책 이름을 알려 준다.

12
① 회의를 시작한다.
② 회의 자료를 복사한다.
③ 복사물을 가지러 간다.
④ 자료에 대해 이야기한다.

※ [13~16] 다음을 듣고 들은 내용과 같은 것을 고르십시오. (각 2점)

13
① 사진관은 고등학교 근처에 있다.
② 남자는 30년 전에 이 동네에 살았다.
③ 사진관에는 남자의 사진이 걸려 있다.
④ 여자는 이 사진관에서 사진을 찍은 적이 있다.

14
① 아이는 노란색 바지를 입고 있다.
② 아이는 동물원 안에서 엄마와 헤어졌다.
③ 아이의 엄마는 안내 센터에서 기다리고 있다.
④ 아이를 발견하면 후문으로 데리고 가야 한다.

15
① 이 사고는 이른 시간에 발생했다.
② 사고의 원인은 아직 밝혀지지 않았다.
③ 사고를 당한 남성은 혼자 산에 올랐다.
④ 남성은 병원에 도착하기 전까지 치료를 받지 못했다.

16
① 여자는 작가가 된 지 40년이 넘었다.
② 여자는 역사를 가르치는 일을 하고 있다.
③ 여자는 역사적인 사건을 책의 소재로 삼는다.
④ 여자는 독자들과 직접 만나는 자리를 좋아한다.

※ [17~20] 다음을 듣고 <u>남자</u>의 중심 생각으로 가장 알맞은 것을 고르십시오. (각 2점)

17 ① 이사 준비는 미리 해 두어야 한다.
② 이사할 집은 자기 자신이 결정하는 게 좋다.
③ 중요한 일일수록 여러 사람의 의견을 듣는 게 좋다.
④ 중요한 일은 다른 사람의 의견에 따라 결정해야 한다.

18 ① 노력 없이 얻은 것은 오래가지 못한다.
② 어떤 일이든 쉽게 이룰 수 있는 것은 없다.
③ 살면서 누구에게나 한 번쯤은 행운이 찾아온다.
④ 복권 당첨과 같은 행운은 특별한 사람만 잡을 수 있다.

19 ① 별이 보이는 곳에 사는 것이 건강에 좋다.
② 도시에서는 깨끗한 환경을 기대하기 어렵다.
③ 환경 문제 중 대기 오염 문제가 제일 심각하다.
④ 환경 문제를 해결하려면 작은 노력부터 해야 한다.

20 ① 요리를 잘하려면 예술을 자주 접해야 한다.
② 요리의 색은 맛을 느끼는 데 영향을 미친다.
③ 요리에서 색을 표현하는 것은 어려운 일이다.
④ 요리의 과정은 예술 작품을 만드는 것과 비슷하다.

※ [21~22] 다음을 듣고 물음에 답하십시오. (각 2점)

21 남자의 중심 생각으로 가장 알맞은 것을 고르십시오.

① 호텔에서 가장 중요한 공간은 식당이다.
② 호텔 시설들은 자주 점검하는 것이 좋다.
③ 호텔은 모든 공간이 깨끗하게 유지되어야 한다.
④ 호텔은 정기적으로 고객들의 평가를 받아야 한다.

22 들은 내용과 같은 것을 고르십시오.

① 호텔에서는 1년 만에 설문 조사를 실시했다.
② 여자는 호텔의 설문 조사에 적극적으로 참여했다.
③ 남자는 호텔에 있는 공동 시설들을 없애고 싶어 한다.
④ 조사 결과 방에 대한 점수가 운동 시설보다 높게 나왔다.

※ [23~24] 다음을 듣고 물음에 답하십시오. (각 2점)

23 남자가 무엇을 하고 있는지 고르십시오.

① 원하는 조건의 물건을 설명하고 있다.
② 가게에서 판매할 물건을 알아보고 있다.
③ 구매할 물건의 사용 방법을 확인하고 있다.
④ 가게가 이전할 위치에 대해 조언을 구하고 있다.

24 들은 내용과 같은 것을 고르십시오.

① 남자의 가게는 골목 입구에 위치해 있다.
② 남자의 가게에는 아직 간판이 안 달려 있다.
③ 여자는 처음에 세로 형태의 간판을 추천했다.
④ 여자는 여러 가지 디자인의 간판을 만들기로 했다.

※ [25~26] 다음을 듣고 물음에 답하십시오. (각 2점)

25 남자의 중심 생각으로 가장 알맞은 것을 고르십시오.

① 축제에서는 다양한 내용을 소개하는 것이 좋다.

② 불꽃 축제에서는 특별한 기술이 사용되어야 한다.

③ 축제를 발전시키려면 많은 사람의 참여가 필요하다.

④ 계속 새롭게 변화해 온 덕분에 축제가 발전할 수 있었다.

26 들은 내용과 같은 것을 고르십시오.

① 축제에 가면 불꽃놀이를 해 볼 수 있다.

② 올해 축제에서는 관객들이 새로운 기술을 경험했다.

③ 불꽃 축제에는 매년 100만 명이 넘는 사람들이 찾아온다.

④ 축제 참가자들이 서로 비슷한 내용을 준비해서 보여 준다.

※ [27~28] 다음을 듣고 물음에 답하십시오. (각 2점)

27 남자가 말하는 의도로 알맞은 것을 고르십시오.

① 이 제도 시행의 문제점을 지적하려고

② 이 제도 시행의 필요성을 강조하려고

③ 이 제도가 시행된다는 소식을 전하려고

④ 이 제도를 시행하게 된 이유를 알려 주려고

28 들은 내용과 같은 것을 고르십시오.

① 이 제도는 직원들한테 좋은 반응을 얻지 못했다.

② 여자는 친구가 근무하고 있는 회사로 옮기려고 한다.

③ 남자의 회사에는 공동 작업을 해야 하는 경우가 많다.

④ 이 제도는 초기에 발생한 문제로 시행이 전면 중단되었다.

※ [29~30] 다음을 듣고 물음에 답하십시오. (각 2점)

29 남자가 누구인지 고르십시오.

① 동물들을 훈련시키는 사람
② 동물들의 심리를 치료하는 사람
③ 반려동물 보호 기관을 운영하는 사람
④ 동물과의 관계를 활용해 심리를 치료하는 사람

30 들은 내용과 같은 것을 고르십시오.

① 남자는 반려동물을 키우고 있다.
② 남자는 이 일을 하면서 힘들었던 적이 있다.
③ 남자는 동물들의 행동을 모두 예상할 수 있다.
④ 남자는 일이 끝나면 동물들과 교감하는 시간을 갖는다.

※ [31~32] 다음을 듣고 물음에 답하십시오. (각 2점)

31 남자의 중심 생각으로 가장 알맞은 것을 고르십시오.

① 회의실 설치에 대한 명확한 근거가 필요하다.
② 회의실은 도서관이 아닌 다른 건물에 설치해야 한다.
③ 회의실에 대한 우려는 홍보와 규칙 강화로 해소할 수 있다.
④ 회의실을 설치하기 전에 학생들의 동의를 구하는 것이 좋다.

32 남자의 태도로 가장 알맞은 것을 고르십시오.

① 자신의 의견에 대한 확신을 가지고 있다.
② 상대방의 실수에 대한 책임을 묻고 있다.
③ 상대방에게 객관적 근거를 요구하고 있다.
④ 앞으로 벌어질 일에 대해 불안해하고 있다.

※ [33~34] 다음을 듣고 물음에 답하십시오. (각 2점)

33 무엇에 대한 내용인지 알맞은 것을 고르십시오.

① 뇌 발달이 촉진되는 시기
② 휴식이 암기력 향상에 미치는 영향
③ 학습 내용을 오랫동안 기억하는 방법
④ 뇌 손상 환자들을 치료할 때 주의할 점

34 들은 내용과 같은 것을 고르십시오.

① 이 연구를 위한 실험은 6개월 이상 진행되었다.
② 이 실험에서 두 집단이 동일한 결과를 나타냈다.
③ 이 실험에는 다양한 배경을 가진 사람들이 참가했다.
④ 이 연구에 따르면 암기력 향상에는 긴 휴식이 필요하다.

※ [35~36] 다음을 듣고 물음에 답하십시오. (각 2점)

35 남자가 무엇을 하고 있는지 고르십시오.

① 행궁의 역사적 가치와 의의를 묻고 있다.
② 행궁을 활용할 수 있는 방안들을 제안하고 있다.
③ 행궁의 보존 상태에 대해 아쉬움을 표현하고 있다.
④ 행궁의 복원 계획에 따른 기대와 소감을 밝히고 있다.

36 들은 내용과 같은 것을 고르십시오.

① 조선 시대에는 매우 다양한 규모의 행궁이 지어졌다.
② 화성 행궁은 정조 임금이 잠깐씩 생활했던 곳이다.
③ 조선 시대 행궁 중 남아 있는 것은 화성 행궁뿐이다.
④ 화성 행궁은 현재 500칸이 넘는 규모를 유지하고 있다.

※ [37~38] 다음을 듣고 물음에 답하십시오. (각 2점)

37 여자의 중심 생각으로 가장 알맞은 것을 고르십시오.

① 보행자뿐만 아니라 운전자의 안전도 중요하다.
② 가로수 심기를 통해 여러 효과를 얻을 수 있다.
③ 가로수를 많이 심으려면 자동차 수를 줄여야 한다.
④ 보행자들은 항상 교통사고에 대한 주의가 필요하다.

38 들은 내용과 같은 것을 고르십시오.

① 가로수가 있으면 운전자의 불안감이 높아지게 된다.
② 올해 초 보행자들이 차도로 들어가는 사고가 발생했다.
③ 차선에서 벗어난 차는 부딪혀도 크게 충격을 받지 않는다.
④ 가로수를 관리하지 않으면 교통사고의 원인이 될 수도 있다.

※ [39~40] 다음을 듣고 물음에 답하십시오. (각 2점)

39 이 대화 전의 내용으로 가장 알맞은 것을 고르십시오.

① 주택 공급 정책에 여러 차례 변화가 있었다.
② 주택 정책의 성과를 홍보하는 언론 보도가 있었다.
③ 정부는 주택 공급 정책의 성과를 긍정적으로 평가했다.
④ 정부는 주택 시장의 안정을 위한 새로운 정책을 발표했다.

40 들은 내용과 같은 것을 고르십시오.

① 전문가들은 정부의 정책을 부정적으로 평가하고 있다.
② 내년에는 올해보다 더 많은 공공 주택이 공급될 예정이다.
③ 주택의 공급 부족 문제는 단기간에 해결하는 게 바람직하다.
④ 주택 시장의 안정을 위해서는 매매 주택의 수를 늘려야 한다.

※ [41~42] 다음을 듣고 물음에 답하십시오. (각 2점)

41 이 강연의 중심 내용으로 가장 알맞은 것을 고르십시오.

① 막걸리는 종류에 따라 각각 어울리는 안주가 따로 있다.
② 개인의 취향에 따라 막걸리는 마시는 방법에 차이가 있다.
③ 막걸리의 재료와 맛을 통해 그 지역의 역사를 알 수 있다.
④ 막걸리 시장의 변화는 한국 전통주의 발전적 미래를 보여 준다.

42 들은 내용과 같은 것을 고르십시오.

① 가정에서는 보통 도수가 낮은 술을 즐긴다.
② 전통주의 대중화로 가격이 점점 떨어지는 추세이다.
③ 막걸리는 오랫동안 다양한 세대의 사랑을 받아 왔다.
④ 막걸리를 주문하면 안주를 무료로 제공하는 식당이 늘고 있다.

※ [43~44] 다음을 듣고 물음에 답하십시오. (각 2점)

43 무엇에 대한 내용인지 알맞은 것을 고르십시오.

① 청계천의 복원 방법
② 청계천의 과거와 현재
③ 청계천의 역사적 가치
④ 청계천의 현대적 효용성

44 청계천에 대한 설명으로 맞는 것을 고르십시오.

① 공연장, 카페 등의 문화 공간이 마련되어 있다.
② 서울시가 건설한 도로는 제 역할을 하지 못했다.
③ 1960년대 서울의 주요 하천으로 처음 조성되었다.
④ 도로 건설 이후 생태계와 환경이 크게 훼손되었다.

※ [45~46] 다음을 듣고 물음에 답하십시오. (각 2점)

45 들은 내용과 같은 것을 고르십시오.

① 눈의 흰자에 생긴 점은 지방의 양과 관계가 있다.
② 눈꺼풀의 변화는 몸 전체의 건강 상태를 나타낸다.
③ 눈의 상태를 점검함으로써 질병을 예방할 수도 있다.
④ 눈의 혈관에 압력이 가해지면 하얀 띠가 생기게 된다.

46 여자가 말하는 방식으로 알맞은 것을 고르십시오.

① 대상이 야기할 수 있는 문제들을 유추하고 있다.
② 실제적인 예를 바탕으로 자신의 의견을 전달하고 있다.
③ 다양한 사례들을 비교하며 대상의 특징을 분석하고 있다.
④ 대상의 역할에 대해 전문가들의 말을 인용해 설명하고 있다.

※ [47~48] 다음을 듣고 물음에 답하십시오. (각 2점)

47 들은 내용과 같은 것을 고르십시오.

① 원자재 가격은 오른 데 반해 인건비는 하락했다.
② 중소기업의 어려움은 지원금만으로 해결할 수 없다.
③ 청년 채용에 대한 지원은 1년이 넘지 않도록 해야 한다.
④ 육아로 인한 단축 근무자를 위해서도 지원금이 필요하다.

48 남자의 태도로 알맞은 것을 고르십시오.

① 중소기업 종사자들의 의식 변화를 기대하고 있다.
② 중소기업에 대한 효과적인 지원 방안을 제안하고 있다.
③ 중소기업의 안정이 가져올 경제적 효과를 낙관하고 있다.
④ 중소기업에 대한 지원 정책이 가져올 부작용을 우려하고 있다.

※ [49~50] 다음을 듣고 물음에 답하십시오. (각 2점)

49 들은 내용과 같은 것을 고르십시오.

① 이 재판에는 판사가 참여하지 않는다.
② 이 재판은 법률 전문가의 양성을 목적으로 한다.
③ 이 재판의 배심원이 되려면 법적인 지식이 필요하다.
④ 이 재판에서 배심원들의 결정은 법적 효력을 갖지 못한다.

50 남자의 태도로 알맞은 것을 고르십시오.

① 국민 참여 재판에 대한 낙관론을 경계하고 있다.
② 국민 참여 재판의 새로운 변화를 기대하고 있다.
③ 국민 참여 재판의 필요성과 의의를 강조하고 있다.
④ 국민 참여 재판의 개선 방향에 적극 동의하고 있다.

1 교시 쓰기(51번~54번) 　　　　시험 시간 **50**분 | 정답 및 해설 100쪽

※ [51~52] 다음 글의 ㉠과 ㉡에 알맞은 말을 각각 쓰시오. (각 10점)

51

수미 씨, 안녕하세요.
갑자기 연락을 드려 죄송합니다.
출근길에 제가 탄 자전거가 오토바이와 부딪히는 사고가 나서요.
오전 회의 시간을 좀 뒤로 (　　㉠　　).
다친 곳은 없지만 그래도 (　　㉡　　) 출근하려고 합니다.

민수 씨, 안녕하세요. 괜찮으신가요?
알겠습니다. 병원에 잘 다녀오시고 회의는 오후에 하는
것으로 하겠습니다.

㉠: _____

㉡: _____

52

　　탄수화물 중독이란 탄수화물 특유의 단맛에 중독돼 섭취량을 조절하는 데 어려움을 느끼는 상태를 말한다. 그렇게 되면 스스로 멈추지 못하고 결국 지나치게 많은 양의 탄수화물을 (　　㉠　　). 전문가들은 이러한 단맛이 몸안에 들어가면 우리의 기분을 좋게 (　　㉡　　). 따라서 탄수화물은 자주 먹으면 먹을수록 더 끊기가 힘들어지게 된다.

㉠: _____

㉡: _____

53 다음은 '연간 독서량'에 대한 자료이다. 이 내용을 200~300자의 글로 쓰시오. 단, 글의 제목은 쓰지 마시오. (30점)

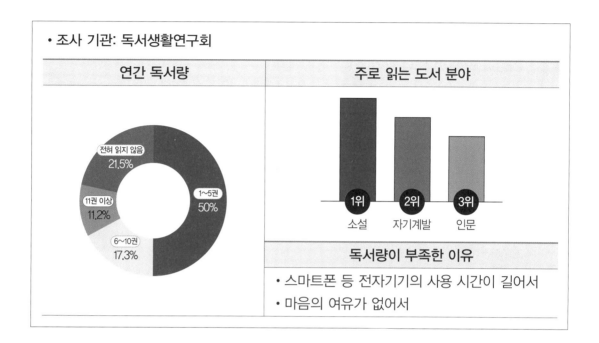

54 다음을 참고하여 600~700자로 글을 쓰시오. 단, 문제를 그대로 옮겨 쓰지 마시오. (50점)

> 저작권이란 문학이나 예술, 학술 분야에 속하는 창작물에 대하여 저작자가 가지는 권리를 말한다. 그런데 최근 인공지능이 만들어 낸 창작물로 인해 이 저작권에 대한 정의가 모호해지고 있다. 아래의 내용을 중심으로 '인공지능의 창작 활동과 저작권 인정'에 대한 자신의 생각을 쓰라.
>
> • 인공지능이 예술품 등을 만들어 내는 것을 창작 활동으로 볼 수 있는가?
> • 인공지능의 창작 활동은 인간의 활동과 어떤 차이가 있는가?
> • 인공지능의 창작물에도 저작권을 인정해 주어야 하는가?

※ 원고지 쓰기의 예

	한	국	은		봄	,	여	름	,	가	을	,	겨	울	의		사	계	절
이		뚜	렷	해	서		계	절	마	다		각	각		아	름	다	운	

제1교시 듣기, 쓰기 시험이 끝났습니다. 제2교시는 읽기 시험입니다.

※ [01~02] (　　)에 들어갈 말로 가장 알맞은 것을 고르십시오. (각 2점)

01 기침을 하는 걸 보니 감기에 (　　).

① 걸리곤 한다   ② 걸린 모양이다

③ 걸릴 수도 있다   ④ 걸린 적이 있다

02 어제 밀린 숙제를 (　　) 밤을 새웠다.

① 하는데   ② 하거나

③ 하자마자   ④ 하느라고

※ [03~04] 밑줄 친 부분과 의미가 가장 비슷한 것을 고르십시오. (각 2점)

03 요즘은 모든 것이 <u>놀랄 만큼</u> 빨리 변하고 있다.

① 놀라다가   ② 놀라더라도

③ 놀랄 정도로   ④ 놀랄 때까지

04 누구나 병에 걸리면 마음이 <u>약해지기 마련이다</u>.

① 약해지는 법이다   ② 약해지는 셈이다

③ 약해질 리가 없다   ④ 약해져서는 안 된다

※ [05~08] 다음은 무엇에 대한 글인지 고르십시오. (각 2점)

05

안 보이는 먼지까지 싹~
집 안 구석구석 자유롭게

① 복사기　　② 냉장고　　③ 청소기　　④ 선풍기

06

어디든지 함께하는 '행복'
항공권도 호텔도 '행복'에서 예약하세요.

① 은행　　② 병원　　③ 여행사　　④ 백화점

07

속도 줄이기! 양보하기!
기분 좋은 도로를 만들 수 있습니다.

① 환경 보호　　② 안전 운전　　③ 절약 습관　　④ 생활 예절

08

• 촬영을 원하시는 분은 3일 전까지 연락 주시기 바랍니다.
• 영업 시간 중에는 전화 통화가 어려울 수 있습니다.

① 제품 소개　　② 사용 순서　　③ 교환 방법　　④ 예약 문의

※ [09~12] 다음 글 또는 그래프의 내용과 같은 것을 고르십시오. (각 2점)

09

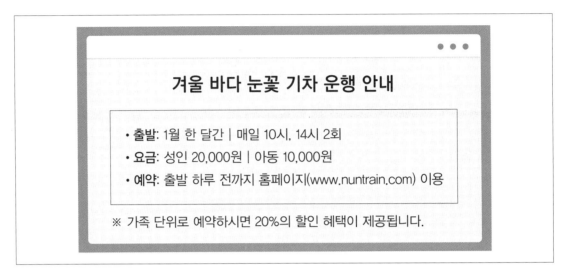

① 성인과 아동의 기차 요금이 같다.
② 이 기차는 한 시간에 두 번씩 출발한다.
③ 가족이 함께 타면 표를 싸게 살 수 있다.
④ 기차가 출발하기 전까지 표를 사면 된다.

10

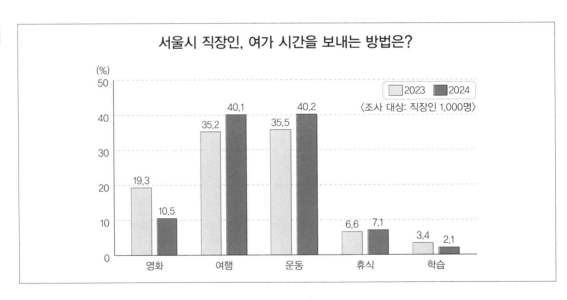

① 여가 시간에 영화를 본다고 한 직장인이 늘었다.
② 여가 시간을 공부하는 데 이용하는 직장인은 줄었다.
③ 여가 시간에 휴식을 취하는 직장인의 비율은 변화가 없었다.
④ 2024년에는 직장인들이 여가 시간에 여행을 가장 많이 갔다.

11

경기도는 500여 개의 공연 단체를 선정해서 찾아가는 문화 활동에 나선다고 밝혔다. 찾아가는 문화 활동은 문화 혜택을 받기 어려운 시민들에게 주말마다 다양한 공연 관람의 기회를 제공하는 사업이다. 공연은 음악 부문과 무용 부문, 연극 부문으로 진행된다. 또 공연을 본 사람들에게는 컵이나 모자와 같은 기념품도 전달할 예정이다.

① 이 문화 활동은 평일에는 진행되지 않는다.
② 이 문화 활동에 연극 단체는 참가하기 힘들다.
③ 공연은 한 번에 500명 정도가 관람할 수 있다.
④ 공연을 관람한 후에는 컵과 모자도 살 수 있다.

12

길에서 주운 신용 카드를 주인에게 돌려주기 위해 편의점에서 500원짜리 사탕을 산 여학생들의 이야기가 화제가 되고 있다. 길 위에 떨어져 있는 신용 카드를 발견한 학생들은 주인에게 카드의 위치를 알려 주기 위해 근처 편의점에서 그 카드로 사탕을 구입했다. 그러고 나서 편의점에 신용 카드와 함께 사탕 값 500원을 맡겨 두고 나왔다고 한다. 이런 사연은 카드 주인이 편의점에서 잃어버린 카드를 되찾은 후 언론에 전하면서 알려지게 되었다.

① 편의점의 주인이 사연을 언론에 알렸다.
② 학생들은 길에서 주운 돈으로 사탕을 샀다.
③ 학생들은 편의점에서 신용 카드를 사용했다.
④ 신용 카드의 주인은 학생들을 직접 찾아갔다.

※ [13~15] 다음을 순서에 맞게 배열한 것을 고르십시오. (각 2점)

13

> (가) 그다음에는 고구마의 수분을 없애는 과정이 필요하다.
> (나) 수분이 있는 채로 보관하게 되면 고구마가 쉽게 물러질 수 있다.
> (다) 고구마는 구매한 후 신선하지 않은 것을 골라내는 작업부터 해야 한다.
> (라) 썩은 고구마와 함께 보관하면 다른 고구마까지 상할 수 있기 때문이다.

① (나)-(가)-(다)-(라)
② (나)-(다)-(라)-(가)
③ (다)-(가)-(나)-(라)
④ (다)-(라)-(가)-(나)

14

> (가) 그런데 친구에게 축하 인사를 제대로 전하지 못했다.
> (나) 얼마 전 나는 친구의 아들이 대학에 합격했다는 연락을 받았다.
> (다) 하지만 내가 그런 생각을 하는 게 딸한테 미안해져서 후회가 되었다.
> (라) 대학에 진학하지 않고 스스로 취업의 길을 선택한 내 딸이 생각나서였다.

① (나)-(가)-(라)-(다)
② (나)-(라)-(다)-(가)
③ (다)-(가)-(라)-(나)
④ (다)-(나)-(가)-(라)

15

(가) 이 조리법은 다양한 재료와 요리에 활용되고 있다.
(나) 또 이를 통해 음식의 내외부를 고르게 익히고 향도 잡아둘 수 있다.
(다) 채소를 이 방법으로 조리하면 영양소 손실을 줄여 건강에 도움이 된다.
(라) 음식을 진공 상태에서 낮은 온도로 오랜 시간 동안 조리하는 기술이 있다.

① (가)-(다)-(라)-(나)
② (가)-(라)-(나)-(다)
③ (라)-(가)-(다)-(나)
④ (라)-(나)-(가)-(다)

※ [16~18] (   )에 들어갈 말로 가장 알맞은 것을 고르십시오. (각 2점)

16

　문어는 몸의 색을 자유롭게 바꿀 수 있는 능력을 가지고 있다. 이것은 피부에 있는 색소 세포와 특별한 근육 조직 덕분에 가능한 것이다. 문어는 주변 환경에 맞게 색을 바꾸어 자신을 보호하거나 도망치면서 (　　　　　　) 위해 이러한 색의 변화를 이용한다. 이 능력은 생존을 위해 매우 중요하며 과학자들은 이를 통해 문어의 신경 체계를 더욱 깊이 이해하게 되었다.

① 적에게 혼란을 주기
② 다른 문어를 공격하기
③ 몸의 근육을 발달시키기
④ 새로운 환경에 적응하기

17

　　양치질을 하고 나서 물로 입안을 헹구는 횟수는 사람마다 차이가 있다. 그런데 입을 헹구는 횟수로는 5~6번 정도가 적당하다. 헹구는 횟수가 너무 적으면 치아나 혀 등에 치약 성분이 오랜 기간 남아서 치아의 색이 변하는 등의 문제를 일으킬 수 있다. 그러나 반대로 양치질 후 입안을 (　　　　　　　　　) 충치 예방 효과가 떨어지기 때문에 적당한 횟수로 헹궈 주는 것이 좋다.

① 너무 건조하게 두면
② 잘 관리하지 않으면
③ 제대로 헹구지 않으면
④ 지나치게 헹구게 되면

18

　　디지털 눈 피로는 오랜 시간 동안 디지털 기기를 사용할 때 발생하는 다양한 증상을 가리킨다. 이러한 증상을 개선하는 데는 스마트폰 등의 화면 밝기를 (　　　　　　　　　) 것도 중요하다. 주변이 어두울수록 화면 밝기를 낮추고 밝은 곳에서는 적당히 높이는 것이 좋다. 화면의 밝기가 주변 환경에 비해 너무 높거나 낮으면 눈이 더 쉽게 피로해질 수 있기 때문이다.

① 자신의 시력에 맞추는
② 환경에 맞게 조절하는
③ 화면 크기에 따라 바꾸는
④ 사용하는 동안 다르게 하는

※ [19~20] 다음을 읽고 물음에 답하십시오. (각 2점)

사막의 왕으로 불리는 낙타는 뜨거운 사막에서 거의 물 없이도 며칠, 때로는 몇 주까지 견딜 수 있다. 낙타는 신진대사를 조절하여 땀을 거의 흘리지 않으며 체온이 상승하는 것을 방지하기 위해 낮 동안에는 체온을 높이고 밤에는 다시 체온을 낮춘다. 이것이 더운 날씨에 물 손실을 최소화하는 낙타만의 방법이다. (   ) 낙타의 신장은 물을 효율적으로 재흡수하여 농축된 소변을 배출한다. 이 덕분에 수분의 손실을 줄이고 몸속에 더 많은 수분을 보존할 수 있는 것이다.

19 (   )에 들어갈 말로 가장 알맞은 것을 고르십시오.

① 차라리

② 오히려

③ 더불어

④ 이처럼

20 윗글의 주제로 가장 알맞은 것을 고르십시오.

① 낙타는 사막에서 가장 강인한 동물이다.

② 낙타는 생존하는 데에 많은 양의 물을 필요로 하지 않는다.

③ 낙타는 낮 동안뿐만 아니라 밤 시간에도 활발하게 활동을 한다.

④ 낙타는 물을 매우 효율적으로 사용할 수 있는 능력을 지니고 있다.

※ [21~22] 다음을 읽고 물음에 답하십시오. (각 2점)

> 최근 연극이나 뮤지컬, 연주회 등에서 공연을 무단으로 촬영하는 사례가 늘고 있다. 일부 관람객이 개인적인 감상의 목적에서뿐만 아니라 영상을 팔아서 돈을 벌기 위해 몰래 촬영을 하고 있는 것이다. 이런 사실을 접한 공연 관계자들은 (   ) 불법 촬영에 대한 강한 처벌을 요구하고 있다. 전문가들은 이런 불법적인 일이 공연 예술계에 큰 피해를 끼칠 수 있다고 우려한다. 저작권을 침해하는 것은 물론이고 관람 인원의 감소로 공연계에 경제적으로도 손실을 가져올 수 있기 때문이다.

21 (   )에 들어갈 말로 가장 알맞은 것을 고르십시오.

① 눈을 돌려
② 발을 맞춰
③ 입을 모아
④ 손을 잡고

22 윗글의 내용과 같은 것을 고르십시오.

① 촬영을 할 수 있는 공연장은 따로 정해져 있다.
② 영상의 판매를 목적으로 하는 공연 촬영이 늘고 있다.
③ 정부는 불법 촬영 문제에 대한 해결책을 논의하고 있다.
④ 공연 관계자들은 자유롭게 공연 내용을 촬영할 수 있다.

※ [23~24] 다음을 읽고 물음에 답하십시오. (각 2점)

얼마 전 올해 초 돌아가신 아버지의 짐을 정리하다가 낯익은 공책 한 권을 발견했다. 아버지가 돌아가신 후 쓰시던 방만 좀 치워 놓고 짐 정리는 계속 미루다가 이제야 하게 되었다. 그런데 생각해 보니 이 공책은 아버지가 잠깐씩 일어나 앉아 계실 때 뭔가를 적곤 하셨던 것이다. 무심코 열어 본 공책……. 눈물이 왈칵 쏟아져 나올 것만 같았다. 그 안에는 힘들게 눌러쓴 아버지의 글씨가, 아니 마음이 가득 적혀 있었다. 병으로 누워 계셨던 10년간 마치 나에게 쓴 편지 같은 일기들이었다. 긴 세월 자신 때문에 고생하는 딸에 대한 미안함, 병문안을 온 손님들과 나눈 딸에 대한 이야기, 자신이 떠난 후 남겨질 딸에 대한 걱정 등 온통 나와 관련된 내용들뿐이었다. 오랫동안 누워 계신 모습을 지켜보면서 아버지는 아픈 자신만 생각하는 것처럼 보일 때가 많았다. 그리고 점점 지쳐 가는 가족들에게는 위로 한마디 할 줄도 모르는 이기적인 분이라고 생각하며 아버지를 원망하기도 했다. 하지만 알고 보니 아버지는 이렇게 나름의 방식으로 매일매일 나에게 사랑과 위로를 전하고 있었다. 이제 나도 이 공책의 남은 자리에 일기를 써 나가려고 한다. 아버지가 내 답장을 읽어 주시기를 바라면서…….

23 밑줄 친 부분에 나타난 '나'의 심정으로 가장 알맞은 것을 고르십시오.

① 고통스럽다

② 걱정스럽다

③ 후회스럽다

④ 불만스럽다

24 윗글의 내용과 같은 것을 고르십시오.

① 나는 아버지에게 편지를 자주 받았다.

② 나는 아버지가 쓰시던 공책에 일기를 쓰려고 한다.

③ 나는 아버지가 돌아가시자마자 아버지의 짐을 정리했다.

④ 나는 병문안을 온 사람들과 아버지에 대한 이야기를 많이 했다.

※ [25~27] 다음 신문 기사의 제목을 가장 잘 설명한 것을 고르십시오. (각 2점)

25

> 낱말 뜻 몰라 수업 힘든 학생들… 교사 90%가 어려움 느껴

① 많은 교사가 학생들과의 소통에 어려움을 느끼고 있다.
② 많은 교사가 학생들을 수업에 참여시키는 데 어려움을 느끼고 있다.
③ 많은 교사가 학생들에게 언어를 가르치는 데 어려움을 느끼고 있다.
④ 많은 교사가 학생들의 어휘력 부족으로 수업에 어려움을 느끼고 있다.

26

> 가뭄 속 소나기 만난 서울 팀, 다섯 경기 침묵 끝에 대량 득점!

① 다섯 경기에서 제일 점수를 많이 낸 팀이 서울 팀과 만나게 된다.
② 서울 팀이 계속 점수를 못 내다가 다섯 경기 만에 높은 점수를 냈다.
③ 서울 팀의 경기가 비 때문에 계속 취소되었다가 다시 열리게 되었다.
④ 다섯 경기 동안 점수를 못 내면 서울에서 열리는 경기에 참가할 수 없다.

27

> 확 달라진 편의점 도시락, 점심시간 직장인들도 '우르르'

① 새로 나온 편의점 도시락을 먹으려면 한참 동안 줄을 서야 한다.
② 점심시간에 빨리 식사를 하기 위해 편의점으로 가는 직장인들이 많다.
③ 새로워진 편의점 도시락을 먹기 위해 직장인들도 점심시간에 편의점으로 몰린다.
④ 새로워진 편의점 도시락은 인기가 많아서 점심시간이 되기 전에 다 팔려 버린다.

※ [28~31] (   )에 들어갈 말로 가장 알맞은 것을 고르십시오. (각 2점)

28

유통 기한이 지난 우유라고 해서 무조건 버릴 필요는 없다. 신선한 우유는 산성과 염기성, 두 성질을 가지고 있는데 시간이 지날수록 우유 속에 암모니아가 생겨서 우유 전체가 염기성으로 변한다. 우리가 화장실에 가면 암모니아 냄새를 맡게 되는데 이것은 암모니아가 강력한 청결제로 활용 가능하기 때문이다. 따라서 유통 기한이 지난 우유로 가구나 마루 등을 닦으면 (   ) 데 효과적이다.

① 묵은 때를 없애는
② 악취의 원인을 찾는
③ 유통 기한을 확인하는
④ 우유의 성분을 알아내는

29

부력은 잠수함이 물속으로 가라앉았다가 다시 떠오를 수 있게 만드는 힘이다. 부력의 원리는 물속에 잠긴 물체가 그 물체에 의해 물이 받는 무게와 동일한 힘을 위쪽으로 받는 것이다. 잠수함은 물이나 공기로 채워지는 밸러스트 탱크를 활용하여 이 부력을 제어할 수 있다. 잠수함이 물 아래로 내려갈 때에는 탱크에 물이 채워져 배의 밀도가 증가함으로써 잠수가 가능하며, 반대로 떠오를 때에는 탱크의 물이 배출되고 (   ) 밀도가 감소함으로써 물 위로 뜨게 된다.

① 배가 더 빨라져서
② 탱크 안이 넓어져서
③ 공기가 대신 들어가서
④ 힘을 받는 방향이 바뀌어서

30

　　약을 먹지 않아도 평소 즐겨 섭취하면 소화에 도움이 되는 식품들이 있다. 그 대표적인 것 중 양배추는 위 점막을 강화하고 손상된 위를 재생시키는 데 탁월한 효과가 있다고 알려져 있다. 따라서 평소 소화가 잘 되지 않는다면 양배추를 꾸준히 섭취하는 것이 좋다. 양배추는 (　　　　　　　　) 좋지만 삶은 양배추가 소화하기 더욱 쉽고 부드러운 맛을 가지기 때문에 위가 약해져 있는 사람들에게는 더 적합할 수 있다.

① 약 대신 복용해도
② 날것을 그대로 먹어도
③ 매일같이 챙기지 않아도
④ 다른 식품과 함께 섭취해도

31

　　'업무 중독 증후군'이란 개인적인 시간은 별다른 의미가 없다고 느끼면서 일에만 지나치게 빠져 몰두하는 현상이다. 이 증후군을 겪는 사람들은 휴식 시간에도 일을 생각하고 일을 하지 않으면 불안감을 느낀다. 그렇게 되면 생활의 균형이 깨지는 것은 물론이고 건강에도 악영향을 미칠 수 있다. 이러한 상태를 극복하기 위해서는 업무 시간과 개인 시간을 명확히 구분하고 취미 생활이나 가족과의 시간에서 (　　　　　　　　) 노력하는 것이 중요하다.

① 일의 재미를 느끼도록
② 건강을 회복할 수 있게
③ 혼자만의 시간을 갖도록
④ 삶의 의미를 찾을 수 있게

※ [32~34] 다음을 읽고 글의 내용과 같은 것을 고르십시오. (각 2점)

32

　　최근 기후 변화에 대응하기 위한 기존 감자의 대체 품종으로 '단오'가 개발되었다. 감자는 보통 민감해서 외부 기온 변화에 따라 시들거나 타들어 가는 현상이 쉽게 발생한다. 그런데 '단오'는 기존의 감자와 맛과 모양이 거의 비슷하면서도 갑작스러운 한파나 고온에 잘 견디는 특성이 있다. 3년 넘게 '단오' 품종을 시험해 본 결과 기존 감자와 비슷한 방법으로 재배했을 때 생산량도 훨씬 더 많은 것으로 나타났다. 또한 '단오'는 재배 기간이 길지 않아 같은 땅에 한 해에 여러 번의 농작물을 심을 때도 용이하다는 장점이 있어 앞으로 더욱 주목받고 있다.

① 단오는 기온 변화에 민감하다는 단점이 있다.
② 단오는 기존의 감자와 구별되는 모양을 가지고 있다.
③ 단오는 같은 기간 훨씬 더 많은 양을 생산할 수 있다.
④ 단오는 기존에 맛볼 수 없었던 새로운 맛을 가지고 있다.

33

　　『수운잡방』은 조선 중기 안동에 살았던 김유와 그의 손자 김령이 저술한 전통 조리서이다. 당시 안동 인근에서 주로 만들던 음식의 조리법을 적은 것으로 각종 술의 제조법과 다과, 탕류의 조리법에다가 채소를 재배하는 방법까지 실려 있다. 또한 이 책은 하나의 음식이라도 만드는 방법을 두세 가지 이상으로 설명한 것이 특징이다. 그 조리법 중에는 지금은 찾아볼 수 없는 독특한 것들도 있다. 이 책은 현재까지 발견된 가장 오래된 조리서로서 500년 전의 식생활을 엿볼 수 있는 아주 귀중한 자료로 평가받고 있다.

① 이 책은 안동 지역의 음식 전문가들이 함께 저술한 책이다.
② 이 책에서는 하나의 음식에 대한 다양한 조리법을 소개하고 있다.
③ 이 책은 과거 500년 동안의 식생활을 보여 주는 소중한 자료이다.
④ 이 책에 나와 있는 조리법들은 대부분 현재 사용하지 않는 것들이다.

34

신체 언어는 자신의 감정을 표현하고 타인의 감정을 이해하는 중요한 수단 중 하나이다. 특히 마케팅 분야에서 이 신체 언어는 아주 중요한 역할을 한다. 신체 언어를 적절하게 잘 활용함으로써 고객에게 좋은 인상을 남기고 제품에 대한 관심도 끌어낼 수 있기 때문이다. 예를 들어 고개를 끄덕이면서 고객에게 몸을 기울이면 자신들의 요구에 관심을 가지는 것처럼 느껴져 고객이 안심하고 구매를 하게 된다. 반면에 무뚝뚝한 표정을 짓거나 시선을 피하거나 혹은 팔짱을 끼고 서 있다면 고객들의 지갑은 열리기 힘들 것이다.

① 신체 언어만으로는 감정을 표현하는 데 한계가 있다.
② 고객들은 자신들이 원하는 제품이 있으면 안심하게 된다.
③ 고객들이 지갑을 열게 하려면 고객들의 표정을 잘 봐야 한다.
④ 적절한 신체 언어의 사용으로 제품의 판매를 늘릴 수도 있다.

※ [35~38] 다음을 읽고 글의 주제로 가장 알맞은 것을 고르십시오. (각 2점)

35

합리적인 소비란 필요한 것과 그렇지 않은 것을 명확하게 구분하고 불필요한 지출을 억제하는 소비 방식을 말한다. 이것은 단순히 지출을 줄이기 위해 저렴한 제품만을 찾는 것을 넘어 가치 중심의 소비를 하는 것이다. 그렇게 하려면 제품을 구매할 때 내가 소비하는 물건이나 서비스가 나의 삶에 진정으로 필요한지, 또 그것이 나에게 어떤 영향을 미치는지에 대해 잘 생각해 봐야 한다. 절약도 마찬가지이다. 많은 사람이 절약을 고통스럽거나 즐겁지 않은 활동으로 생각하지만 절약을 통해 올바른 지출이 이루어진다면 오히려 우리의 삶은 더욱 풍요로워질 수 있다.

① 가치 중심의 올바른 소비는 우리의 삶을 더 풍요롭게 만들 수 있다.
② 합리적인 소비를 하려면 저렴한 제품을 구매해서 잘 사용해야 한다.
③ 무조건 절약만 하며 살다가는 삶의 즐거움을 잃어버리게 될 수도 있다.
④ 불필요한 지출을 줄이기 위해서는 구매할 제품에 대해 잘 알아봐야 한다.

36

　　우주 탐사는 인류의 고유한 특성 중 하나이다. 과거 몇 세기 동안 인류는 지구를 넘어 다른 행성과 별들을 탐사하기 위해 다양한 기술과 지식을 발전시켜 왔다. 그런데 이러한 탐사는 우리의 미래에 대한 불안감을 덜어 주는 역할도 한다. 인류는 지구의 자원 고갈이나 기후 변화 등의 문제로 다른 행성에서 생존할 방법을 모색하고 있기 때문이다. 따라서 우주 탐사는 이제 단지 기술적 호기심을 충족시키기 위한 과정이 아니라 인류의 생존을 위해 꼭 필요한 도전이 되었다.

① 우주 탐사를 위해서는 고도의 기술과 지식이 필요하다.
② 우주에는 아직 우리가 모르는 행성과 별들이 다수 존재한다.
③ 우주 탐사를 통해 미래 인류의 생존 문제를 해결할 수도 있다.
④ 인류의 생존을 위해서는 환경이나 기후 문제를 빨리 해결해야 한다.

37

　　보통 관광세를 도입한 국가에서는 그 세금을 걷어서 관광지의 시설을 확충한다든지 자연환경을 보존한다든지 하는 데에 활용하는 경우가 많다. 그런데 관광업계에서는 세금을 계속 부과할 경우에 여행자가 감소하는 것은 물론이고 여행사들의 이익도 줄어들게 될 것이라 우려하고 있다. 그렇지 않아도 전 세계적으로 고물가에 시달리고 있는 상황에서 관광세까지 부과하게 되면 관광에 대한 수요가 줄 수밖에 없다는 것이다. 관광지의 주민과 환경 보전을 위해 관광세가 필요하다는 점은 인정하지만 관광 시기별 또는 기간별 등으로 융통성 있는 조절이 필요해 보인다.

① 관광세는 그 지역의 주민들을 위해서 사용되어야 한다.
② 관광 시기 등의 상황에 따라 관광세를 조절해서 부과해야 한다.
③ 관광업계의 이익을 높일 수 있는 여행 상품의 개발이 필요하다.
④ 관광 수요의 증가를 위해서는 관광세의 도입을 당분간 미루는 게 좋다.

38

고령자 고용법의 시행은 고령화 사회에서 노인 빈곤 문제를 해결하고 근로자들의 고용 안정을 도모하기 위한 중요한 조치로 주목받고 있다. 법적 퇴직 연령이 60세인 현재의 상황에서는 법적 정년과 연금 수급 연령 간의 불일치가 발생하는데 이러한 상황은 해당 근로자들의 생계에 심각한 영향을 미친다. 이것은 또한 한 개인의 문제를 벗어나 사회 전체의 안정성을 위협하는 요소로도 작용할 수 있다. 고령자 고용법의 시행은 그러한 불일치를 줄여 고령의 근로자들이 퇴직 후 겪게 되는 곤란을 예방하는 데에 기여할 수 있다.

① 고령의 근로자들은 대부분 생계가 어려운 상황이다.

② 고령자 고용법을 시행하면 퇴직 후 더 많은 연금을 받게 된다.

③ 법적 정년과 연금 수급 연령의 불일치는 사회적인 문제가 되고 있다.

④ 고령자 고용법의 시행은 고령인 퇴직자들의 경제적 안정에 도움이 된다.

※ [39~41] 주어진 문장이 들어갈 곳으로 가장 알맞은 것을 고르십시오. (각 2점)

39

'골볼'은 시각장애인을 위한 구기 스포츠로 모든 선수가 공정한 경쟁을 하기 위해 불투명한 마스크나 안대를 착용하고 경기를 한다. (㉠) 경기는 상대 팀의 골대로 공을 넣으면 1점을 얻게 되고 수비는 공을 받은 후 10초 안에 공격을 해야 한다. (㉡) 골볼 경기는 선수들이 눈을 가리고 소리로 진행하기 때문에 방해가 될 수 있는 다른 소리가 안 나도록 하는 게 중요하다. (㉢) 또한 골볼은 양 팀 선수보다 경기 진행 요원이 더 많은 종목으로 총 11명의 인원이 선수들의 경기를 보조해 준다. (㉣)

보기

따라서 경기 중 심판이 관중들에게 조용히 해 달라고 요청하는 것을 자주 볼 수 있다.

① ㉠　　　　　　　　　② ㉡
③ ㉢　　　　　　　　　④ ㉣

40

마야 문명의 도시들은 고고학적이며 역사적인 가치를 지녀 유네스코 세계 문화유산에 등재된 바 있다. (㉠) 마야 도시들의 가장 놀라운 특징 중 하나는 목조 구조물부터 돌로 쌓은 건축물까지 매우 다양한 스타일의 건물들이 아름답게 보존되어 있다는 것이다. (㉡) 마야의 도시들은 한때 혼돈스러운 상황으로 인해 잊혀져 있기도 했지만 현재는 그 역사와 문화를 복원하기 위한 연구가 다시 진행 중이다. (㉢) 특히 유네스코 세계 문화유산으로 등재되면서 전 세계에 그 가치와 매력을 알리고 있다. (㉣)

보기

또한 이러한 건축물들은 정밀한 각도로 설계되어 있어서 정해진 시간이 되면 적절한 양의 햇빛이나 달빛이 건물 안으로 들어오게 된다.

① ㉠　　　　　　　　　② ㉡
③ ㉢　　　　　　　　　④ ㉣

41

최근 도예가 이민수 씨가 『도자기의 집』을 펴냈다. 이 책은 작가의 성장 과정과 경험을 그대로 담고 있어 더욱 사람들의 관심을 끈다. (㉠) 그 후 내용에서는 할아버지의 뒤를 이어 도예가의 길을 걷게 되면서 차츰 그 삶을 이해하게 되는 과정을 그리고 있다. (㉡) 이 책은 얼핏 작가와 할아버지 둘 사이의 소통 문제를 다루고 있는 것처럼 보일 수 있다. (㉢) 하지만 책을 읽다 보면 우리 사회 전반에 자리잡은 세대 간 갈등에 대한 해결책을 발견하게 될지도 모른다. (㉣)

보기

책은 어린 시절 이해할 수 없을 만큼 엄격하고 고집스러워 보였던 할아버지에 대한 이야기로 시작한다.

① ㉠   ② ㉡

③ ㉢   ④ ㉣

※ [42~43] 다음 글을 읽고 물음에 답하십시오. (각 2점)

'내 나이 쉰여섯에 바다라면 물속 17길까지 다 아는 처지인데 별안간 수위가 한 자나 높아지다니 귀신이 곡할 노릇이 아닌가. 덕분에 푸짐한 옥돔을 많이 잡았다마는 이건 보통 일이 아닐 게다.' (중략)
꿈결도 썩 시원치가 않고 뒤숭숭했다. 아침밥을 느지막이 먹고 나서 장 노인은 수산청 총무지원에 당도하여 낯익은 김 주사를 만났다.
"웬일이세요, 영감님. 아침나절부터 무슨 일이 생겼나 봐요."
보자마자 인사하는 김 주사에게 장 노인은 간밤에 갑(甲) 바위에서 겪은 심상치 않은 일을 자상하게 설명해 주었다.
"바닷물이 한 자나 불어 오르다니 처음엔 난들 믿어졌겠는가!"
"영감님, 그럴 리가 있겠어요. 사람들이 달나라를 이웃집 마을 가다시피 하더니 달도 도깨비 장난을 시작했단 말이오. 천만에 그럴 리가…… 원." (중략)
이런 일이 있었던 달포쯤 후에, 서울의 국민신보가 바닷물이 불어 오르기 시작했음을 대대적으로 보도했다.
수산청이 확인한 바에 의하면 3월 27일 현재 전국 해안선의 수위가 50cm나 높아졌다. 바다에는 물마루라는 현상이 있어 지형에 따라 밀물과 썰물 관계로 보통 수면보다 수위가 높은 수면을 이룩할 수도 있으나, 이처럼 온 해안선의 수위가 한결같이 높아진 일은 역사상 처음인 것으로 알려지고 있다.

42 밑줄 친 부분에 나타난 '장 노인'의 심정으로 가장 알맞은 것을 고르십시오.

① 섭섭하다
② 불쾌하다
③ 후련하다
④ 의아하다

43 윗글의 내용으로 알 수 있는 것을 고르십시오.

① 장 노인은 좋은 꿈을 꾸고 나서 김 주사를 찾아갔다.
② 김 주사는 장 노인이 겪은 일을 이웃집에 전해 주었다.
③ 장 노인은 바닷물의 수위가 높아진 덕분에 고기를 많이 잡았다.
④ 김 주사는 기상청에 연락을 해서 바닷물의 변화를 확인해 보았다.

※ [44~45] 다음을 읽고 물음에 답하십시오. (각 2점)

고구려를 건국한 '주몽'의 신화도 여느 건국 신화처럼 출생 이야기로 시작한다. 주몽은 하늘을 다스리던 왕의 아들 해모수와 강을 다스리던 하백의 딸 유화 부인 사이에서 태어났다. 유화가 하늘의 신에게 기도하며 아들 낳기를 간절히 원했는데 그 후 얼마 되지 않아 주몽이 태어났기 때문에 주몽은 태어날 때부터 (   ) 인물로 여겨졌다. 그런 남다른 운명 덕분인지 주몽은 어릴 적부터 사냥과 활쏘기에 능숙하며 여러 방면에서 뛰어난 능력을 지니고 있었다. 또 사냥 중 마주친 호랑이와도 대결을 해서 이길 만큼 용감하기도 했다. 주몽은 이렇게 성장해 나가면서 주변에 사람들을 모으고 그들과 함께 여러 차례 치열한 전투와 시련도 경험하게 된다. 하지만 주몽은 시련을 겪으면 겪을수록 더욱 강해져 갔고 더욱 힘든 도전을 해 나가면서 많은 사람의 지지를 얻어 고구려를 건국하게 된다. 결국 주몽이 겪은 시련들이 그의 타고난 지도력과 용기를 더욱 강하게 만들어 준 것이다.

44 (   )에 들어갈 말로 가장 알맞은 것을 고르십시오.

① 훈련을 잘 받은
② 특별한 운명을 지닌
③ 주변 사람들이 존경하는
④ 새로운 도전을 아주 좋아하는

45 윗글의 주제로 가장 알맞은 것을 고르십시오.

① 고구려의 건국은 주몽 혼자만의 힘으로 이루어진 것이 아니다.
② 건국 신화의 영웅들은 대부분 특별한 출생 과정을 거치게 된다.
③ 주몽은 어릴 때부터 여러 방면으로 뛰어난 능력을 가지고 있었다.
④ 주몽은 힘든 시련을 이겨냄으로써 더욱 성장하고 강해질 수 있었다.

※ [46~47] 다음을 읽고 물음에 답하십시오. (각 2점)

성과주의는 직원의 업무 성과를 기준으로 관리와 보상이 이루어지는 인사 관리 제도이다. 성과가 우수한 직원에게 더 많은 보상을 제공해 조직의 목표 달성에 기여하도록 유도하는 인사 관리 방식인 것이다. 따라서 무엇보다 직원들에게 업무 수행의 동기를 부여하는 가장 강력한 도구가 될 수 있다. 또한 성과주의 인사 제도는 객관적인 평가 기준과 절차를 바탕으로 이루어지기 때문에 조직 내에서 투명성과 공정성을 높이는 장점도 있다. 그러나 한편 창의성이나 문제 해결 능력 등과 같이 측정이 어려운 일부 업무에 대해서는 그 성과를 평가하기 위한 기준을 명확하게 설정하는 데 한계가 발생한다. 거기에 성과주의 인사 제도가 자칫 직원들을 단기적인 성과에만 치중하게 만들어 결국은 조직의 장기적인 성장에까지 부정적 영향을 미칠 수 있다는 점을 감안하면 성과주의의 도입이 조심스러울 수밖에 없다. 특히 성과가 낮은 직원이 느끼는 압박감과 불만이 조직 문화에 가져올 부작용을 생각한다면 성과주의의 도입은 좀 더 신중한 검토를 거쳐 천천히 진행되어야 한다.

46 윗글에 나타난 필자의 태도로 가장 알맞은 것을 고르십시오.

① 성과주의 인사 관리가 가져올 부작용을 우려하고 있다.
② 성과주의 인사 관리가 만들어 낸 성과를 부정하고 있다.
③ 성과주의 인사 관리의 시행 범위를 확대하도록 촉구하고 있다.
④ 성과주의 인사 관리가 가져온 단기적인 이익에 감탄하고 있다.

47 윗글의 내용과 같은 것을 고르십시오.

① 창의성이나 문제 해결 능력 등은 평가를 할 수 없는 영역이다.
② 성과가 낮은 직원들은 조직의 장기적인 성장에만 집중하게 된다.
③ 성과주의에서는 받는 임금만큼만 성과를 내도록 직원들에게 요구한다.
④ 조직의 공정성을 높이려면 객관적인 기준에 의한 평가가 이루어져야 한다.

※ [48~50] 다음을 읽고 물음에 답하십시오. (각 2점)

식품 사막 현상으로 인해 주민들의 건강이 위협받고 있는 농촌 마을이 늘고 있다. '식품 사막'이란 신선한 식료품에 접근하기 어려운 지역을 가리키는 말이다. 대중교통이 불편하고 다른 마을과의 거리도 먼 농촌 지역의 특성상 차가 없고 몸이 불편한 노약자일수록 식료품점을 방문하는 건 어려운 일이다. 실제로 인근에 식료품점이 없는 마을에 거주하고 있는 지역민들은 기본적인 생활이 힘들 정도로 불편하다고 호소하고 있다. 농촌에서 장날이 되면 주민센터에서 운영하는 '대신 장보기'라는 서비스에 대한 요청이 크게 늘어나는데 주로 시장에 직접 가기 어려운 장애인이나 노인 들로부터 들어오는 요청이 많다고 한다. 이들을 포함해 지역민들이 요청하는 장보기 품목은 대부분 콩나물 한 봉지나 두부 한 모 등과 같이 (   ). 이렇게 일상적인 식품마저 공급이 부족한 상황에서는 영양에 불균형이 생겨 지역 주민의 신체적인 건강이 위협을 받게 될 뿐만 아니라 스트레스 등으로 정신건강에도 부정적인 영향을 미칠 수 있다. 따라서 이제는 정부가 나서서 식품 사막 현상을 해결하기 위한 대책을 마련해야 할 때가 되었다. 식료품점이 없는 마을을 정기적으로 방문하는 식품 차량을 운영한다든가 또는 마을의 주민센터에서 작은 규모라도 식료품점을 직접 운영한다든가 하는 것도 그 대책으로 실현 가능하다.

48 윗글을 쓴 목적으로 가장 알맞은 것을 고르십시오.

① 농촌 지역 주민들의 불편 사항을 설명하려고
② 농촌 지역 주민들에 대한 지원 사업을 소개하려고
③ 농촌 지역 식료품 문제에 대한 대책 마련을 호소하려고
④ 농촌 지역을 대상으로 한 사업 진행의 어려움을 토로하려고

49 (   )에 들어갈 말로 가장 알맞은 것을 고르십시오.

① 꽤 무거운 재료들이다
② 매우 소박한 것들이다
③ 아주 저렴한 식품들이다
④ 쉽게 구할 수 없는 음식들이다

50 윗글의 내용과 같은 것을 고르십시오.

① 식품 사막에 해당하는 지역에는 노인들만 거주하고 있다.
② 식품 사막이란 농산물 등을 재배할 수 없는 지역을 말한다.
③ 농촌의 주민센터에서는 주민들 대신 식료품을 구입해다 주기도 한다.
④ 식료품점이 없는 마을을 대상으로 정부가 지원하는 가게를 운영 중이다.

한국어능력시험 답안지

TOPIK II
1 교시(듣기)

성 명 (Name)	한 국 어 (Korean)	
	영 어 (English)	

수험번호

8

문제지 유형(Type)	
홀수형 (Odd number type)	○
짝수형 (Even number type)	○

※ 결시자의 영어 성명 및 수험번호 기재 후 표기
결시확인란 ○

※ 위 사항을 지키지 않아 발생하는 불이익은 응시자에게 있습니다.

※ 감독관 확인 본인 확인 및 수험번호 표기가 정확한지 확인 (인)

번호	답 란
1	① ② ③ ④
2	① ② ③ ④
3	① ② ③ ④
4	① ② ③ ④
5	① ② ③ ④
6	① ② ③ ④
7	① ② ③ ④
8	① ② ③ ④
9	① ② ③ ④
10	① ② ③ ④
11	① ② ③ ④
12	① ② ③ ④
13	① ② ③ ④
14	① ② ③ ④
15	① ② ③ ④
16	① ② ③ ④
17	① ② ③ ④
18	① ② ③ ④
19	① ② ③ ④
20	① ② ③ ④

번호	답 란
21	① ② ③ ④
22	① ② ③ ④
23	① ② ③ ④
24	① ② ③ ④
25	① ② ③ ④
26	① ② ③ ④
27	① ② ③ ④
28	① ② ③ ④
29	① ② ③ ④
30	① ② ③ ④
31	① ② ③ ④
32	① ② ③ ④
33	① ② ③ ④
34	① ② ③ ④
35	① ② ③ ④
36	① ② ③ ④
37	① ② ③ ④
38	① ② ③ ④
39	① ② ③ ④
40	① ② ③ ④

번호	답 란
41	① ② ③ ④
42	① ② ③ ④
43	① ② ③ ④
44	① ② ③ ④
45	① ② ③ ④
46	① ② ③ ④
47	① ② ③ ④
48	① ② ③ ④
49	① ② ③ ④
50	① ② ③ ④

한국어능력시험 답안지
TOPIK II
2 교시(읽기)

성 명 (Name)	한 국 어 (Korean)	
	영 어 (English)	

수험번호

번호	답 란			
1	①	②	③	④
2	①	②	③	④
3	①	②	③	④
4	①	②	③	④
5	①	②	③	④
6	①	②	③	④
7	①	②	③	④
8	①	②	③	④
9	①	②	③	④
10	①	②	③	④
11	①	②	③	④
12	①	②	③	④
13	①	②	③	④
14	①	②	③	④
15	①	②	③	④
16	①	②	③	④
17	①	②	③	④
18	①	②	③	④
19	①	②	③	④
20	①	②	③	④

번호	답 란			
21	①	②	③	④
22	①	②	③	④
23	①	②	③	④
24	①	②	③	④
25	①	②	③	④
26	①	②	③	④
27	①	②	③	④
28	①	②	③	④
29	①	②	③	④
30	①	②	③	④
31	①	②	③	④
32	①	②	③	④
33	①	②	③	④
34	①	②	③	④
35	①	②	③	④
36	①	②	③	④
37	①	②	③	④
38	①	②	③	④
39	①	②	③	④
40	①	②	③	④

번호	답 란			
41	①	②	③	④
42	①	②	③	④
43	①	②	③	④
44	①	②	③	④
45	①	②	③	④
46	①	②	③	④
47	①	②	③	④
48	①	②	③	④
49	①	②	③	④
50	①	②	③	④

문제지 유형(Type)

홀수형 (Odd number type)	○
짝수형 (Even number type)	○

※ 결 시 확인란	결시자의 영어 성명 및 수험번호 기재 후 표기	○

※ 위 사항을 지키지 않아 발생하는 불이익은 응시자에게 있습니다.

※ 감독관 확 인	본인 확인 및 수험번호 표기가 정확한지 확인	(인)

한국어능력시험 답안지

TOPIK II
1 교시(쓰기)

성 명 (Name)	한 국 어 (Korean)	
	영 어 (English)	

수 험 번 호

8

문제지 유형(Type)	
홀수형 (Odd number type)	○
짝수형 (Even number type)	○

※ 결 시
확인란 : 결시자의 영어 성명 및
수험번호 기재 후 표기 ○

※ 위 사항을 지키지 않아 발생하는 불이익은 응시자에게 있습니다.

※ 감독관 확 인	본인 확인 및 수험번호 표기가 정확한지 확인	(인)

주관식 답안은 정해진 답란을 벗어나거나 답란을 바꿔서 쓸 경우 점수를 받을 수 없습니다.
(Answers written outside the box or in the wrong box will not be graded.)

| 51 | ㉠ |
| | ㉡ |

| 52 | ㉠ |
| | ㉡ |

53
(Please write your answer below ; your answer must be between 200 and 300 letters including spaces.)
아래 빈칸에 200자에서 300자 이내로 작문하십시오(띄어쓰기 포함).

50
100
150
200
250
300

※ 54번은 뒷면에 작성하십시오(Please write your answer for question number 54 at the back).

54	주관식 답란 (Answer sheet for composition)
	아래 빈칸에 600자에서 700자 이내로 작문하십시오(띄어쓰기 포함). (Please write your answer below ; your answer must be between 600 and 700 letters including spaces.)

※ 주어진 답란의 방향을 바꿔서 답안을 쓰면 '0'점 처리됩니다.
(Please do not turn the answer sheet horizontally. No points will be given.)

한국어능력시험 답안지
TOPIK II
1 교시(듣기)

수 험 번 호

					8							
⓪	⓪	⓪	⓪	⓪		⓪	⓪	⓪	⓪	⓪	⓪	⓪
①	①	①	①	①		①	①	①	①	①	①	①
②	②	②	②	②		②	②	②	②	②	②	②
③	③	③	③	③		③	③	③	③	③	③	③
④	④	④	④	④		④	④	④	④	④	④	④
⑤	⑤	⑤	⑤	⑤	●	⑤	⑤	⑤	⑤	⑤	⑤	⑤
⑥	⑥	⑥	⑥	⑥		⑥	⑥	⑥	⑥	⑥	⑥	⑥
⑦	⑦	⑦	⑦	⑦		⑦	⑦	⑦	⑦	⑦	⑦	⑦
⑧	⑧	⑧	⑧	⑧		⑧	⑧	⑧	⑧	⑧	⑧	⑧
⑨	⑨	⑨	⑨	⑨		⑨	⑨	⑨	⑨	⑨	⑨	⑨

문제지 유형(Type)

홀수형 (Odd number type)	○
짝수형 (Even number type)	○

번호	답란			
1	①	②	③	④
2	①	②	③	④
3	①	②	③	④
4	①	②	③	④
5	①	②	③	④
6	①	②	③	④
7	①	②	③	④
8	①	②	③	④
9	①	②	③	④
10	①	②	③	④
11	①	②	③	④
12	①	②	③	④
13	①	②	③	④
14	①	②	③	④
15	①	②	③	④
16	①	②	③	④
17	①	②	③	④
18	①	②	③	④
19	①	②	③	④
20	①	②	③	④

번호	답란			
21	①	②	③	④
22	①	②	③	④
23	①	②	③	④
24	①	②	③	④
25	①	②	③	④
26	①	②	③	④
27	①	②	③	④
28	①	②	③	④
29	①	②	③	④
30	①	②	③	④
31	①	②	③	④
32	①	②	③	④
33	①	②	③	④
34	①	②	③	④
35	①	②	③	④
36	①	②	③	④
37	①	②	③	④
38	①	②	③	④
39	①	②	③	④
40	①	②	③	④

번호	답란			
41	①	②	③	④
42	①	②	③	④
43	①	②	③	④
44	①	②	③	④
45	①	②	③	④
46	①	②	③	④
47	①	②	③	④
48	①	②	③	④
49	①	②	③	④
50	①	②	③	④

한국어능력시험 답안지

TOPIK II

2 교시(읽기)

| 성명 (Name) | 한 국 어 (Korean) | |
| | 영 어 (English) | |

수험번호

번호	답 란			
1	①	②	③	④
2	①	②	③	④
3	①	②	③	④
4	①	②	③	④
5	①	②	③	④
6	①	②	③	④
7	①	②	③	④
8	①	②	③	④
9	①	②	③	④
10	①	②	③	④
11	①	②	③	④
12	①	②	③	④
13	①	②	③	④
14	①	②	③	④
15	①	②	③	④
16	①	②	③	④
17	①	②	③	④
18	①	②	③	④
19	①	②	③	④
20	①	②	③	④

번호	답 란			
21	①	②	③	④
22	①	②	③	④
23	①	②	③	④
24	①	②	③	④
25	①	②	③	④
26	①	②	③	④
27	①	②	③	④
28	①	②	③	④
29	①	②	③	④
30	①	②	③	④
31	①	②	③	④
32	①	②	③	④
33	①	②	③	④
34	①	②	③	④
35	①	②	③	④
36	①	②	③	④
37	①	②	③	④
38	①	②	③	④
39	①	②	③	④
40	①	②	③	④

번호	답 란			
41	①	②	③	④
42	①	②	③	④
43	①	②	③	④
44	①	②	③	④
45	①	②	③	④
46	①	②	③	④
47	①	②	③	④
48	①	②	③	④
49	①	②	③	④
50	①	②	③	④

문제지 유형(Type)	
홀수형 (Odd number type)	○
짝수형 (Even number type)	○

※ 결 시 확인란: 결시자의 영어 성명 및 수험번호 기재 후 표기 ○

※ 위 사항을 지키지 않아 발생하는 불이익은 응시자에게 있습니다.

※ 감독관 확인: 본인 확인 및 수험번호 표기가 정확한지 확인 (인)

수 험 번 호											
					8						

⓪	⓪	⓪	⓪	⓪		⓪	⓪	⓪	⓪	⓪	⓪
①	①	①	①	①		①	①	①	①	①	①
②	②	②	②	②		②	②	②	②	②	②
③	③	③	③	③		③	③	③	③	③	③
④	④	④	④	④		④	④	④	④	④	④
⑤	⑤	⑤	⑤	⑤		⑤	⑤	⑤	⑤	⑤	⑤
⑥	⑥	⑥	⑥	⑥		⑥	⑥	⑥	⑥	⑥	⑥
⑦	⑦	⑦	⑦	⑦		⑦	⑦	⑦	⑦	⑦	⑦
⑧	⑧	⑧	⑧	⑧	●	⑧	⑧	⑧	⑧	⑧	⑧
⑨	⑨	⑨	⑨	⑨		⑨	⑨	⑨	⑨	⑨	⑨

51
- ㉠
- ㉡

52
- ㉠
- ㉡

53
아래 빈칸에 200자에서 300자 이내로 작문하십시오(띄어쓰기 포함).
(Please write your answer below ; your answer must be between 200 and 300 letters including spaces.)

※ 54번은 뒷면에 작성하십시오(Please write your answer for question number 54 at the back).

	주관식 답란 (Answer sheet for composition)
54	아래 빈칸에 600자에서 700자 이내로 작문하십시오(띄어쓰기 포함). (Please write your answer below ; your answer must be between 600 and 700 letters including spaces.)

50

100

150

200

250

300

350

400

450

500

550

600

650

700

※ 주어진 답란의 방향을 바꿔서 답안을 쓰면 '0'점 처리됩니다.
(Please do not turn the answer sheet horizontally. No points will be given.)

한국어능력시험 답안지

TOPIK II
1 교시(듣기)

번호	답 란			
1	①	②	③	④
2	①	②	③	④
3	①	②	③	④
4	①	②	③	④
5	①	②	③	④
6	①	②	③	④
7	①	②	③	④
8	①	②	③	④
9	①	②	③	④
10	①	②	③	④
11	①	②	③	④
12	①	②	③	④
13	①	②	③	④
14	①	②	③	④
15	①	②	③	④
16	①	②	③	④
17	①	②	③	④
18	①	②	③	④
19	①	②	③	④
20	①	②	③	④

번호	답 란			
21	①	②	③	④
22	①	②	③	④
23	①	②	③	④
24	①	②	③	④
25	①	②	③	④
26	①	②	③	④
27	①	②	③	④
28	①	②	③	④
29	①	②	③	④
30	①	②	③	④
31	①	②	③	④
32	①	②	③	④
33	①	②	③	④
34	①	②	③	④
35	①	②	③	④
36	①	②	③	④
37	①	②	③	④
38	①	②	③	④
39	①	②	③	④
40	①	②	③	④

번호	답 란			
41	①	②	③	④
42	①	②	③	④
43	①	②	③	④
44	①	②	③	④
45	①	②	③	④
46	①	②	③	④
47	①	②	③	④
48	①	②	③	④
49	①	②	③	④
50	①	②	③	④

한국어능력시험 답안지

TOPIK II

2 교시(읽기)

성 명 (Name)	한 국 어 (Korean)	
	영 어 (English)	

수험번호

문제지 유형(Type)	
홀수형 (Odd number type)	○
짝수형 (Even number type)	○

※ 결 시
확인란 | 결시자의 영어 성명 및
수험번호 기재 후 표기 | ○ |

※ 위 사항을 지키지 않아 발생하는 불이익은 응시자에게 있습니다.

※ 감독관
확 인 | 본인 확인 및 수험번호
표기가 정확한지 확인 | (인) |

번호	답 란			
1	①	②	③	④
2	①	②	③	④
3	①	②	③	④
4	①	②	③	④
5	①	②	③	④
6	①	②	③	④
7	①	②	③	④
8	①	②	③	④
9	①	②	③	④
10	①	②	③	④
11	①	②	③	④
12	①	②	③	④
13	①	②	③	④
14	①	②	③	④
15	①	②	③	④
16	①	②	③	④
17	①	②	③	④
18	①	②	③	④
19	①	②	③	④
20	①	②	③	④

번호	답 란			
21	①	②	③	④
22	①	②	③	④
23	①	②	③	④
24	①	②	③	④
25	①	②	③	④
26	①	②	③	④
27	①	②	③	④
28	①	②	③	④
29	①	②	③	④
30	①	②	③	④
31	①	②	③	④
32	①	②	③	④
33	①	②	③	④
34	①	②	③	④
35	①	②	③	④
36	①	②	③	④
37	①	②	③	④
38	①	②	③	④
39	①	②	③	④
40	①	②	③	④

번호	답 란			
41	①	②	③	④
42	①	②	③	④
43	①	②	③	④
44	①	②	③	④
45	①	②	③	④
46	①	②	③	④
47	①	②	③	④
48	①	②	③	④
49	①	②	③	④
50	①	②	③	④

주관식 답안은 정해진 답란을 벗어나거나 답란을 바꿔서 쓸 경우 점수를 받을 수 없습니다.
(Answers written outside the box or in the wrong box will not be graded.)

| 51 | ㉠ |
| | ㉡ |

| 52 | ㉠ |
| | ㉡ |

53
(Please write your answer below ; your answer must be between 200 and 300 letters including spaces.)

아래 빈칸에 200자에서 300자 이내로 작문하십시오(띄어쓰기 포함).

50

100

150

200

250

300

※ 54번은 뒷면에 작성하십시오(Please write your answer for question number 54 at the back).

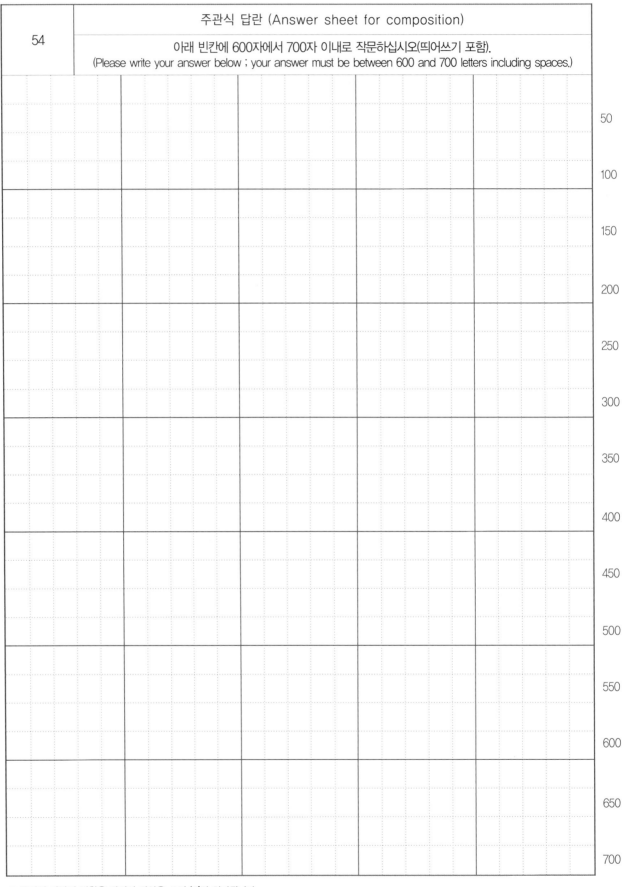

	주관식 답란 (Answer sheet for composition)
54	아래 빈칸에 600자에서 700자 이내로 작문하십시오(띄어쓰기 포함). (Please write your answer below ; your answer must be between 600 and 700 letters including spaces.)

50

100

150

200

250

300

350

400

450

500

550

600

650

700

※ 주어진 답란의 방향을 바꿔서 답안을 쓰면 '0'점 처리됩니다.
(Please do not turn the answer sheet horizontally. No points will be given.)

한국어능력시험 답안지

TOPIK II
1 교시(듣기)

성 명 (Name)	한 국 어 (Korean)	
	영 어 (English)	

수 험 번 호

8

문제지 유형(Type)	
홀수형 (Odd number type)	○
짝수형 (Even number type)	○

※ 결시
확인란 | 결시자의 영어 성명 및
수험번호 기재 후 표기 | ○ |

※ 위 사항을 지키지 않아 발생하는 불이익은 응시자에게 있습니다.

※ 감독관
확인 | 본인 확인 및 수험번호
표기가 정확한지 확인 | (인) |

번호		답 란		
1	①	②	③	④
2	①	②	③	④
3	①	②	③	④
4	①	②	③	④
5	①	②	③	④
6	①	②	③	④
7	①	②	③	④
8	①	②	③	④
9	①	②	③	④
10	①	②	③	④
11	①	②	③	④
12	①	②	③	④
13	①	②	③	④
14	①	②	③	④
15	①	②	③	④
16	①	②	③	④
17	①	②	③	④
18	①	②	③	④
19	①	②	③	④
20	①	②	③	④

번호		답 란		
21	①	②	③	④
22	①	②	③	④
23	①	②	③	④
24	①	②	③	④
25	①	②	③	④
26	①	②	③	④
27	①	②	③	④
28	①	②	③	④
29	①	②	③	④
30	①	②	③	④
31	①	②	③	④
32	①	②	③	④
33	①	②	③	④
34	①	②	③	④
35	①	②	③	④
36	①	②	③	④
37	①	②	③	④
38	①	②	③	④
39	①	②	③	④
40	①	②	③	④

번호		답 란		
41	①	②	③	④
42	①	②	③	④
43	①	②	③	④
44	①	②	③	④
45	①	②	③	④
46	①	②	③	④
47	①	②	③	④
48	①	②	③	④
49	①	②	③	④
50	①	②	③	④

절취선

한국어능력시험 답안지

TOPIK II
2 교시(읽기)

성명 (Name)	한 국 어 (Korean)	
	영 어 (English)	

수험번호

		8									
⓪	⓪	⓪	⓪	⓪	⓪		⓪	⓪	⓪	⓪	⓪
①	①	①	①	①	①		①	①	①	①	①
②	②	②	②	②	②		②	②	②	②	②
③	③	③	③	③	③		③	③	③	③	③
④	④	④	④	④	④		④	④	④	④	④
⑤	⑤	⑤	⑤	⑤	⑤		⑤	⑤	⑤	⑤	⑤
⑥	⑥	⑥	⑥	⑥	⑥		⑥	⑥	⑥	⑥	⑥
⑦	⑦	⑦	⑦	⑦	⑦		⑦	⑦	⑦	⑦	⑦
⑧	⑧	⑧	⑧	⑧	⑧	●	⑧	⑧	⑧	⑧	⑧
⑨	⑨	⑨	⑨	⑨	⑨		⑨	⑨	⑨	⑨	⑨

문제지 유형(Type)	
홀수형 (Odd number type)	○
짝수형 (Even number type)	○

※ 결 시 확인란	결시자의 영어 성명 및 수험번호 기재 후 표기	○

※ 위 사항을 지키지 않아 발생하는 불이익은 응시자에게 있습니다.

※ 감독관 확 인	본인 확인 및 수험번호 표기가 정확한지 확인	(인)

번호	답 란			
1	①	②	③	④
2	①	②	③	④
3	①	②	③	④
4	①	②	③	④
5	①	②	③	④
6	①	②	③	④
7	①	②	③	④
8	①	②	③	④
9	①	②	③	④
10	①	②	③	④
11	①	②	③	④
12	①	②	③	④
13	①	②	③	④
14	①	②	③	④
15	①	②	③	④
16	①	②	③	④
17	①	②	③	④
18	①	②	③	④
19	①	②	③	④
20	①	②	③	④

번호	답 란			
21	①	②	③	④
22	①	②	③	④
23	①	②	③	④
24	①	②	③	④
25	①	②	③	④
26	①	②	③	④
27	①	②	③	④
28	①	②	③	④
29	①	②	③	④
30	①	②	③	④
31	①	②	③	④
32	①	②	③	④
33	①	②	③	④
34	①	②	③	④
35	①	②	③	④
36	①	②	③	④
37	①	②	③	④
38	①	②	③	④
39	①	②	③	④
40	①	②	③	④

번호	답 란			
41	①	②	③	④
42	①	②	③	④
43	①	②	③	④
44	①	②	③	④
45	①	②	③	④
46	①	②	③	④
47	①	②	③	④
48	①	②	③	④
49	①	②	③	④
50	①	②	③	④

한국어능력시험 답안지

TOPIK II
1 교시(쓰기)

주관식 답안은 정해진 답란을 벗어나거나 답란을 바꿔서 쓸 경우 점수를 받을 수 없습니다.
(Answers written outside the box or in the wrong box will not be graded.)

성명 (Name)	한 국 어 (Korean)	
	영 어 (English)	

수험번호

8

문제지 유형(Type)	
홀수형 (Odd number type)	○
짝수형 (Even number type)	○

※ 결시
확인란 | 결시자의 영어 성명 및
수험번호 기재 후 표기 | ○ |

※ 위 사항을 지키지 않아 발생하는 불이익은 응시자에게 있습니다.

※ 감독관
확인 | 본인 확인 및 수험번호
표기가 정확한지 확인 | (인) |

51	㉠
	㉡

52	㉠
	㉡

53
(Please write your answer below ; your answer must be between 200 and 300 letters including spaces.)

아래 빈칸에 200자에서 300자 이내로 작문하십시오(띄어쓰기 포함).

50
100
150
200
250
300

※ 54번은 뒷면에 작성하십시오(Please write your answer for question number 54 at the back).

주관식 답란 (Answer sheet for composition)

아래 빈칸에 600자에서 700자 이내로 작문하십시오(띄어쓰기 포함).
(Please write your answer below ; your answer must be between 600 and 700 letters including spaces.)

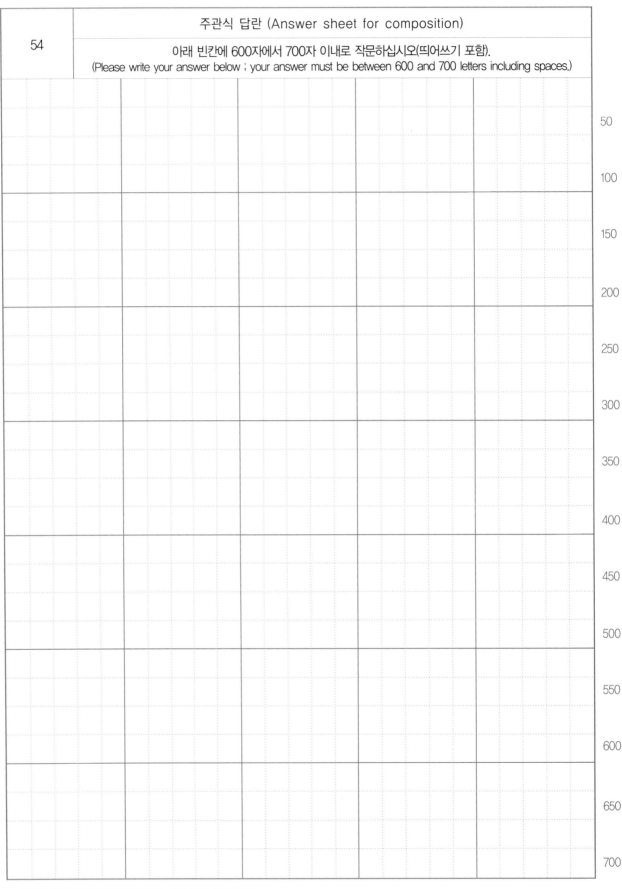

※ 주어진 답란의 방향을 바꿔서 답안을 쓰면 '0'점 처리됩니다.
(Please do not turn the answer sheet horizontally. No points will be given.)

한국어능력시험 답안지
TOPIK II
1 교시(듣기)

성명 (Name)	한 국 어 (Korean)	
	영 어 (English)	

수험번호

8

문제지 유형(Type)

홀수형 (Odd number type)	○
짝수형 (Even number type)	○

※ 결시자의 영어 성명 및 수험번호 기재 후 표기 ○

※ 위 사항을 지키지 않아 발생하는 불이익은 응시자에게 있습니다.

※ 감독관 확인	본인 확인 및 수험번호 표기가 정확한지 확인	(인)

번호	답 란
1	① ② ③ ④
2	① ② ③ ④
3	① ② ③ ④
4	① ② ③ ④
5	① ② ③ ④
6	① ② ③ ④
7	① ② ③ ④
8	① ② ③ ④
9	① ② ③ ④
10	① ② ③ ④
11	① ② ③ ④
12	① ② ③ ④
13	① ② ③ ④
14	① ② ③ ④
15	① ② ③ ④
16	① ② ③ ④
17	① ② ③ ④
18	① ② ③ ④
19	① ② ③ ④
20	① ② ③ ④

번호	답 란
21	① ② ③ ④
22	① ② ③ ④
23	① ② ③ ④
24	① ② ③ ④
25	① ② ③ ④
26	① ② ③ ④
27	① ② ③ ④
28	① ② ③ ④
29	① ② ③ ④
30	① ② ③ ④
31	① ② ③ ④
32	① ② ③ ④
33	① ② ③ ④
34	① ② ③ ④
35	① ② ③ ④
36	① ② ③ ④
37	① ② ③ ④
38	① ② ③ ④
39	① ② ③ ④
40	① ② ③ ④

번호	답 란
41	① ② ③ ④
42	① ② ③ ④
43	① ② ③ ④
44	① ② ③ ④
45	① ② ③ ④
46	① ② ③ ④
47	① ② ③ ④
48	① ② ③ ④
49	① ② ③ ④
50	① ② ③ ④

절취선

한국어능력시험 답안지

TOPIK II
2 교시(읽기)

| 성 명 (Name) | 한국어 (Korean) | |
| | 영어 (English) | |

수험번호

문제지 유형(Type)

| 홀수형 (Odd number type) | ○ |
| 짝수형 (Even number type) | ○ |

| ※ 결시 확인란 | 결시자의 영어 성명 및 수험번호 기재 후 표기 | ○ |

※ 위 사항을 지키지 않아 발생하는 불이익은 응시자에게 있습니다.

| ※ 감독관 확인 | 본인 확인 및 수험번호 표기가 정확한지 확인 | (인) |

번호	답 란			
1	①	②	③	④
2	①	②	③	④
3	①	②	③	④
4	①	②	③	④
5	①	②	③	④
6	①	②	③	④
7	①	②	③	④
8	①	②	③	④
9	①	②	③	④
10	①	②	③	④
11	①	②	③	④
12	①	②	③	④
13	①	②	③	④
14	①	②	③	④
15	①	②	③	④
16	①	②	③	④
17	①	②	③	④
18	①	②	③	④
19	①	②	③	④
20	①	②	③	④

번호	답 란			
21	①	②	③	④
22	①	②	③	④
23	①	②	③	④
24	①	②	③	④
25	①	②	③	④
26	①	②	③	④
27	①	②	③	④
28	①	②	③	④
29	①	②	③	④
30	①	②	③	④
31	①	②	③	④
32	①	②	③	④
33	①	②	③	④
34	①	②	③	④
35	①	②	③	④
36	①	②	③	④
37	①	②	③	④
38	①	②	③	④
39	①	②	③	④
40	①	②	③	④

번호	답 란			
41	①	②	③	④
42	①	②	③	④
43	①	②	③	④
44	①	②	③	④
45	①	②	③	④
46	①	②	③	④
47	①	②	③	④
48	①	②	③	④
49	①	②	③	④
50	①	②	③	④

한국어능력시험 답안지

TOPIK II
1 교시(쓰기)

| 성 명 (Name) | 한 국 어 (Korean) | |
| | 영 어 (English) | |

수 험 번 호

				8							
⓪	⓪	⓪	⓪	⓪		⓪	⓪	⓪	⓪	⓪	⓪
①	①	①	①	①		①	①	①	①	①	①
②	②	②	②	②		②	②	②	②	②	②
③	③	③	③	③		③	③	③	③	③	③
④	④	④	④	④		④	④	④	④	④	④
⑤	⑤	⑤	⑤	⑤		⑤	⑤	⑤	⑤	⑤	⑤
⑥	⑥	⑥	⑥	⑥		⑥	⑥	⑥	⑥	⑥	⑥
⑦	⑦	⑦	⑦	⑦		⑦	⑦	⑦	⑦	⑦	⑦
⑧	⑧	⑧	⑧	⑧	●	⑧	⑧	⑧	⑧	⑧	⑧
⑨	⑨	⑨	⑨	⑨		⑨	⑨	⑨	⑨	⑨	⑨

문제지 유형(Type)

홀수형 (Odd number type)	○
짝수형 (Even number type)	○

※ 감독관 확인란	결시자의 영어 성명 및 수험번호 기재 후 표기	○

※ 위 사항을 지키지 않아 발생하는 불이익은 응시자에게 있습니다.

※ 결시 확인란	본 인 확 인 및 수 험 번 호 표기가 정확한지 확인	(인)

51
ㄱ

ㄴ

52
ㄱ

ㄴ

53
(Please write your answer below ; your answer must be between 200 and 300 letters including spaces.)

아래 빈칸에 200자에서 300자 이내로 작문하십시오(띄어쓰기 포함).

50

100

150

200

250

300

※ 54번은 뒷면에 작성하십시오(Please write your answer for question number 54 at the back).

주관식 답란 (Answer sheet for composition)

아래 빈칸에 600자에서 700자 이내로 작문하십시오(띄어쓰기 포함).
(Please write your answer below ; your answer must be between 600 and 700 letters including spaces.)

50

100

150

200

250

300

350

400

450

500

550

600

650

700

※ 주어진 답란의 방향을 바꿔서 답안을 쓰면 '0'점 처리됩니다.
(Please do not turn the answer sheet horizontally. No points will be given.)

좋은 책을 만드는 길, 독자님과 함께하겠습니다.

2025 한국어능력시험 TOPIK II 실전 모의고사

개정12판1쇄 발행	2025년 02월 10일(인쇄 2024년 11월 29일)
초 판 발 행	2014년 06월 10일(인쇄 2014년 04월 21일)
발 행 인	박영일
책 임 편 집	이해욱
저 자	정은화
편 집 진 행	구설희
표지디자인	조혜령
편집디자인	홍영란 · 김휘주
그 림	전성연 · 기도연
발 행 처	(주)시대고시기획
출 판 등 록	제10-1521호
주 소	서울시 마포구 큰우물로 75 [도화동 538 성지 B/D] 9F
전 화	1600-3600
팩 스	02-701-8823
홈 페 이 지	www.sdedu.co.kr
I S B N	979-11-383-8302-8(14710)
	979-11-383-8300-4(세트)
정 가	20,000원

TOPIK 완벽 대비, 한 번에 제대로 공부하자!

TOPIK 전문 교수와 함께하는
〈토픽 I · II 한 번에 통과하기〉 무료 동영상 강의

영역별
공략 비법
➕
핵심
이론
➕
문제
풀이

강의 도서

〈TOPIK I 한 번에 통과하기〉

〈TOPIK II 한 번에 통과하기〉

※ 임준 선생님의 YouTube 채널 'TOPIK STUDY'에서도 동일한 강의가 무료로 제공
됩니다.

수강 방법

시대에듀 홈페이지(sdedu.co.kr) 접속 → 학습 자료실 →
무료 특강 → 자격증/면허증 → 언어/어학 → TOPIK 클릭 →
'TOPIK I · II 한 번에 통과하기' 클릭

자격증/면허증 > 언어/어학 > TOPIK

	TOPIK II 한 번에 통과하기!	
▶	교 수 : 임준 강의수 : 14강 수강기간 : 30일 수강료 : 0원	목차보기
▶	TOPIK I 한 번에 통과하기! 교 수 : 임준 강의수 : 9강 수강기간 : 30일 수강료 : 0원	목차보기
▶	[토픽] TOPIK 영역별 공략강의 교 수 : 임준 강의수 : 8강 수강기간 : 30일 수강료 : 0원	목차보기

※ 강의 제목 및 커리큘럼은 바뀔 수 있습니다.

진정한 한국인이 되기 위한
합격의 공식

POINT 1　어휘력 향상을 위한 가장 효율적인 방법

어휘로 기초 다지기 문법으로 실력 다지기

- 체계적으로 익히는
  쏙쏙 한국어 어휘왕 TOPIK Ⅰ · Ⅱ

- 한국어 선생님과 함께하는
  TOPIK 한국어 문법 Ⅰ · Ⅱ

POINT 2　출제 경향에 맞추어 공부하는 똑똑한 학습법

핵심 이론 실전 모의고사 최신 기출문제 수록

- 영역별 무료 동영상 강의로 공부하는
  TOPIK Ⅰ · Ⅱ 한 번에 통과하기, 실전 모의고사, 쓰기, 말하기 표현 마스터, 읽기 전략 · 쓰기 유형 · 기출 유형 문제집

- 저자만의 특별한 공식 풀이법으로 공부하는
  TOPIK Ⅰ · Ⅱ 단기완성

2025

중국, 대만, 베트남 현지 번역 출간

● 한국어능력시험

TOPIK II
실전 모의고사

Mock tests   全真模拟试题

15년 연속
시리즈
1위

IBT 시행 확대!
온라인 모의고사
쿠폰 제공

저자 정은화

토픽 II

⊕ 온라인 시험

정답 및 해설

시대에듀

PART

02

정답 및 해설

1교시	듣기	일치하는 그림이나 도표 고르기
		이어질 말 고르기
		이어질 행동 고르기
		일치하는 내용 고르기
		중심 생각 고르기
		중심 내용 고르기
		담화 상황 고르기
		담화 전후의 내용 고르기
		화자의 태도나 말하는 방식 고르기
		화자의 의도나 목적 고르기
		담화 참여자 고르기
	쓰기	빈칸에 알맞은 말 쓰기
		자료를 설명하는 글 쓰기
		주제에 대해 글 쓰기
2교시	읽기	빈칸에 알맞은 문법 고르기
		의미가 비슷한 말 고르기
		화제 고르기
		일치하는 내용 고르기
		알맞은 순서로 배열한 것 고르기
		빈칸에 알맞은 말 고르기
		신문 기사 제목의 의미 고르기
		중심 내용 고르기
		문장이 들어갈 위치 고르기
		인물의 심정 고르기
		필자의 태도 고르기
		필자의 의도나 목적 고르기

정답 및 해설

1 교시 듣기(01번~50번)

점수: ( )점/**100**점

01	02	03	04	05	06	07	08	09	10
②	④	③	③	②	①	④	③	①	②
11	12	13	14	15	16	17	18	19	20
③	④	②	④	①	③	③	④	②	①
21	22	23	24	25	26	27	28	29	30
③	②	②	④	③	①	③	④	③	①
31	32	33	34	35	36	37	38	39	40
②	②	①	④	①	③	④	②	③	②
41	42	43	44	45	46	47	48	49	50
④	①	③	④	②	④	③	③	①	②

01

여자: 과장님도 그 노트북을 쓰시네요.
남자: 네, 지난주에 새로 샀어요.
여자: 그래요? 저도 지난주에 샀는데.

'그 노트북을 쓰시네요.'라는 여자의 말에서 노트북을 사용하고 있는 남자에게 여자가 말을 거는 상황임을 알 수 있다.

02

남자: 20분밖에 안 뛰었는데 벌써 힘들어?
여자: 요즘 바빠서 운동을 거의 못 했거든.
남자: 빨리 와. 저기 편의점까지 가서 좀 쉬자.

'20분밖에 안 뛰었다'와 '저기 편의점까지 가서 좀 쉬자'는 남자의 말에서 두 사람이 조깅을 하면서 나누는 대화임을 알 수 있다.

03

남자: 올 3월 이후 제주도를 찾는 관광객 수가 계속해서 증가하고 있습니다. 관광객 수가 늘고 있는 이유로는 '산과 바다 등 다양한 경치를 즐길 수 있어서'가 가장 많았고, '음식이 맛있어서', '해외여행이 힘들어져서'가 그 뒤를 이었습니다.

'관광객 수가 늘고 있는 이유로는 산과 바다 등 다양한 경치를 즐길 수 있어서가 가장 많았고'라는 말을 통해 관광객이 증가한 첫 번째 이유가 다양한 경치 때문임을 나타내는 그래프를 찾을 수 있다.

04

> 여자: 미안해요. 병원에 다녀오느라고 늦었어요.
> 남자: 왜요? 어디 아파요?
> 여자: _____

남자가 '어디 아프냐'고 물었으니까, 어디가 아픈지 그 증상에 대해 설명하는 말이 이어지는 것이
좋다.

05

> 남자: 김밥이라도 사 가지고 올까? 배 안 고파?
> 여자: 지금 이 시간이면 가게가 다 문을 닫았을 것 같은데.
> 남자: _____

여자가 '가게가 다 문을 닫았을 것 같다'고 했으니까, 그래도 아직 문을 연 가게가 있다는 의미의 말
이 이어지는 것이 좋다.

06

> 여자: 일요일에도 도서관에 들어갈 수 있어요?
> 남자: 글쎄요, 안내문에는 그런 설명이 없어서 잘 모르겠어요.
> 여자: _____

'일요일에 도서관에 들어갈 수 있냐'는 여자의 질문에 남자가 '잘 모르겠다'고 했으니까, 자신이 전
화로 물어보겠다는 여자의 말이 이어지는 것이 자연스럽다.

07

> 남자: 방학 중 봉사 활동 신청이 내일까지라던데 신청할 거예요?
> 여자: 그래요? 어떻게 알았어요?
> 남자: _____

여자가 봉사 활동 신청에 대해 '어떻게 알았냐'고 질문했으니까, 학교 홈페이지를 통해 알게 되었다
는 말이 이어지는 것이 좋다.

08

> 남자: 선생님, 졸업식 때 발표할 내용을 정리해 봤는데요. 확인해 주시겠어요?
> 여자: 어디 볼까요? 음, 처음 인사말이 좀 긴 것 같은데요.
> 남자: _____

여자가 '인사말이 좀 긴 것 같다'고 했으니까, 인사말을 좀 더 줄이겠다는 말이 이어지는 것이 자연
스럽다.

09

> 여자: 매장에 있는 가구들이 다 특이하고 예쁘네요.
> 남자: 그렇죠? 게다가 지금 할인 행사 중이라니까 우리 이 매장에서 사요.
> 여자: 저 식탁도 괜찮네요. 제가 얼마인지 알아보고 올게요.
> 남자: 그래요, 저는 다른 행사 상품도 좀 보고 있을게요.

여자가 '얼마인지 알아보고 온다'고 했으니까, 대화 후 여자는 매장 직원에게 식탁 가격에 대해 물어볼 것이다.

10

> 여자: 저 오늘 한 시에 예약했고요. 이나영이라고 합니다.
> 남자: 네, 예약 확인되셨고요. 오늘 염색하시는 거 맞으시죠?
> 여자: 네, 그런데 어떤 색으로 할지 먼저 상담부터 좀 받으려고요.
> 남자: 알겠습니다. 그럼 저 안쪽으로 들어가 주세요.

여자가 '염색할 색깔에 대해 상담부터 받겠다'고 했으니까, 대화 후 여자는 미용실 직원과 상담을 할 것이다.

11

> 남자: 너 혹시 최근에 내 자전거 탄 적 있어?
> 여자: 아니, 왜? 무슨 문제 있어? 어, 바퀴에 바람이 거의 빠져 있네.
> 남자: 안 되겠다. 네가 근처 수리 센터 좀 알아봐 줄래?
> 여자: 알겠어. 그럼 오빠는 자전거를 밖으로 옮겨 놓고 잠깐 기다려.

남자가 여자에게 근처에 있는 수리 센터를 알아봐 달라고 했으니까, 대화 후 여자는 인터넷 등으로 수리 센터를 찾아볼 것이다.

12

> 남자: 이나영 씨, 이번 연수 때 특강을 해 주실 분은 결정됐나요?
> 여자: 네, '음식과 면역'이라는 주제로 김진성 선생님께 강의를 부탁드릴 생각인데요. 오늘 연락 드려 보려고요.
> 남자: 그럼 바로 좀 해 봐 주시겠어요? 오늘까지 전체 연수 계획을 제출해야 해서요.
> 여자: 네, 알겠습니다.

남자가 여자에게 바로 연락을 해 봐 달라고 했고 여자가 그렇게 하겠다고 했으니까, 대화 후 여자는 김 선생님에게 특강 부탁을 위해 연락을 해 볼 것이다.

13

> 여자: 전통 문화 체험 잘 다녀왔어요?
> 남자: 네, 주말마다 안동 등으로 출발하는 프로그램이 있더라고요. 외국인이라면 무료로 참가
>   할 수 있는 것도 있고요.
> 여자: 그래요? 저도 가고 싶은데 이번 달에는 시간이 안 나네요.
> 남자: 그럼 다음 달에 한번 가 보세요. 다음 달에는 서울 근교에서 하는 프로그램도 있대요.

① 남자는 주말마다 문화 체험을 하러 간다. → 주말마다 문화체험 프로그램이 있다.

③ 여자는 무료 체험이 있으면 참가하려고 한다. → 무료 체험인 경우에만 참가하려고 하는 것은 아니다.

④ 남자는 서울 근교에서 하는 체험에 참가할 것이다. → 남자는 여자에게 다음 달에 서울 근교에서 하는 프로그램에 가 보라고 했다.

14

> 남자: 출발 전 안내 말씀 드리겠습니다. 현재 우리 열차는 승객들의 건강을 위해 객실 내 마스
>   크 착용을 의무화하고 있습니다. 음식물을 드시기 위해 자리에서 마스크를 벗고 계신
>   경우에는 가능하면 다른 승객과의 대화를 줄여 주시고, 그 밖에는 대화 시에도 반드시
>   마스크를 써 주시기 바랍니다. 그럼 목적지까지 편안하고 안전한 여행 되시기 바랍니다.

① 열차 안에서는 대화를 할 수 없다. → 대화할 때 반드시 마스크를 써 달라고 했다.

② 이 열차는 현재 목적지로 가고 있다. → 열차 출발 전에 안내 방송이 나오고 있다.

③ 승객들은 열차 안에서 마스크를 사야 한다. → 이런 내용은 나오지 않으며, 열차 안에서는 마스크를 써야 한다고 했다.

15

> 남자: 서울시에서 실시하고 있는 '안심 귀가 서비스'가 내년부터 전국으로 확대된다고 합니다.
>   이것은 늦은 시간 귀가하는 여성들을 지하철역이나 버스정류장에서 집까지 데려다주는
>   것으로, 서비스 신청 방법은 간단합니다. 목적지에 도착하기 30분 전에 120번으로 전화
>   를 해서 도착할 곳과 시간을 말하고 신청하면 됩니다.

② 이 서비스는 전국적으로 실시되고 있다. → 서울시에서 실시되고 있는 서비스이며, 내년부터 전국으로 확대된다.

③ 120번에 전화를 하면 내려야 할 곳을 알려 준다. → 전화를 해서 신청자가 내려야 할 곳과 시간을 말해야 한다.

④ 이 서비스를 이용하려면 3일 전에 신청해야 한다. → 목적지에 도착하기 30분 전에 신청하면 된다.

16

> 여자: 이번에 처음으로 온라인 콘서트를 여셨는데요? 아무래도 직접 관객들을 보면서 하는 것과는 느낌이 많이 다르셨을 것 같습니다.
>
> 남자: 네, 지금은 사람들이 많이 모이는 콘서트라든지 공연 같은 것은 진행하기 어려운 상황이니까요. 어쩔 수 없는 선택이기는 했지만, 대신 관객들을 직접 마주하지 않고도 즐거움을 드릴 수 있는 새로운 방식들을 많이 찾아낸 것 같아서 보람도 컸습니다. 그래서 앞으로는 이런 시도를 더 자주 해 보려고 생각하고 있습니다.

① 남자는 계속 온라인 콘서트를 해 왔다. → 이번에 처음으로 온라인 콘서트를 열었다.
② 남자는 관객들을 직접 찾아다니고 있다. → 관객들과 직접 마주하지 않는 온라인 콘서트를 열었다.
④ 관객들은 새로운 방식의 콘서트를 원하지 않는다. → 이런 내용은 나오지 않는다.

17

> 남자: 나무가 왜 이렇게 말라 있어요? 꽃도 다 떨어지고. 관리하기 힘든 나무인가 봐요.
>
> 여자: 글쎄요, 손도 별로 안 가고, 실내에서 키우기에 좋다고 해서 샀는데……. 너무 신경을 안 썼나 봐요.
>
> 남자: 실내에서 키운다고 해도 가끔 밖에서 햇빛도 받고, 바람도 맞게 하는 게 좋은 것 같아요.

남자는 실내에서 키우는 나무라고 해도 가끔 밖에서 햇빛이나 바람을 맞게 하는 것이 좋다고 했다.

18

> 남자: 나영 씨, 요즘은 매일같이 차를 가지고 다니는 것 같아요. 전에는 운동한다고 회사까지 자주 걸어 다녔잖아요.
>
> 여자: 처음에는 일주일에 한두 번, 아침에 좀 피곤한 날만 차를 가져오려고 했는데 습관이 되니까 점점 걷는 게 귀찮아지더라고요.
>
> 남자: 따로 운동도 하지 않는다면서요? 그럼 출퇴근할 때 걷는 것만으로도 건강에 도움이 될 텐데요.

남자는 다른 운동을 하지 않더라도 출퇴근할 때 걷는 것만으로 건강에 도움이 된다고 했다.

19

> 여자: 저 카페에 가서 점심을 먹을까? 저기 빵도 팔잖아.
> 남자: 그런데 저 카페의 빵은 맛이 없더라고. 커피는 괜찮은데 말이야.
> 여자: 그럼 빵은 다른 데서 사 가지고 가서 먹자. 커피를 주문할 거니까 빵은 가져가서 먹어도
>   되지 않을까?
> 남자: 그건 안 될 것 같아. 문에 붙어 있는 안내문도 외부 음식을 가져오면 안 된다고 쓰여 있
>   잖아.

남자는 카페 안내문에 쓰여 있는 것처럼 카페에 외부 음식을 사 가지고 가는 것은 안 된다고 했다.

20

> 여자: 아이들의 심리 상담을 할 때는 어떤 부분에 더 신경을 쓰시나요?
> 남자: 아이들과 부모의 관계가 어떤지 잘 파악해야 합니다. 그래서 아이들 못지않게 부모님들
>   과도 대화를 많이 나누는데요. 보통의 경우 부모의 생각이나 태도가 바뀌면 아이들도
>   자연스럽게 바뀌기 때문입니다.

남자는 보통의 경우 부모의 생각이나 태도가 바뀌면, 아이들도 그 영향을 받아 자연스럽게 바뀐다
고 했다.

21~22

> 여자: 아무리 찾아봐도 적당한 집이 없는데 어쩌죠?
> 남자: 그럼 제 동생이 살던 집으로 이사할래요? 여러 사람들이 집을 같이 빌려서 보증금을 나
>   눠 내는 방식이라 경제적 부담도 적을 거예요.
> 여자: 동생이 얼마 전에 고향에 돌아갔다고 했죠? 그런데 잘 모르는 사람들끼리 한집에 같이
>   사는 건 좀 불편하지 않을까요? 쓸데없는 오해도 생길 수 있고요.
> 남자: 물론 불편한 점도 있겠죠. 그래도 지내다 보면 그런 공동생활의 장점도 발견하게 될 것
>   같은데요. 동생 말로는 다 비슷한 이유로 그 집에 들어왔기 때문에 조금만 친해지면 말
>   도 잘 통하고 또 서로 의지도 돼서 좋다고 하더라고요.

21 남자는 동생의 말을 인용해 지내다 보면 공동생활의 장점도 발견할 수 있을 것이라고 했다.

22 ① 남자는 얼마 전에 고향에 다녀왔다. → 남자의 동생이 얼마 전에 고향에 돌아갔다.
   ③ 여자는 남자에게 집을 구해 달라고 부탁했다. → 여자가 집을 구하는 어려움을 털어놓자 남자가
      먼저 적당한 집을 제안하며 도움을 주려고 하고 있다.
   ④ 여자는 모르는 사람들과 함께 살아 보고 싶어 한다. → 여자는 낯선 사람들과 한집에 사는 데 대
      해 여러 가지 걱정을 하고 있다.

23~24

> 남자: 여보세요. 제가 외국인등록증을 잃어버려서 다시 발급받고 싶은데요. 어떻게 하면 될까요?
> 여자: 등록증을 분실한 경우에는 14일 이내에 재발급을 받으셔야 하는데요. 먼저 가까운 경찰서에 가셔서 분실 신고서를 작성하셔야 합니다.
> 남자: 그럼 그 신고서도 가져가야 하나요? 그리고 수수료도 있다고 들었는데요.
> 여자: 네, 분실 신고서하고 여권, 사진 한 장을 챙겨 오시면 되고요. 수수료는 3만 원입니다. 그리고 재발급 신청서도 미리 작성해 오시면 좋습니다.

23 남자는 외국인등록증을 잃어버려서 다시 발급받는 방법에 대해 전화로 문의하고 있다.

24 ① 남자는 14일 전에 등록증을 잃어버렸다. → 등록증을 분실한 경우 14일 이내에 재발급을 받아야 한다.
② 경찰서에서 외국인등록증 재발급을 해 준다. → 경찰서에 가서 분실 신고서를 작성해야 한다.
③ 남자는 재발급 신청을 위해서 사진을 찍어야 한다. → 재발급 신청을 할 때 사진 한 장을 가져가야 한다.

25~26

> 여자: 최근 특별한 달력의 모델로 등장하면서 화제가 되고 있는 소방관들을 모시고 이야기 나누고 있는데요. 어떻게 달력 제작에 참여하게 되셨습니까?
> 남자: 연말을 맞아 구청에서 의미 있는 행사를 진행한다는 소식을 듣고 참여하게 되었습니다. 달력을 제작해 그 판매 수익으로 불우이웃을 돕는 행사인데요. 전에 소방서 홍보 자료에 저희가 운동하는 모습이 실린 적이 있는데, 그게 인상적이었다면서 연락을 주셨더라고요. 물론 저희가 진짜 모델들처럼 멋있게 사진을 찍을 수는 없겠지만, 중요한 건 마음을 함께하는 거라고 생각했습니다. 그래서 작게나마 도움이 필요한 분들에게 힘이 되고자 동료들과 참여하게 되었습니다.

25 남자는 마음을 함께하면 도움이 필요한 사람들에게 작은 힘이라도 될 수 있다고 생각하고 있다.

26 ② 남자는 달력의 사진 모델로 활동하고 있다. → 남자는 구청의 달력 제작 행사에 모델로 참여했으며, 직업은 소방관이다.
③ 구청에서는 매년 홍보 자료를 만들어 나누어 준다. → 소방서에서 홍보 자료를 만든다.
④ 소방서에서는 불우이웃을 돕는 행사를 할 예정이다. → 구청에서 연말을 맞아 불우이웃을 돕는 행사를 할 것이다.

27~28

> 남자: 뉴스를 보니까 정부에서 7세 미만 모든 아동에게 매월 10만 원씩 아동 수당을 지급한다던데.
>
> 여자: 그래? 아이들 양육에 대한 부담을 줄여준다는 의미에서는 잘 된 것 같은데. 이미 아동 수당이 자리를 잡은 다른 나라에 비하면 지급하는 액수가 좀 부족해 보이지만.
>
> 남자: 그런데 내 생각엔 부모 소득의 차이를 고려하지 않고 다 똑같이 10만 원씩 주는 건 공평하지 않은 것 같아. 좀 더 세심하게 기준을 정해 지급해야 하지 않을까?
>
> 여자: 글쎄, 아마 일단 해 보면서 조금씩 더 현실에 맞게 바꿔 가겠지.

27 남자는 부모 소득의 차이를 고려하지 않고 아동 수당을 다 똑같이 10만 원씩 주는 건 공평하지 않다고 말하고 있다.

28 ① 남자는 7세 미만의 아이를 키우고 있다. → 이런 내용은 나오지 않는다.
② 모든 아동은 매월 10만 원씩을 받을 수 있다. → 7세 미만 아동에게 매월 10만 원씩 지급된다.
③ 부모들은 아동 수당을 더 많이 받고 싶어 한다. → 이런 내용은 나오지 않는다.

29~30

> 여자: 선생님, 이번 공연에서는 또 새로운 작품을 선보이셨는데요. 특히 신경을 쓰신 부분은 어디입니까?
>
> 남자: 지금까지는 무대에서 춤과 음악의 조화를 통해서만 어떤 이야기를 전달하려고 해왔습니다. 그런데 이번 공연에서는 춤뿐만 아니라 의상을 통해서도 작품의 주제와 흐름을 보여주려 노력했습니다.
>
> 여자: 그렇게 하게 된 어떤 특별한 계기가 있으십니까?
>
> 남자: 이번 공연을 준비하면서 한 패션쇼를 관람할 기회가 있었는데요. 옷마다 어떤 메시지를 표현하고 있더라고요. 그래서 전통 무용과 달리 제가 추는 현대적인 춤은 보다 다양한 의상을 통해 표현될 수 있을 것이라는 생각을 하게 되었습니다.

29 남자가 대화의 마지막에 자신이 추는 현대적인 춤은 다양한 의상을 통해 표현될 수 있다고 했으므로, 현대 무용가임을 알 수 있다.

30 ② 남자는 패션쇼 무대에서 공연을 하고 싶어 한다. → 남자는 공연을 준비하면서 패션쇼를 관람한 적이 있다.
③ 패션쇼에 가면 다양한 옷을 입어볼 기회가 있다. → 이런 내용은 나오지 않는다.
④ 전통 무용에서는 관객이 원하는 옷을 입어야 한다. → 전통 무용은 다양한 의상을 통해 표현될 수 있는 현대 무용과 다르다.

31~32

> 남자: 청소년 범죄에 대한 처벌을 강화하는 방향으로 법을 개정하면 범죄를 예방하는 효과를 거둘 수 있다고 생각합니다.
>
> 여자: 청소년 범죄는 부모와 학교, 사회에 그 책임이 있다고 봅니다. 그런데 범죄를 일으킨 청소년에 대한 처벌만 강화한다고 문제를 해결할 수 있을까요?
>
> 남자: 특히 반복해서 범죄를 일으키는 청소년들을 보면 처벌이 무겁지 않다는 것을 악용하려는 생각을 가진 경우가 많다고 합니다.
>
> 여자: 글쎄요, 제 생각에는 공부와 성적만을 중요하게 여기면서 청소년들에게 과도한 스트레스를 주는 사회 분위기부터 바꿔 나가야 할 것 같은데요.

31 남자는 반복해서 범죄를 일으키는 청소년들을 보면, 처벌이 무겁지 않다는 것을 악용하려는 생각을 가진 경우가 많다고 말했다.

32 남자는 청소년 범죄에 대한 처벌을 강화하는 방향으로 법을 개정하여 적용할 것을 주장하고 있다.

33~34

> 남자: 우리 몸은 스스로를 보호하는 강한 방어 체계를 가지고 있습니다. 이런 시스템을 '면역'이라고 부르는데, 외부에 있는 병원체가 우리 몸속에 침입하면 면역 세포가 그 방어를 담당하게 됩니다. 가장 대표적인 면역 세포는 백혈구와 포식 세포입니다. 백혈구는 혈액 속에 들어 있는 세포로, 외부 물질에 대항하여 우리 몸을 보호하는 역할을 하고, 포식 세포 또한 모든 조직에 분포하면서 세균과 바이러스를 없애는 일을 합니다. 이러한 면역 세포들의 기능이 활발한 사람은 면역력이 좋아서 병원체를 효과적으로 물리칠 수 있습니다.

33 남자는 면역 세포인 백혈구와 포식 세포가 외부에서 침입한 병원체로부터 우리 몸을 보호하는 기능을 한다는 것을 설명하고 있다.

34 ① 백혈구는 모든 조직에 들어 있다. → 백혈구는 혈액 속에 들어 있다.
② 하나의 면역 세포가 하나의 병원체를 담당한다. → 이런 내용은 나오지 않는다.
③ 우리 몸의 방어 체계는 스스로 만들어지지 않는다. → 우리 몸은 스스로를 보호하는 강한 방어 체계를 가지고 있다.

35~36

> 남자: 최근 아이들의 미술 교육에 대한 부모들의 관심이 날로 높아지고 있습니다. 그림을 그리거나 다양한 재료를 가지고 무엇을 만들거나 하는 과정에서 아이들의 감각을 발달시킬 수 있을 뿐만 아니라 나아가 아이들의 정서적인 안정까지 가져올 수 있다는 이유에서인데요. 이러한 분위기와 요구에 부응하여 저희 미술관에서는 다음달부터 매달 둘째, 넷째 토요일에 미술관의 어린이 관람객을 대상으로 체험 교실을 운영하기로 했습니다. 우선 다음 달에는 나무와 흙을 이용해서 '내가 살고 싶은 집'을 만들어 보는 프로그램이 준비되어 있는데요. 미술관 관람객이라면 아이들은 물론이고 아이를 동반한 어른들도 함께 프로그램에 참가할 수 있습니다. 체험은 오전과 오후로 나누어 두 번에 걸쳐 진행될 예정이며 참여를 원하는 분들은 관람 당일 체험 시작 30분 전까지 미술관 내 체험 센터로 오시면 되겠습니다.

35 남자는 다음 달부터 미술관에서 운영하는 체험 교실의 프로그램에 대한 안내를 하고 있다.

36 ① 미술은 부모에게 배우는 것이 좋다. → 미술 교육에 대한 부모들의 관심이 높아지고 있다.
② 이 미술관에서는 토요일마다 체험 교실을 운영한다. → 매달 둘째, 넷째 토요일에만 운영한다.
④ 체험 프로그램은 미술관 근처에 있는 센터에서 진행된다. → 미술관 내 체험 센터에서 진행된다.

37~38

> 남자: 쇼핑센터 안에 이렇게 큰 도서관을 만드시게 된 이유는 무엇인가요?
> 여자: 이 도서관은 누구나 참여할 수 있는 '열린 도서관'이라는 주제를 가지고 만들어졌습니다. 또 도서관을 채우고 있는 5만 권 정도의 책도 대부분 시민들로부터 기부를 받은 것인데요. 이렇게 어떤 형태로든지 시민이 직접 참여할 수 있는 공간을 만들어 보고 싶어서, 사람들이 많이 모이는 쇼핑센터 한가운데에 도서관을 짓게 되었습니다. 그래서 이 도서관은 단순히 책을 읽는 장소의 개념을 넘어서 다양한 문화 공간으로 활용되고 있습니다. 도서관 개관 이후 지난 2년 동안 200회 정도의 강연과 공연이 열렸고, 또 이곳을 찾는 사람들은 도서관을 단순히 책만 모여 있는 공간이 아닌 예술을 향유하고 공감하는 곳으로 인식하게 되었습니다. 우리가 책을 읽는 이유도 결국은 문화를, 삶을 즐기기 위해서라고 생각하는데요. 이왕이면 누구나 자유롭게 참여할 수 있는 공간에서 보다 다양한 방식으로 그것을 즐기면 더 좋지 않을까요?

37 여자는 이 도서관이 단순히 책을 읽는 장소의 개념을 넘어서 다양한 문화 공간으로 활용되고 있으며, 그것이 바람직하다고 말하고 있다.

38 ① 도서관은 쇼핑센터 바로 옆에 있다. → 도서관은 쇼핑센터 한가운데에 지어졌다.
③ 듣고 싶은 강연이 있으면 도서관에 신청할 수 있다. → 이런 내용은 나오지 않는다.
④ 시민들은 도서관에 모여서 여러 가지 주제로 토론을 한다. → 시민들은 도서관에서 책을 읽는 것 외에 강연을 듣거나 공연을 관람할 수 있다.

39~40

> 여자: 이런 갈등은 강 하류 지역에 났던 홍수가 댐 방류량의 조절 실패로 인한 것이라는 주민들의 주장이 나오면서 시작되었는데요. 주민들은 정부 관련 기관에 그 책임을 인정하고 피해 보상에 나서줄 것을 요구하고 있다고 하죠?
>
> 남자: 네, 그렇습니다. 피해를 입은 시에서는 지난달 초 기록적 폭우가 쏟아지고 강의 둑마저 터지면서 수천억 원대의 재산 피해가 났다고 밝히고 있는데요. 이렇게까지 피해가 커진 이유는 홍수 조절보다는 각종 용수 확보에 중점을 두고 댐을 관리했기 때문이라고 주장하고 있습니다. 어쨌든 이런 갈등이 또다시 발생하지 않도록 하기 위해서는 댐 운영 규정과 물 관리 정책을 재검토할 필요가 있을 것으로 보입니다.

39 여자가 '이런 갈등은 홍수가 댐 방류량의 조절 실패로 인한 것이라는 주민들의 주장이 나오면서 시작되었다'고 말하고 있으므로, 댐 관리 기관과 주민들 사이에 갈등이 생겼다는 내용이 앞에 있어야 한다.

40 ① 댐의 가장 중요한 기능은 홍수 조절이다. → 주민들이 홍수 피해가 커진 이유는 각종 용수 확보에 중점을 두고 댐을 관리했기 때문이라고 주장하고 있다.
③ 댐을 잘 관리하려면 수천억 원의 비용이 든다. → 이번 홍수로 수천억 원대의 재산 피해가 났다.
④ 강 근처에 살고 있는 주민들은 대부분 피해를 입었다. → 강 하류 지역에 홍수가 발생했다.

41~42

> 여자: 여러분, 성공하기를 원하십니까? 그렇다면 지금 이 순간부터 최대한 자주, 그리고 가능한 한 활짝 웃으십시오. 한 조사 결과에 의하면 사람은 웃을 때 가장 아름다워 보인다고 합니다. 아름다워 보이는 사람에게는 누구나 쉽게 마음을 열기 마련이죠. 웃으면서 대화를 시작하는 사람들은 상대방의 공감을 얻어 원하는 대로 대화를 이끌어 갈 수 있고 또 큰 반발 없이 자신의 주장을 관철시킬 수도 있습니다. 어떤 상황에서의 대화든지 이렇게만 될 수 있다면 이미 성공은 맡아 놓은 셈이 아닐까요? 그러나 상대방의 호감을 살 수 있는 자연스러운 웃음은 갑자기 나오는 것이 아니기 때문에 우리는 늘 웃는 습관을 갖는 것이 중요합니다. '웃으면 복이 온다'는 옛말에서도 알 수 있듯이 행복해서 웃는 게 아니고, 웃음으로써 행복해질 수 있다는 사실을 기억하면서 오늘 하루도 웃으면서 보내시기 바랍니다.

41 여자는 성공하기를 원하면 최대한 자주, 가능한 만큼 활짝 웃으라고 했다.

42 ② 대화를 하다가 주장을 관철시키고 싶을 때 웃으면 된다. → 웃으면서 대화를 시작하면 주장을 관철시킬 수도 있다.
③ 자연스럽게 웃으려면 대화하기 전에 웃는 연습을 해야 한다. → 자연스러운 웃음은 평소 잘 웃는 습관에서 나오는 것이다.
④ '웃으면 복이 온다'는 말은 지금 이 시대에는 맞지 않는 말이다. → 이 말은 이 시대에도 통하는 말이다.

43~44

> 남자: 물고기 중에 '가시고기'라는 이름을 가진 물고기가 있다. 가시고기 암컷이 바다에서 살다가 알을 낳기 위해 하천으로 올라오면, 모든 산란 준비는 수컷의 몫이 된다. 수컷은 먼저 새끼를 키울 둥지부터 짓고 암컷이 그곳에 알을 낳을 때까지 기다린다. 그리고 암컷은 알을 낳으면 미련 없이 둥지를 떠나 버리고, 그때부터 수컷의 알 지키기가 시작된다. 수컷은 잠시도 쉬지 않고 먹지도 않고, 알을 먹기 위해 모여드는 수많은 침입자들을 물리치며 오로지 알을 지키고 키워 내는 데만 몰두한다. 알이 부화해서 새끼들이 태어난 후에도, 수컷은 부지런히 새끼들을 돌본다. 가시고기의 새끼들은 부화한 지 5일 정도가 지나면 제법 자라서 둥지를 떠나기 시작한다. 마지막 한 마리까지 새끼들을 모두 안전하게 떠나보내고, 자신의 생존을 위한 힘마저 다 써 버린 수컷은 마침내 그 자리에서 최후를 맞이하게 된다.

43 남자는 가시고기 수컷이 새끼들을 키우기 위해 모든 것을 희생하고 죽음을 맞이한다는 내용을 설명하고 있다.

44 ① 암컷과 수컷이 함께 산란 준비를 한다. → 암컷이 알을 낳기 위해 하천으로 올라오면, 모든 산란 준비는 수컷의 몫이 된다.
② 알은 작아서 침입자들의 눈에 잘 띄지 않는다. → 수많은 침입자들이 알을 먹기 위해 모여든다.
③ 암컷은 알을 낳은 후 5일이 지나면 둥지를 떠난다. → 암컷은 알을 낳으면 미련 없이 둥지를 떠나 버린다.

45~46

> 여자: 세상을 혁명적으로 바꿀 '무인자동차'에 대한 관심이 뜨거운데요. 무인자동차는 말 그대로 사람이 운전하지 않는 자동차입니다. 좀 더 구체적으로 설명하면 운전자의 지속적인 조작 없이 자율주행이 가능한 차라고 할 수 있겠습니다. 전문가들은 왜 무인자동차가 세상을 혁명적으로 바꿀 것이라고 얘기하는 걸까요? 그 이유는 바로 무인자동차에 4차 산업혁명의 핵심적인 특징, 즉 인공지능과 기계학습 등이 모두 구현될 가능성이 높기 때문입니다. 또한 무인자동차는 차량 운행의 안정성을 높여 교통사고를 크게 줄일 수도 있고 교통사고가 날 확률이 낮기 때문에 자동차에 굳이 무겁고 단단한 소재를 쓸 필요가 없게 됩니다. 가벼운 자동차는 에너지 효율성도 높으니까 따라서 무인자동차는 에너지 소비도 감소시킬 것으로 기대됩니다. 에너지 소비가 줄어들면 이산화탄소 발생을 줄여 환경오염이 줄어드는 효과도 기대할 수 있겠죠.

45 ① 무인자동차는 사람이 운전할 수 없다. → 운전할 수 없는 것은 아니고, 지속적으로 조작하지 않아도 되는 자동차이다.
③ 무인자동차를 타면 교통사고 걱정을 안 해도 된다. → 교통사고를 크게 줄일 수 있지만, 사고의 걱정을 안 해도 되는 것은 아니다.
④ 무인자동차에는 비싸고 좋은 소재를 쓸 필요가 없다. → 무겁고 단단한 소재를 쓸 필요가 없다.

46 여자는 무인자동차의 장점들을 열거하며 무인자동차가 가져올 긍정적인 변화에 대한 기대를 나타내고 있다.

47~48

> 여자: 영화나 드라마 속에서 특정 상품을 노출시켜 자연스럽게 홍보해 주는 간접 광고는 아주 오래전부터 있었다는 것이군요.
>
> 남자: 네, 간접 광고는 원래 영화 제작 때 필요한 소품을 확보하기 위해 기업에 협찬을 요청한 데서 유래했는데, 1945년 미국 영화에 등장했던 주류 제품이 그 시초라고 할 수 있습니다. 그런데 최근 갑자기 이 간접 광고가 논란이 되고 있는 이유는 몇몇 유명인들이 자신의 인터넷 방송 등에서 광고라는 사실을 숨긴 채, 협찬 받은 고가의 옷이나 신발 등을 홍보했기 때문인 것이죠. 마치 자신이 좋아서 직접 구매한 것처럼요. 그 사실을 알게 된 소비자들이 배신감을 느끼고 그 유명인들을 강하게 비판하고 있는 상황이고요. 소비자들은 아무래도 유명인들이 직접 사서 애용하고 있는 제품이라고 하니까 더 믿고 구입도 많이 했을 텐데, 결국 그런 믿음을 이용한 것이라고 생각할 수밖에 없을 것 같습니다.

47 ① 간접 광고는 최근에 시작된 것이다. → 간접 광고는 1945년 미국 영화에서부터 등장했다.
② 간접 광고의 시초는 배우가 입고 있던 옷이었다. → 간접 광고의 시초는 주류 제품이었다.
④ 간접 광고는 소비자들이 광고라는 것을 모르게 해야 한다. → 최근 몇몇 유명인들이 광고라는 사실을 숨긴 채, 방송을 통해 협찬 받은 상품을 홍보해서 논란이 되고 있다.

48 남자는 고가의 간접 광고 상품을 직접 사서 애용하고 있는 제품이라고 방송한 유명인들의 행위가 소비자들의 믿음을 이용한 것이라고 비판하고 있다.

49~50

> 남자: 영화 속에서는 종종 슈퍼맨과 같이 초인적인 영웅이 등장해서 위험에 빠진 사람들을 구해주고 아무 일도 없었다는 듯이 다시 사라지는 장면이 나옵니다. 그런데 이런 영웅들이 영화 속에만 등장하는 것은 아닌 것 같습니다. 얼마 전에 있었던 사건인데요. 화재가 발생한 5층짜리 건물에 살던 한 청년이 자신은 가장 먼저 밖으로 대피했음에도 불구하고 잠들어 있던 이웃들을 구하기 위해 다시 건물로 들어가 집집마다 초인종을 눌러 이웃 주민들을 모두 대피시킨 일이 있었습니다. 청년의 희생 덕분에 그 건물의 다른 주민들은 모두 무사할 수 있었지만 청년은 안타깝게도 유독가스를 많이 마셔서 숨지고 말았는데요. 이처럼 희생을 무릅쓰고 위험에 처한 사람들을 돕는 숨은 영웅들이 우리 주변에도 많이 있습니다. 그리고 그러한 영웅들이 결국 더욱 살 만한 세상을 만들어 가고 있는 것이고요. 우리는 희생을 잊어서는 안 되며 우리 자신도 위험에 처한 이웃들을 그냥 외면하는 일이 없도록 해야 할 것입니다.

49 ② 영화 속에서는 위험에 처할 때마다 영웅이 나타난다. → 종종 초인적인 영웅이 등장해서 위험에 빠진 사람들을 구해주고 사라진다.

③ 화재가 발생한 건물의 주민들은 모두 잠을 자고 있었다. → 화재가 발생한 건물에 살던 한 청년이 가장 먼저 밖으로 나왔다가 다시 건물 안으로 들어가 자고 있던 이웃들을 구했다.

④ 청년은 화재 현장에서 빨리 대피하지 못해 숨지고 말았다. → 청년은 화재 현장에서 가장 먼저 밖으로 대피했었다.

50 남자는 화재 현장에서 이웃들을 구하다 목숨을 잃은 한 청년의 이야기를 예로 들어, 우리 주변에서 볼 수 있는 영웅들의 희생을 잊어서는 안 된다는 점을 주장하고 있다.

❶ 교시 쓰기(51번~54번)

점수: ( )점/**100**점

문항 번호	모범 답안 및 채점 기준	배점
51	㉠: 어떻게 해야 합니까 / 어떻게 해야 됩니까 ㉡: 가야 한다고 합니다	10
52	㉠: 해결할 수 있는 것이다 / 처리할 수 있는 것이다 ㉡: 느끼게 한다 / 느끼도록 한다	10

53 [원고지 답안 예시: 262자]

	1	인		가	구	의		변	화	에		대	해		조	사	한		결
과	,	전	체		인	구		중		1	인		가	구	의		비	율	은
20	16	년	에		27	.3	%	,		20	19	년	에		30	.2	%	로	
년		만	에		약		3	%		정	도		증	가	한		것	으	로
나	타	났	다	.	연	령	에		따	른		1	인		가	구	의		비
율	은		같	은		기	간	의		변	화	를		볼		때	,	40	대
이	상	이		차	지	하	는		비	율	은		5	%		증	가	한	
반	면		30	대		이	하	는		5	%		감	소	하	였	다	.	이
중		20	세		미	만	에	서	는		1	%	의		소	폭		증	가
세	를		나	타	냈	다	.	이	와		같	이		1	인		가	구	가
변	화	한		이	유	는		결	혼	에		대	한		사	회	의		인
식	이		바	뀌	었	고		경	제	적		이	유		등	으	로		인
한		가	족		해	체		현	상	이		증	가	했	기		때	문	이
다	.																		

54 [원고지 답안 예시: 687자]

	대	화	를		하	다		보	면		오	해	가		생	기	는		경
우	가		종	종		있	다	.	보	통		자	신	의		의	견	을	
잘		전	달	하	기		위	해		애	를		쓰	다		보	면	,	사
실	과	는		다	른		방	향	으	로		표	현	되	는		경	우	가
많	기		때	문	이	다	.	이	로		인	해		때	로	는		대	화
도	중		감	정	이		격	해	지	거	나		해	서		처	음	의	
도	와		다	르	게		결	국		대	화	가		싸	움	으	로		끝
나	기	도		한	다	.	이	처	럼		상	대	방	이		감	정	적	일
때	는		원	만	한		대	화	를		하	기	가		어	렵	다	.	
바	로		이	럴		때		필	요	한		것	이		공	감	이	다	.
	일	반	적	으	로		사	람	들	은		자	신	의		생	각	이	나
욕	구	에		공	감	을		얻	으	면		감	정	이		누	그	러	지
면	서		마	음	을		열	게		된	다	.	그	리	고		그	때	부
터		온	전	한		대	화	가		시	작	된	다	고		할		수	
있	다	.	공	감	은		단	순	히		다	른		사	람	의		감	정
을		공	유	하	는		것	뿐	만	이		아	니	라		다	른		사
람	이		처	한		상	황	과		관	점	을		이	해	할		수	
있	는		해	석	이		동	반	되	어	야		한	다	.	그	러	나	
많	은		사	람	들	의		경	우	,	다	른		사	람	의		말	을
들	어	주	고		수	용	하	며		공	감	하	기	보	다		자	신	의
생	각	을		더		먼	저		강	하	게		전	달	하	여		상	대
방	을		설	득	하	고	자		한	다	.	또	한		공	감	을		하
는		경	우	에	도		상	대	방	의		이	야	기	를		제	대	로
알	려	고		하	기		전	에		짐	작	만	으	로		판	단	하	고
해	석	해	서		오	히	려		상	대	방	의		마	음	을		닫	게
하	는		경	우	도		있	다	.										
	즉		공	감	한	다	고		해	서		무	조	건		상	대	방	에
게		동	의	하	거	나		상	대	방	을		인	정	해		주	는	
것	이		아	니	라	,	잘		공	감	하	기		위	한		특	별	한
방	법	이		필	요	하	다	.	공	감	은		충	고	나		조	언	,
평	가	,	판	단		등	을		하	려	는		것	이		아	니	다	.
제	대	로		공	감	하	기		위	해	서	는		상	대	방	의		상
황	을		진	심	으	로		물	어	봐		주	고	,	또	한		그	
상	황	에	서	의		그	런		감	정	은		충	분	히		옳	다	는
데	에		공	감	을		표	현	해	야		할		것	이	다	.		

② 교시 읽기(01번~50번)

점수: (　　　)점/**100**점

01	02	03	04	05	06	07	08	09	10
③	①	④	②	④	④	③	②	③	④
11	12	13	14	15	16	17	18	19	20
③	④	①	③	②	②	①	③	③	④
21	22	23	24	25	26	27	28	29	30
②	③	①	④	③	②	①	③	③	④
31	32	33	34	35	36	37	38	39	40
②	③	①	④	④	②	②	③	②	③
41	42	43	44	45	46	47	48	49	50
①	②	④	④	③	②	④	④	①	③

01 A/V-거나: 둘 이상의 경우 중에 하나를 선택함을 나타낸다. '가거나, 갔거나'와 같은 형태로 사용되며, 미래를 나타내는 '-겠-'과는 함께 쓰이지 못한다. '-거나'는 큰 의미 차이 없이 '-든지'로 바꿔 쓸 수 있다.

02 A/V-아/어 가다: 어떤 행위나 상태, 상태 변화가 계속되거나 진행됨을 나타낸다. 예를 들어 '밤이 깊어 간다, 아빠를 점점 닮아 간다'와 같은 문장에서는 각각의 상태 변화가 진행되고 있음을 나타내며, '일이 끝나 간다, 다 먹어 간다'에서는 행위가 계속 진행되어 거의 마무리 단계에 이르렀음을 나타낸다.

03 V-기만 하면: 오직 한 가지 행동만을 하거나 어떤 상태가 지속됨을 나타내는 '-기만 하다'에 조건을 나타내는 '-면'이 결합된 형태이다. 어떤 행위를 할 때마다 항상 이어지는 뒤의 결과가 생긴다는 의미로 사용되며, 앞에 형용사가 오는 경우에는 어떤 한 가지 상태가 계속 지속됨을 나타낸다.

04 V-(으)ㄴ/는 셈이다: 결과나 상황에 대한 말하는 이의 평가로서, 실제와 비교할 때 차이가 적어서 '거의 그렇다고 말할 수 있다'는 의미를 나타낸다.

05~08 각각 '더위와 작별하다, 전화 한 통/신선함, 불씨/태우다, 안 되다/피하다' 등의 어휘나 표현을 통해 답을 유추해 낼 수 있다.

09 이번 말하기 대회는 세 번째로 열리는 것이며, 국내에 살고 있는 외국인이라면 무료로 참가할 수 있다.

10 조사 결과, 학원 수업과 공부 모임은 순위가 떨어지고 인터넷 강의가 1위로 순위가 오른 것으로 나타났다. 또한 독학의 경우에는 순위의 변동이 없었다.

11 지난해와 마찬가지로 올해도 여러 편의 한국 영화가 주목을 받았다.

12 혼자 밥을 먹으면 식사하는 동안 이야기를 나눌 상대가 없기 때문에 스마트폰이나 TV 등에 집중하게 되는 경우가 생긴다. 그러면 자신이 음식을 얼마나 먹었는지 느끼지 못하고 계속 더 먹게 돼서 결국 식사량을 조절하지 못하고 과식으로 이어질 수 있다.

16 뒤에 주로 1월부터 6월까지 명절을 비롯한 특별한 날에 많이 먹던 떡이라는 말이 있으므로, 그 앞에는 추석 때만 먹는 떡이 아니었다는 말이 연결되는 것이 적절하다.

17 문맥상 공감 능력이 떨어지는 사람이 진정한 인간관계를 맺기 힘든 이유에 대한 말이 필요하고, 앞에 '자신의 목적 달성을 위한'이라는 말이 있으므로 도구나 수단 정도로 생각하기 때문이라는 말이 들어가는 것이 적절하다.

18 앞에서 미세먼지 외에 긴 장마까지 겹치면서 공기 청정기나 건조기를 구매하는 소비자들이 증가했다는 사례가 나왔으므로, 건강에 대한 소비자들의 걱정이 늘었다는 말이 들어가는 것이 적절하다.

19 물론: 문장의 앞에 쓰여 '말할 것도 없이' 당연히 그러하다는 의미를 나타낸다.

20 강아지들은 아주 어릴 때 일반 가정에서 사람과 살아가는 법을 배우는 것을 시작으로, 정해진 교육 과정을 잘 마쳐야 안내견으로 살아갈 수 있다.

21 출근길에 길이 막혀 지각을 할 수도 있는 상황에서 초조함 등으로 인해 나올 수 있는 행동이나 상태에 대한 말이 필요하므로, '어려운 일이나 곤란한 일을 당해서 몹시 애를 쓰다'라는 의미를 가진 '진땀을 흘리다(빼다)'가 들어가는 게 적절하다.

22 재택근무를 추진하던 세계적인 기업들도 여러 문제들에 대한 우려 때문에 중도에 포기한 경우가 많다고 했다.

23 사람들이 함께 나와서 쌓인 눈을 치우다 보면, 눈 위에 남아 있던 발자국이 하나둘씩 없어지던 풍경이 아직도 생생하게 기억이 난다고 했으므로 그 시절을 그리워하고 있는 것이 적절하다.

24 요즘은 골목길에 눈이 쌓여도 사람들이 불평만 하고 치우지는 않는 경우가 많다고 했다.

28 뒤에서 기업들이 자기소개서를 통해 지원자의 특성을 파악한 후 채용할지를 결정한다고 했으므로, 자기소개서가 합격 여부를 결정할 정도로 중요하다는 말이 오는 것이 적절하다.

29 설거지는 그릇을 닦는 일을 가리키며 세제를 사용하지 않고 설거지를 하는 방법이라는 말과 동일한 의미의 말이 필요하므로, 그릇을 깨끗하게 닦는다는 말이 들어가는 것이 적절하다.

30 뒤에 하나의 덩어리로 있을 때보다 주름져 있을 때 신경 세포들이 더 많이 자리를 잡을 수 있다는 문장이 있으므로, 문맥상 많은 신경 세포들이 존재해야 한다는 이유가 들어가는 것이 적절하다.

31 앞에서 자연 친화적인 환경에서 생활할 수 있는 주거 지역이 최근 각광을 받고 있다고 했으므로, 주택을 구입할 때 기존의 조건에 친환경적 요소를 더해서 생각한다는 말이 들어가는 것이 적절하다.

32 산수화는 자연의 표현인 동시에 인간이 자연에 대해 지니고 있는 자연관의 반영이기도 하다고 했다.

33 독감은 주로 날씨가 춥고 건조한 10월부터 5월까지 발생률이 높다고 했으므로, 여름에는 발생률이 낮다는 것을 알 수 있다.

34 대안 학교의 유형 중, 교육 과정과 학교 운영이 자유롭고 일반 학교와 마찬가지로 학력을 인정받는 특성화형 대안 학교가 있다고 했다.

35 웹툰을 영화화하는 경우 원작의 스토리를 그대로 가지고 가는 게 바람직하다는 것이 이 글의 주제이다.

36 앞으로 10년 이내에 3D프린터의 대중화가 이루어질 것이므로, 3D프린터의 활용 기술을 익혀 각 가정마다 3D프린터로 생활용품을 만들어 쓰는 시대를 준비해야 한다는 것이 이 글의 주제이다.

37 화를 참기만 하는 것은 바람직하지 않으며, 이제는 건강하게 화를 내는 방법에 대해 고민하고 자신이 원하는 것을 긍정적인 방법으로 표현할 수 있도록 해야 한다는 것이 이 글의 주제이다.

38 멍때리는 행동에서 세상을 바꾼 창의적인 아이디어들이 나온 때가 많으며, 멍하게 있는 시간을 통해 생각도 정리할 수 있다는 것이 이 글의 주제이다.

42~43 김유정의 소설, 〈봄봄〉 중에서

42 내 의지나 노력으로 어떻게 할 수 없는 상황이므로, 나의 심정으로는 '답답하다'가 적절하다.

43 '나'는 처음부터 계약이 잘못되었으며, 장인과 기한을 분명하게 정하고 일을 했어야 했다고 후회하고 있다.

44 유통 기한이 얼마 남지 않아 음식 쓰레기가 될 수도 있는 식품에 대한 이야기이므로, 상품으로서의 가치를 잃어버릴 제품이라는 말이 들어가는 것이 적절하다.

45 '먹을 수 있다면 쓰레기가 아니다.'라는 인식을 바탕으로, 유통 기한이 임박한 상품에 대한 구매의 필요성 및 이점이 대두되고 있다는 것이 이 글의 주제이다.

46 국민 참여 재판제도를 통해 국민의 법적인 권리를 보장할 수 있고 판결에 대한 불신을 없앨 수도 있으며, 재판에 참여한 국민들이 사건을 파악하고 판단하는 것도 크게 어렵지 않다고 하면서 국민 참여 재판제도의 긍정적인 효과에 대한 기대를 나타내고 있다.

47 재판에 국민들이 참여하게 되면 국민의 법적인 권리를 보장할 수 있고 판결에 대한 불신을 없앨 수도 있다고 했다.

48 생체 인증 방식의 편의성으로 인해 발생할 수 있는 피해를 예방하기 위해서는 인증 절차에 대한 보완 대책이 반드시 마련되어야 한다는 것을 강하게 주장하고 있다.

49 상처, 병, 선천성 결손이 있는 사람들은 신분증이나 공인인증서 발급 등에는 문제가 없지만 생체 인증 활용에 문제가 발생하기 때문에 생체 인식이 불가능하다는 말이 들어가는 것이 적절하다.

50 생체 인증의 가장 큰 장점이 카드와 같은 다른 신분증이 필요 없다는 점이라고 했다.

정답 및 해설

❶ 교시 듣기(01번~50번)

점수: (　　　)점/**100**점

01	02	03	04	05	06	07	08	09	10
②	④	③	②	④	①	③	②	②	③
11	12	13	14	15	16	17	18	19	20
③	①	④	④	②	③	③	②	①	③
21	22	23	24	25	26	27	28	29	30
④	③	②	①	④	②	②	④	②	③
31	32	33	34	35	36	37	38	39	40
③	③	②	③	②	④	②	①	④	③
41	42	43	44	45	46	47	48	49	50
②	①	④	②	③	④	②	④	③	①

01

> 여자: 저기에 있는 편의점에서 음료수를 살까요?
> 남자: 저 앞에는 주차하기가 힘들 것 같은데요.
> 여자: 그럼 계속 가다가 다음에 보이는 곳에서 사요.

'계속 가다가 다음에 보이는 곳에서 사요.'라는 여자의 말에서 두 사람이 자동차 안에서 이야기하고 있음을 알 수 있다.

02

> 남자: 나는 다음 역에서 내리면 돼.
> 여자: 그래? 전에는 집에 갈 때 시청역에서 내렸잖아.
> 남자: 응, 지난주에 학교에서 더 가까운 곳으로 이사를 했어.

'나는 다음 역에서 내리면 돼.'라는 남자의 말에서 두 사람이 지하철 안에서 이야기하고 있는 상황임을 알 수 있다.

03

> 남자: 몇 해 전부터 '먹방' 열풍이 불고 있습니다. 먹방은 맛있게 요리를 하는 방법을 알려주거나 맛있는 음식집을 찾아가는 모습을 보여주는 프로그램인데 이제 텔레비전이나 인터넷 방송 어디에서든지 쉽게 만날 수 있게 되었습니다. 최근 몇 년간 크게 증가해 온 이러한 먹방의 열풍은 당분간 계속될 것으로 보입니다.

'최근 몇 년간 크게 증가해 온 먹방의 열풍은 당분간 계속될 것으로 보인다'는 말을 통해 음식 프로그램의 증가에 대한 내용임을 알 수 있다.

04

남자: 사라 씨, 한국어를 그렇게 잘하게 된 비결이 뭐예요?
여자: 저는 시간이 날 때마다 한국 드라마를 보곤 했어요.
남자: _____

비결을 묻는 남자의 질문에 여자가 '드라마를 보곤 했다'고 했으니까, 남자가 자신도 그렇게 해 봐야겠다는 의미의 말을 이어서 하는 것이 적절하다.

05

여자: 여보, 숙소는 예약했어요? 지난주에 한다고 했잖아요.
남자: 깜빡 잊어버렸는데 어떡하죠? 바닷가에 있는 호텔이라서 이미 다 예약이 됐을 텐데요.
여자: _____

남자가 '바닷가에 있는 호텔이라서 이미 다 예약이 됐을'거라고 했으니까, 남자가 숙소를 미리 예약하지 않은 것에 대한 여자의 불만스러운 말이 이어지는 것이 좋다.

06

여자: 제주도에 갔을 때 한라산에도 올라가 봤어요?
남자: 아니요, 꼭 가 보고 싶었는데 날씨가 안 좋아서 포기했어요.
여자: _____

남자가 '꼭 가 보고 싶었는데 날씨 때문에 못 갔다'고 했으니까, 여자가 남자의 아쉬운 마음을 위로하는 말을 하는 것이 자연스럽다.

07

남자: 나영아, 왜 갑자기 아르바이트를 하려고 해?
여자: 이번 달에 쇼핑을 많이 했더니 생활비가 벌써 다 떨어졌거든.
남자: _____

여자가 '쇼핑을 많이 해서 이제 생활비가 없다'고 했으니까, 돈을 아껴 쓰지 않은 데 대해 책망하는 남자의 말이 이어지는 것이 좋다.

08

남자: 모집 공고를 보고 전화 드렸는데요. 여기 근무 시간은 안 나와 있는데 시간이 어떻게 됩니까? 제가 오전에는 학교에 가야 해서요.
여자: 근무 시간은 아침 아홉 시부터 오후 네 시까지예요. 그럼 오전에는 일하기 힘들겠네요.
남자: _____

여자가 '그럼 오전에는 일하기 힘들겠네요'라고 했으므로, 오후만이라도 일할 수 있는지 묻는 남자의 말이 이어지는 것이 자연스럽다.

09

> 여자: 여보, 정말 혼자 만들 수 있겠어요?
> 남자: 글쎄요, 불고기는 처음이라서 자신은 없지만 한번 만들어 볼게요. 그런데 간장에 마늘도
>   넣어야 하죠?
> 여자: 그럼요. 마늘하고 야채는 냉장고에 있으니까 내가 가져다줄게요.
> 남자: 아, 마늘은 여기 있는데 이 정도만 넣으면 될 것 같아요.

남자가 '마늘은 여기에 있다'고 했으니까, 대화 후 여자는 냉장고에서 야채만 꺼내서 남자에게 가져
다줄 것이다.

10

> 여자: 어, 이 지하철 시청 방향 아니에요?
> 남자: 아니에요. 지하철을 반대로 타셨네요. 어디에 가시는데요?
> 여자: 서울역이요. 시청역에 내려서 1호선으로 갈아타면 되죠?
> 남자: 아, 그러면 다음 역에 내려서 버스를 타고 가세요. 다음 역에 내려서 밖으로 나가면 서
>   울역까지 가는 버스가 있어요.

남자가 '다음 역에 내려서 버스를 타라'고 했으니까, 대화 후 여자는 다음 역에 내려서 버스를 탈 것
이다.

11

> 여자: 진수 씨, 혹시 내일 저녁에 시간 있어요?
> 남자: 네, 괜찮아요. 무슨 일인데요?
> 여자: 나영 씨가 집들이를 하는데 진수 씨도 올 수 있는지 물어봐 달라고 해서요. 진수 씨가
>   괜찮으면 제가 나영 씨에게 알려줄게요.
> 남자: 네, 갈 수 있어요. 그럼 선물을 좀 준비해야겠네요.

여자가 '진수 씨가 괜찮으면 나영 씨에게 알려주겠다'고 했으니까, 대화 후 여자는 나영이에게 연락
해서 진수가 집들이에 갈 수 있다는 사실을 알려줄 것이다.

12

> 여자: 이상하네요. 오늘도 마리 씨가 안 왔는데요. 전화도 안 받고요.
> 남자: 아, 몰랐어요? 마리 씨는 월요일에 프랑스로 돌아갔어요. 급하게 가느라고 연락을 못 한
>   모양이네요.
> 여자: 그래요? 지난주에도 별 이야기가 없었는데 무슨 일이 있는 건 아닌지 걱정이네요. 이메
>   일은 확인하겠죠?
> 남자: 네, 그럴 것 같아요. 궁금하면 한번 연락해 보세요.

여자가 '이메일은 확인하겠죠?'라고 물었고 남자가 그럴 것 같으니 연락해 보라고 했으므로, 대화
후 여자는 마리에게 이메일을 보낼 것이다.

13

> 여자: 한국 사람들은 상대방이 밥을 먹었는지 안 먹었는지 항상 궁금한가 봐.
> 남자: 왜 그렇게 생각해?
> 여자: 한국 친구들을 만날 때마다 제일 처음 듣는 인사가 '밥 먹었어?', '밥은 잘 먹고 다니니' 같은 말이거든.
> 남자: 응, 그건 상대방한테 꼭 어떤 대답을 듣고 싶어서 하는 질문이 아니야. 그냥 상대방을 걱정해 주는 정을 그런 인사로 표현하는 거지.

① 여자는 식사를 자주 거르는 편이다. → 이런 내용은 나오지 않는다.
② 남자는 여자의 건강을 걱정하고 있다. → 한국 사람들이 상대방을 걱정해 주는 정을 '밥 먹었어?'와 같은 말로 표현한다고 했다.
③ 남자는 여자에게 질문을 많이 하는 편이다. → 이런 내용은 나오지 않는다.

14

> 여자: 여러분, 오늘 쓰기 시간에는 평소에 고마움을 전하고 싶었던 가족이나 친구 등에게 편지를 써 보도록 하겠습니다. 언제부터인가 우리는 휴대폰이라는 기계에 익숙해지면서 편지를 쓰고 받을 기회를 거의 잃어버리게 되었습니다. 물론 휴대폰을 사용하면 편리하지만, 편지를 쓰는 일도 장점이 많이 있습니다. 차분히 편지를 써 가다 보면 휴대폰의 메시지로는 전하지 못했던 진심까지 말할 수 있게 될 것입니다.

① 편지에는 좋은 소식을 쓰는 게 좋다. → 이런 내용은 나오지 않는다.
② 휴대폰으로는 감정을 전달하기가 힘들다. → 휴대폰이라고 해서 감정을 전달하기 힘든 것은 아니다.
③ 휴대폰이 없는 사람들은 편지를 써야 한다. → 수업 시간에 학생들에게 편지를 써 보도록 하고 있다.

15

> 남자: 날씨 소식입니다. 오늘 밤부터 소나기 예보가 있지만, 뜨거운 열기를 식혀주기에는 부족하겠습니다. 여전히 동해안을 제외한 전국에 35도 안팎의 무더위가 계속되겠는데요. 내일이 절기상 가을로 접어든다는 입추지만, 무더위는 당분간 계속되겠습니다. 동해안의 비는 내일 새벽까지 이어진 뒤 그치겠고, 내륙의 소나기는 내일 오전까지 계속되겠습니다.

① 올 가을에는 비가 자주 올 것이다. → 이런 내용은 나오지 않는다.
③ 소나기로 인해 날씨가 좀 시원해질 것이다. → 소나기가 내리겠지만, 뜨거운 열기를 식혀주기에는 부족할 것이다.
④ 동해안 지역에는 무더운 날씨가 계속될 것이다. → 동해안을 제외한 전국에 무더위가 계속될 것이다.

16

> 남자: 오늘은 여행자들을 위한 특별한 민박을 찾아왔습니다. 주인 아주머니시죠? 이곳에 대해 소개 좀 해 주시겠습니까?
>
> 여자: 네, 저희 집은 한국을 여행하는 외국인들을 위한 민박인데요. 두 아이가 모두 결혼을 해서 집을 떠나고 나니 아이들이 지내던 방도 비게 되고 또 저희 부부의 일거리도 찾을 겸 해서 민박을 시작하게 되었습니다. 그런데 저희 집에 묵었다가 가는 외국인들에게 한국어와 한국 요리도 가르쳐 주고 한국 여행에 대한 정보도 제공해 주기 시작하면서 저희 민박이 좀 알려지게 된 것 같습니다.

① 여행자라면 누구나 이 민박을 이용할 수 있다. → 한국을 여행하는 외국인들을 위한 민박이다.
② 주인 부부는 자녀들과 함께 민박을 운영하고 있다. → 자녀들이 모두 결혼을 해서 집을 떠난 후 민박을 시작했다.
④ 민박에서는 외국인들에게 일자리도 소개해 주고 있다. → 이런 내용은 나오지 않는다.

17

> 남자: 어젯밤 늦게까지 윗집 아이들이 뛰어다니는 소리에 잠을 못 잤더니 피곤해 죽겠어. 정말 하루 이틀도 아니고 이사를 가든지 해야지. 너희 집은 층간소음 없어?
>
> 여자: 없기는. 우리 윗집도 밤에 청소기 같은 것을 돌리곤 해서 시끄러울 때가 많아.
>
> 남자: 정말 그런 사람들은 이해할 수가 없다니까. 어떻게 공동주택에 살면서 기본적인 예의도 안 지키는지 모르겠어. 자기 가족에게는 뛰어다니거나 청소를 해도 괜찮은 시간이지만, 다른 집에는 큰 피해를 주는 일이라는 걸 알아야지.

남자는 공동주택에 살면서 밤에 청소기를 돌리는 등 기본적인 예의도 안 지키는 사람들을 이해할 수 없다고 했다.

18

> 남자: 주말에 등산 가기 싫으면 부장님에게 솔직하게 얘기하세요. 아니면 다른 핑계를 대고 거짓말이라도 하든지요.
>
> 여자: 우리 부서 직원들이 다 같이 등산하는 걸 부장님이 그렇게 좋아하시는데 어떻게 가기 싫다고 해요? 그리고 거짓말은 어떤 상황에서도 하면 안 된다고 생각해요.
>
> 남자: 살면서 거짓말을 한 번도 안 해 본 사람이 어디 있겠어요? 저는 거짓말이 때로는 사실보다 사람들의 관계나 상황을 더 좋게 만들 수도 있다고 생각해요. 다른 사람에게 피해를 주는 거짓말이 아니라면 해도 괜찮지 않을까요?

남자는 다른 사람에게 피해를 주는 거짓말이 아니라면 거짓말이 때로는 사실보다 사람들의 관계나 상황을 더 좋게 만들 수도 있다고 했다.

19

> 여자: 인터넷에서 광고를 보고 집을 구경하러 갔었는데, 실제로 보니 광고 속의 사진하고는 많이 다르더라고요.
> 남자: 맞아요. 요즘은 휴대폰의 카메라 기능도 아주 좋잖아요. 그래서 부동산에서 그 집의 실제 모습보다 더 밝고 크게 보이도록 사진을 찍어서 올리는 경우가 많대요.
> 여자: 그러니까 이제부터는 사진을 많이 올린 집은 가보지 말아야겠어요.
> 남자: 꼭 사진만 가지고 이야기할 게 아니라 광고의 내용을 모두 꼼꼼히 따져봐야죠. 광고만 믿고 집을 보러 다니다가는 아까운 시간만 버리게 될 수도 있으니까요.

남자는 인터넷에서 부동산 광고를 볼 때, 사진뿐만 아니라 광고의 내용을 모두 꼼꼼히 따져봐야 한다고 했다.

20

> 여자: 좀 더 일찍 예매했더라면 표를 살 수 있었을 텐데요. 시간도 없고 할 수 없이 나중에 인터넷으로 영화를 봐야겠네요.
> 남자: 무슨 소리예요? 영화는 극장에서 여러 사람들과 어울려 같이 웃기도 하고 울기도 하면서 봐야 재미있는 법이에요. 또 큰 화면으로 보고 큰 소리로 들어야 실감도 나고 영화를 더 잘 이해할 수 있다고요.

남자는 극장에서 여러 사람들과 어울려 같이 웃기도 하고 울기도 하면서 영화를 봐야 재미있는 법이라고 했다.

21~22

> 여자: 진수야, 너도 나영이가 유학갔다는 소식 들었어? 아무한테도 말을 안 하고 가서 다른 애들도 SNS에 올린 사진을 보고 알게 됐대.
> 남자: 그래? 나도 몰랐어. 유학 준비를 하느라고 바빴다거나 뭐 연락을 못할 만한 사정이 있었겠지. 가까운 사이라면 꼭 말하지 않아도 이해해 줄 거라고 믿는 법이니까 나영이도 그렇게 생각했을 것 같은데. 나도 당분간은 연락하지 말고 그냥 기다려봐야겠네.
> 여자: 그래도 난 좀 서운한데. 다른 사람은 몰라도 나한테는 말을 했어야 하잖아. 일단 SNS에 메시지를 남겨놔야겠어.
> 남자: 나영이 사정도 모르는데 그러지 말고 너도 좀 기다려 봐. 나영이가 괜찮아지면 먼저 연락을 하겠지.

21 남자는 가까운 사이라면 꼭 말하지 않아도 이해해 줄 거라고 믿는 법이라고 했다.

22 ① 유학을 가면 메시지를 확인하기가 힘들다. → 여자는 유학 간 친구의 SNS에 메시지를 남겨놔야겠다고 했다.
② SNS에 사진을 올리는 것은 위험한 일이다. → 여자와 다른 친구들은 SNS의 사진을 보고 친구의 유학 소식을 알게 됐다.

④ 여자는 친구에게 연락할 방법이 없어서 걱정하고 있다. → 여자가 SNS에 메시지를 남겨놔야겠다고 한 것으로 봐서 연락할 방법이 없거나 모르는 것은 아니다.

23~24

> 남자: 여보세요? 내일 저녁 일곱 시로 예약한 사람인데요. 지난번에 예약할 때 예약을 받는 직원이 바빠서 그랬는지 제 얘기를 못 알아듣고 자꾸 여러 번 묻더라고요. 그래서 예약이 맞게 됐는지 걱정이 돼서 다시 전화했어요.
> 여자: 그러셨군요. 죄송합니다. 잠깐만 기다려 주시면 예약하신 내용을 제가 보고 안내해 드리겠습니다. 금요일 저녁 일곱 시, 다섯 분이시고요. 메뉴는 갈비찜이 포함되어 있는 걸로 하셨네요.
> 남자: 맞습니다. 그런데 메뉴를 바꾸고 싶은데 인터넷에서 메뉴를 확인할 수 있나요?
> 여자: 네, 확인할 수 있습니다. 그리고 혹시 취소나 변경 사항이 있으시면 예약 두 시간 전까지 전화해 주시면 됩니다.

23 남자는 예약이 맞게 됐는지 걱정이 돼서 식당에 다시 전화를 했다.

24 ② 금요일 저녁 메뉴에는 갈비찜이 없다. → 갈비찜이 포함되어 있다.
③ 이 식당의 직원들은 한국어를 잘 모른다. → 예약할 때 직원이 남자의 말을 못 알아들었다고 했다.
④ 예약 시간 두 시간 전까지 식당에 도착해야 한다. → 예약 시간 두 시간 전까지 취소나 변경을 할 수 있다.

25~26

> 여자: 선생님께서는 문을 닫을 위기에 놓인 시골 학교를 도시의 학생들이 몰려오는 꿈의 학교로 바꾸어 놓으셨는데요. 어떻게 그런 변화가 가능하도록 만드셨는지 궁금합니다.
> 남자: 우리 학교는 방과 후에 모든 학생이 일주일에 세 시간씩 춤을 배웁니다. 분야별로 교사 다섯 명이 차례로 학교에 와서 한국 무용, 발레, 현대 무용 등을 가르치고 있죠. 또 학생이 원하면 그 분야의 교사를 초대해 가르쳐 주도록 하기도 합니다. 지난해에는 발레를 어색해하던 남학생들이 요즘 유행하는 아이돌 가수들의 춤을 배우고 싶다고 해서, 역시 그런 춤을 가르쳐 줄 수 있는 교사를 초대해 동아리를 만들어 주기도 했습니다. 이렇게 도시 학교에서 배울 수 없는 프로그램이 많다는 소문이 퍼지면서 올해 1학년만 사십 명이 입학을 했습니다. 작년보다 스물한 명이나 늘어난 숫자인데요. 이렇게 학생들이 춤을 통해 스트레스를 풀다 보면 학교 폭력도 줄고 사회성 발달에도 도움이 된다고 생각합니다.

25 남자는 학생들이 춤을 통해 스트레스를 풀다 보면 학교 폭력도 줄고 사회성 발달에도 도움이 된다고 했다.

26 ① 이 학교의 학생들은 하루에 세 시간씩 춤을 배운다. → 방과 후에 모든 학생이 일주일에 세 시간 씩 춤을 배운다.
③ 올해 이 학교의 학생 수는 작년보다 40명이나 늘었다. → 올해 1학년만 40명이 입학을 했고, 작 년보다 21명이 늘었다.
④ 남학생들은 대부분 유행하는 춤을 배우는 것을 어색해한다. → 발레를 어색해하던 남학생들이 요즘 유행하는 아이돌 가수들의 춤을 배우고 싶다고 했다.

27~28

남자: 운전면허 시험에 붙었다면서? 몇 번 만에 붙은 거야?
여자: 응, 세 번이나 떨어지고 네 번 만에 겨우 합격했어.
남자: 그럼 요즘 계속 운전 연습을 하고 있겠구나. 어때? 할 만해?
여자: 처음에는 실제로 운전을 하는 게 좀 무서웠는데, 조금씩 하다 보니까 재미도 있고 또 그 렇게 어렵지도 않더라고. 아직은 초보운전이니까 점점 더 나아지겠지 뭐.
남자: 맞아. 그래도 운전은 오래됐다고 해서 쉬운 건 아니니까 늘 조심해서 해야지. 그리고 배 울 때에는 가깝고 편한 사람한테 배우는 게 좋고. 혹시 이번 주 일요일에 시간 있어?

27 남자는 운전을 배울 때에는 가깝고 편한 사람한테 배우는 게 좋다고 하면서 여자에게 일요일에 시 간이 있는지 묻고 있다.

28 ① 운전은 하면 할수록 쉬워진다. → 운전은 오래됐다고 해서 쉬운 건 아니라고 했다.
② 여자는 운전하는 것을 싫어한다. → 조금씩 하다 보니까 재미있다고 했다.
③ 운전면허 시험은 매주 일요일에 있다. → 이런 내용은 나오지 않는다.

29~30

여자: 대부분 여자 선생님들이신데요. 혹시 일하면서 힘든 게 있으신가요?
남자: 힘든 게 전혀 없다고 하면 거짓말이겠죠. 솔직히 여자 선생님만을 선호하는 원장님들도 있어서 취업할 때에도 조금 힘들었고요. 그런데 그런 건 정말 편견인 것 같아요. 아이들 을 잘 돌보는 남자들도 많거든요.
여자: 네, 그럼 스스로 이 일을 잘 선택했다는 생각이 드실 때는 언제인가요?
남자: 글쎄요, 처음에는 서너 살짜리 아이들을 다루는 게 서툴렀지만 이제는 교사로서 제 역 할을 잘하고 있다고 생각해요. 뭘 수리해야 할 일이 생기거나 무거운 걸 옮겨야 할 때에 는 특히 제 역할이 크고요. 결국 다 아이들을 위해 필요한 일이잖아요. 요즘 청년 실업 이 심각하다고들 하는데, 아이들을 돌보는 일에 흥미가 있다면 더 많은 남성들이 이 일 에 도전해 봤으면 좋겠어요.

29 남자가 서너 살짜리 아이들을 돌보는 일을 하는 선생님이라고 했으므로, 어린이집 교사임을 알 수 있다.

30 ① 남자는 여자 선생님들과 사이가 안 좋다. → 이런 내용은 나오지 않는다.
② 여자보다 남자가 아이들을 더 잘 돌본다. → 아이들을 잘 돌보는 남자들도 많다고만 했다.
④ 남자는 이 일을 선택한 것을 후회하고 있다. → 처음에는 힘들기도 했지만 이제는 교사로서 자신의 역할을 잘하고 있다고 생각한다.

31~32

> 남자: 한국 사람들은 오래 전부터 개고기를 먹어 왔습니다. 역사적으로 보면 그럴 만한 충분한 이유도 있었고요. 그런데 보신탕 먹는 것을 무조건 나쁘게만 보는 사람들을 이해할 수가 없습니다.
> 여자: 글쎄요, 그렇지만 옛날부터 그래 왔다고 해서 무조건 한국 문화라고 할 수 있을까요? 요즘은 보신탕을 싫어해서 먹지 않는 사람이 많을뿐더러 개에 대해 느끼는 감정도 옛날하고 크게 달라졌으니까요.
> 남자: 한국에서 보양식으로 먹는 개는 따로 식용으로 키운 것이라고 합니다. 물론 이러한 시각도 앞으로는 변화가 필요하겠지만 어쨌든 보신탕을 먹어 온 것도 한국 문화의 일부로 인정해야 할 것입니다.
> 여자: 특히 여름이 되면 몸에 좋다고 해서 보신탕을 찾는 사람들이 있는데, 그것 말고도 영양가 높고 맛있는 음식이 흔해진 요즘 굳이 보신탕을 먹을 필요가 있는지 모르겠습니다. 개를 가족처럼 여기는 사람들이 날로 늘어나고 있는 만큼 보신탕 문화에 대해 좀 더 신중하게 생각해 봐야 할 것 같습니다.

31 남자는 한국에서 보양식으로 먹는 개는 따로 식용으로 키운 것이라는 점에서 보면 이것을 한국 문화의 일부로 인정해야 한다고 말했다.

32 남자는 한국 문화에 대한 이해 없이 보신탕 먹는 것을 무조건 나쁘게만 보는 사람들을 이해할 수가 없다고 하면서 근거를 들어 비판하고 있다.

33~34

> 남자: 한국에는 감자탕이라는 음식이 있습니다. 감자탕은 한국인들이 특히 저녁 회식이나 해장용으로 즐겨먹는 음식 중에 하나입니다. 감자탕은 저렴한 돼지의 등뼈와 감자, 깻잎, 마늘 등을 넣고 진하고 맵게 푹 끓여낸 음식입니다. 그런데 왜 이름이 감자탕인지 아십니까? 거기에 대해서는 두 가지의 설이 유력합니다. 한 가지는 돼지 등뼈 속에 들어 있는 척수를 감자라고도 하는데 그것 때문에 감자탕이라 부르게 됐다는 설이고, 다른 한 가지는 돼지 등뼈를 몇 부분으로 나누었을 때 감자뼈라는 부위를 넣어 끓이기 때문에 감자탕이라 부르게 됐다는 설입니다. 원래 감자탕은 값이 싸고 열량이 높아서 노동자들이 술안주로 많이 찾던 음식이었습니다. 하지만 요즘은 돼지 등뼈에 여러 가지 영양소가 풍부하다는 사실이 알려지면서, 남녀노소 누구나 좋아하는 영양식으로 인기를 끌고 있습니다.

33 남자는 음식의 이름이 왜 감자탕이 되었는지에 대한 유래를 설명하고 있다.

34 ① 한국인들은 저녁에만 감자탕을 먹는다. → 감자탕은 한국인들이 특히 저녁 회식에서 즐겨먹는 음식 중에 하나이다.
② 감자가 많이 들어가야 감자탕이 맛있어진다. → 이런 내용은 나오지 않는다.
④ 아이들은 감자탕이 맵기 때문에 별로 좋아하지 않는다. → 감자탕은 남녀노소 누구나 좋아하는 영양식으로 인기를 끌고 있다.

35~36

> 남자: 지금 이 순간에도 세계 곳곳에는 도움의 손길을 기다리는 지구촌 이웃들이 있습니다. 저희 단체는 그런 지구촌 이웃들과 발전 경험을 나누고 그들의 경제 및 사회 발전을 지원하는 활동을 벌이는 봉사 단체로서, 현재 봉사 단원을 모집 중에 있습니다. 만 20세 이상의 대한민국 국민이면 누구나 봉사 단원으로 지원할 수 있으며, 일정한 자격을 갖춘 사람에 한해서 봉사 기간이 끝난 후 저희 단체에서 인턴으로 일할 수 있는 기회도 드립니다. 저희 단체의 해외봉사단 파견 사업은 파견 지역 주민들의 생활환경 개선 및 교육, 경제적 안정에 실질적으로 많은 기여를 해 왔습니다. 봉사 활동을 통해 경험도 쌓고 큰 보람도 느끼고자 하는 분들은 이번 기회에 꼭 지원해 주시기 바랍니다.

35 남자는 봉사 활동을 통해 경험도 쌓고 큰 보람도 느끼고자 하는 사람들은 이번 기회에 꼭 지원해 주기 바란다는 이야기를 하고 있다.

36 ① 청소년들도 봉사 단원으로 지원할 수 있다. → 만 20세 이상만 지원이 가능하다.
② 봉사 단원이 되면 경제적으로 안정된 삶을 살 수 있다. → 봉사를 통해 지역 주민들의 경제적 안정에 기여할 수 있다.
③ 누구나 봉사가 끝나면 단체에서 일해 볼 기회를 얻게 된다. → 일정한 자격을 갖춘 사람에 한해서 인턴으로 일해 볼 기회를 준다.

37~38

> 남자: 회사에서 회의를 할 때 상사만 이야기를 하고 아랫사람들은 받아 적기만 하는 경우를 흔히 볼 수 있는데요. 왜 우리 문화에서 아랫사람들은 입을 다물고 있는 걸까요?
>
> 여자: 심리학에서는 그것을 침묵효과라고 부릅니다. 자신이 말을 해서 부정적인 분위기가 만들어지는 것을 기피하는 것이죠. 침묵효과는 윗사람의 권력이 센 집단에서 더 자주 발생합니다. 윗사람에게 나쁜 소식을 알리는 것이 두려워서 입을 닫아 버리는 것입니다. 그렇게 되면 위로 올라갈수록 나쁜 소식은 없고 좋은 소식만 전달됩니다. 그런데 문제는 윗사람도 알아야 하는 잘못된 일까지 침묵해 버리는 것입니다. 이렇게 집단 내 의사소통에 장애가 있으면 나중에 큰 문제가 벌어지게 됩니다.

37 여자는 집단 내 의사소통에 장애가 있으면 나중에 큰 문제가 벌어지게 된다고 했다.

38 ② 윗사람들은 글을 쓰는 것을 별로 좋아하지 않는다. → 아랫사람들이 회의 때 받아 적기만 하는 상황에 대해서만 이야기하고 있다.
③ 회의에서는 아랫사람이 먼저 말을 꺼내는 게 좋다. → 아랫사람들이 무조건 침묵해서는 안 된다고 했다.
④ 부정적인 분위기를 만드는 것은 주로 아랫사람들이다. → 아랫사람들은 자신이 말을 해서 부정적인 분위기가 만들어지는 것을 기피하는 경향이 있다고 했다.

39~40

> 여자: 이달 1일부터 커피숍 등의 매장 내에서 일회용품을 사용하는 것이 금지되고 있는데요. 현장의 반응은 어떤가요?
>
> 남자: 앞에서 말씀드린 바와 같이 우리나라가 매장 내 일회용품 사용 비율이 높은 편입니다. 그래서 아직은 직원들의 안내에도 불구하고 일회용 컵 사용을 고집하는 손님들이 많다고 합니다. 고객의 편의를 우선으로 살펴야 하는 서비스업 특성상 머그컵 사용을 강요할 수도 없을 테고요. 또 한정된 인력과 공간, 비용 부담 등의 현실적 여건도 문제가 되고 있습니다. 예를 들어 좌석이 100개인 커피숍이라고 하면, 머그컵을 크기별로 최소 100개씩은 구비해야 하는데 매장 안에 그럴만한 장소가 없다는 것이죠. 따라서 일회용품 사용에 대한 인식 변화에서부터 시작해서 앞으로 해결해야 할 문제가 많다고 봅니다.

39 남자가 '앞에서 말씀드린 바와 같이 우리나라가 매장 내 일회용품 사용 비율이 높은 편이다.'라고 말하면서 이야기를 시작하고 있다.

40 ① 대부분의 커피숍들은 좌석이 부족한 실정이다. → 좌석이 100개인 커피숍을 예로 들어 머그컵 보관 공간이 부족하다는 것을 말하고 있다.
② 손님들은 자신의 머그컵을 사용하고 싶어 한다. → 아직 일회용 컵 사용을 고집하는 손님들이 많다.
④ 직원들은 일회용 컵 금지에 대한 안내를 해 주지 않는다. → 직원들의 안내에도 불구하고 손님들이 일회용 컵을 원하고 있다.

41~42

> 여자: 자, 그럼 이 사진을 보시죠. 여기가 바로 운현궁입니다. 운현궁은 흥선대원군의 집으로 고종이 왕위에 오르기 전에 살았던 곳이기도 합니다. 규모나 격식을 따져볼 때 정말 최상급의 한옥이라고 할 수 있습니다. 한옥은 사실 양옥이 들어오면서 반대되는 개념으로 붙여진 이름인데, 온돌과 마루가 한군데 공존하는 집이라고 보면 됩니다. 한옥은 궁궐을 제외하고는 크게 화려하지는 않습니다. 하지만 집안 곳곳에서 집을 지은 사람들의 지혜와 예술성을 함께 느낄 수 있는데요. 한옥의 예술성을 보여주는 가장 중요한 세 가지는 지붕 쪽의 곡선의 미, 그리고 탁 트인 마루와 창문의 멋이라고 생각합니다. 여기 운현궁의 모습에서도 알 수 있듯이, 한옥의 지붕 끝에는 처마가 있어서 그 아름다움을 더하고 있죠. 또한 창문에는 숨 쉬는 종이라고 불리는 한지를 사용해 멋과 함께 방안 공기를 쾌적하게 유지하도록 하는 기능도 살리고 있습니다.

41 여자는 운현궁을 예로 들어 한옥의 집안 곳곳에서 집을 지은 사람들의 지혜와 예술성을 함께 느낄 수 있다고 했다.

42 ② 한옥은 공간이 다양해 양옥에 비해 살기 편하다. → 다른 나라의 집들과는 달리 온돌과 마루가 한군데 공존하는 집이라고 했다.
③ 한옥의 마루를 보면 곡선의 미를 발견할 수 있다. → 지붕을 통해 곡선의 미를 발견할 수 있다.
④ 한옥의 창문에는 한지를 사용해 화려한 느낌을 준다. → 한옥은 궁궐을 제외하고는 크게 화려하지 않다고 했다. 단지 창문에 한지를 사용하면 멋스럽고 방안 공기를 쾌적하게 유지할 수 있다고만 했다.

43~44

> 남자: 최근 정치를 하는 여성들이 많이 늘면서 예전에는 생각하지 못했던 새로운 정책들이 많이 나오고 있습니다. 보통 여성들이 남성들보다 꼼꼼하고 감수성도 풍부한 경우가 많기 때문에 국민들이 무엇을 바라고 어떤 생각을 하는지 더 잘 이해할 수 있어서 그런 것 같은데요. 앞으로도 국민들의 생활에 직접적으로 도움을 주는 실질적인 정책들이 더 많이 나올 거라 믿습니다. 그러나 인구의 절반이 여성임에도 불구하고 국회에서 활동하고 있는 여성 정치인이 열 명 중 두 명도 안 되는 현실을 감안하면 아직 '여성 정치인의 시대가 열렸다'고 말하기는 이른 감이 있습니다. 이는 여성들이 정치를 할 만한 능력이나 자질이 부족해서가 아니라 '여자가 무슨 정치냐'라는 뿌리 깊은 생각 때문에 정치에 도전하는 여성의 수 자체가 적기 때문일 텐데요. 정치에서 중요한 건 여성인지 남성인지가 아니라 그 사람의 정책과 그 사람이 걸어갈 방향입니다. 이제는 우리 모두가 여성들이 편견을 깨고 나올 수 있는 사회적 분위기를 조성해야 할 때입니다.

43 '여자가 무슨 정치냐'라는 편견을 깨는 사회적 분위기를 만들어야 한다고 했다.

44 ① 여성 인구가 남성보다 적기 때문에 → 인구의 절반이 여성이라고 말하고 있다.
③ 남성들보다 감수성이 풍부하기 때문에 → 남성들보다 감수성이 풍부하기 때문에 국민들이 무엇을 바라는지 더 잘 이해할 수 있다고 했다.
④ 정치를 할 만한 능력이 부족하기 때문에 → 능력이 부족해서가 아니라 뿌리 깊은 편견 때문에 정치에 도전하는 여성의 수가 적다고 했다.

45~46

> 여자: 2000년대에 들어서면서 급격한 고령화로 인해 치매를 앓는 노인도 증가하고 있습니다. 현재 우리나라의 치매 발병률은 노인 인구의 10%에 달하는 57만 명을 넘는 수준이고 2020년에는 80만 명, 2025년에는 100만 명을 넘을 것이라고 합니다. 그러나 최근 치매 가족의 동반 자살이 늘어나는 등 치매 노인을 부양하는 데서 비롯되는 심각한 문제들이 많이 발생하고 있는데요. 이는 치매 환자의 증가 속도에 비해 국가 정책의 대응이 늦다는 것도 큰 이유가 될 수 있겠습니다. 정부의 치매 노인을 위한 제도는 크게 사회보험제도와 국가가 직접 관리하는 제도로 구분되는데요. 현재 이러한 제도의 혜택을 받지 못하고 있는 치매 노인은 전체 치매 노인의 약 44%로 거의 절반에 이르고 있는 실정입니다. 최근 정부가 노인장기요양보험제도에서 서비스 대상을 확대하고 또한 별도로 치매특별등급제도를 도입하기 위해 시범사업을 운영 중인 것은 그나마 다행스러운 일입니다. 하지만 치매 노인이나 그 가족이 부담해야 하는 정신적, 육체적, 경제적 문제가 매우 심각하다는 점을 감안할 때 서비스의 양적 확대뿐만 아니라 질적으로도 보다 높은 수준의 서비스 제도가 마련되어야 할 것으로 보입니다.

45 ① 현재 노인 인구가 전체 인구의 10%에 달한다. → 우리나라의 치매 발병률이 노인 인구의 10%에 달한다.

② 정부는 지금까지 치매 노인 문제에 잘 대응해 왔다. → 치매 노인과 관련된 문제들이 많이 발생하고 있는데, 국가 정책의 대응이 늦는 것도 그 이유가 될 수 있다고 했다.

④ 의학 기술의 발달로 치매 발병률은 점점 낮아질 것으로 보인다. → 2020년에는 80만 명, 2025년에는 100만 명을 넘을 것이라고 했다.

46 여자는 치매 노인과 관련된 문제들과 현재 시행되고 있는 정부의 정책을 분석하며 자신의 견해를 밝히고 있다.

47~48

> 여자: 매년 증가하는 방문객으로 인해 훼손되고 있는 한라산을 보호하기 위해서 한라산 입장료가 신설된다고 하는데요. 2만 원 내외로요. 이게 효과가 있을까요?
>
> 남자: 네, 현재 무료인 입장료를 2만 원 내외로 받아야 한다는 의견이 나오면서 논란이 일고 있는데요. 한라산 자연 경관의 보전을 위해 입장료를 현실화할 필요가 있다고 느끼고 있는 것 같습니다. 실제로 한라산에서 입장료 1,600원을 받던 2006년에는 방문객 수가 74만 명 수준이었지만, 입장료가 폐지된 이후 공원 관리 능력을 넘어선 수준까지 증가한 것을 보면 입장료를 받아야 한다는 주장이 일리가 있다고 할 수 있죠. 그러나 문제는 입장료가 너무 비싸다는 의견들이 많다는 것인데요. 비싼 입장료를 받아야 관광객들도 자연스럽게 줄어들 것이고 또 징수된 입장료를 공원 관리에도 효율적으로 쓸 수 있겠지만, 논란이 계속되고 있는 만큼 여기에 대해서는 좀 더 신중한 논의가 필요할 것입니다.

47 ① 입장료를 받지 않으면 공원을 관리할 수 없다. → 징수된 입장료를 공원 관리에도 효율적으로 쓸 수 있다고 했다.

③ 방문객들은 대부분 입장료를 받으면 안 된다고 생각한다. → 입장료가 너무 비싸다는 의견들이 많다.

④ 한라산에서는 매년 방문객으로 인한 사고가 증가하고 있다. → 매년 증가하는 방문객으로 인해 자연 경관이 훼손되고 있다.

48 실제로 입장료를 받아 방문객 수가 많지 않았던 과거의 사례를 제시하면서, 입장료를 받아야 한다는 주장이 일리가 있다는 점을 설명하고 있다.

49~50

여자: 행복 호텔의 직원들은 자기 업무에 강한 책임감을 가지고 항상 자율적으로 일을 하는 것으로 유명합니다. 행복 호텔에서는 객실을 비롯한 호텔의 시설을 이용하는 고객으로부터 불편 사항이 접수되었을 때, 담당 직원이 상사에게 보고하지 않고 직접 문제를 해결하게 합니다. 그리고 상사에게는 문제가 해결된 뒤에 그 처리 과정과 결과만 보고하면 됩니다. 또 상사가 결정한 사항이라도 그때그때 고객의 편의를 위해 변경이 필요하다면 역시 담당 직원이 자신의 생각대로 변경한 뒤 사후에 보고가 될 수 있도록 합니다. 이렇게 자율적인 방식으로 직원들이 자신의 책임을 다 하고 호텔 업무의 중심이 되도록 하다 보니, 직원들 스스로 보다 높은 서비스를 제공하기 위해 노력하는 분위기가 조성된 것입니다. 그 결과 행복 호텔의 매출액은 최근 3년 동안 매년 15%씩 증가해 왔습니다. 이 사례를 통해 알 수 있듯이 기업이 직원을 신뢰하고 책임 못지않게 권한도 충분히 행사할 수 있도록 하는 것이 결국은 기업에도 도움이 된다고 할 수 있습니다.

49 ① 행복 호텔의 직원들은 유명한 사람이 많다. → 직원들은 자기 업무에 책임감을 가지고 항상 자율적으로 일을 하는 것으로 유명하다.
② 문제가 처리되면 상사에게 보고하지 않아도 된다. → 상사에게는 문제가 해결된 뒤 그 처리 과정과 결과만 보고한다.
④ 행복 호텔에서는 직원들에게 매출액의 15%를 나누어 준다. → 행복 호텔의 매출액이 최근 3년 동안 매년 15%씩 증가해 왔다.

50 여자는 행복 호텔의 사례를 통해 기업이 직원을 신뢰하고 책임 못지않게 권한도 충분히 행사할 수 있도록 하는 것이 결국은 기업에도 도움이 된다는 것을 제시하고 있다.

① 교시 쓰기(51번~54번)

점수: ( )점/**100**점

문항 번호	모범 답안 및 채점 기준	배점
51	⊙: 누구나 참여할 수 있습니다 / 누구나 회원이 될 수 있습니다	10
	ⓛ: 사진에 관심이 있으십니까 / 사진을 찍어보고 싶으십니까	
52	⊙: 정부만의 일이 아니다 / 정부만 나서서는 힘들다	10
	ⓛ: 문화재 보존을 위해 노력해야 한다 / 문화재 보존에 관심을 가져야 한다	

53 [원고지 답안 예시: 298자]

　　법무부에서 20대 이상의 남녀 1,000명을 대상으로 '사형제도가 필요한가'에 대해 조사하였다. 그 결과 '그렇다'라고 응답한 사람은 59.4%, '아니다'라고 응답한 사람은 19%였고, 그 밖의 대답이 21.6%로 나타났다. '그렇다'라고 응답한 가장 큰 이유는 심각한 범죄자를 살려 두면 다시 범죄를 저지를 것이기 때문이었으며, 사형제도가 없으면 심각한 범죄가 늘어날 것이기 때문이라는 대답이 뒤를 이었다. 반면 사형제도가 필요하지 않다는 이유로는 국가라고 해도 사람을 죽일 권리는 없다는 것이 1위를 차지했고, 잘못된 재판은 되돌릴 수 없다는 것이 그 뒤를 이었다.

54 [원고지 답안 예시: 677자]

시대가 변함에 따라 시대가 요구하는 가치와 목표 등에도 많은 변화가 생기면서 사람들의 직업관 역시 과거에 비해 크게 달라졌다.

과거에 사람들에게 직업 선택 시 중요한 기준이 되었던 것은 대부분 그 직업을 통해 얼마나 많은 돈과 명예, 권력 등을 얻을 수 있는가 하는 것이었다. 그러나 근래에 들어와서 그러한 선택 기준에 변화가 생기고 있다. 물론 전 세계적인 경제 불황과 극심한 취업난 속에 안정적이고 소득이 보장되는 직업을 선택하고자 하는 보편적인 분위기도 있지만, 요즘은 적지 않은 사람들이 무엇보다 자신의 적성에 맞는 일, 자신이 원하는 일을 찾아 직업을 선택하게 되었다.

나도 보다 안정적이고 소득이 높은 직업을 원하기는 하지만, 무엇보다 나에게 맞는 직업은 전 세계의 다양한 문화와 언어를 접하고 또 배울 수 있는 직업이다. 나는 어려서부터 해외 근무를 하시는 아버지를 따라 세계 여러 나라를 옮겨 다니며 지냈던 경험 덕분에 낯선 문화와 사람들 그리고 언어에 대해 관심을 가지게 되었고 자연스럽게 그것을 직업에까지 연결시키게 되었다.

그래서 나는 호텔리어가 되어 세계 여러 나라에 있는 호텔에서 근무해 보고 싶다. 인정받는 호텔리어가 되기 위해서는 우선 다양한 외국어를 구사할 수 있어야 하며, 고객에 대한 철저한 서비스 정신도 갖추어야 한다. 또한 다양한 문화와 그 문화 속에 살고 있는 사람들에 대한 풍부한 지식도 필요하다.

② 교시 읽기(01번~50번)　　　점수: (　　　)점/**100**점

01	02	03	04	05	06	07	08	09	10
③	④	④	①	③	②	②	①	③	④
11	12	13	14	15	16	17	18	19	20
①	④	②	②	③	①	③	④	③	④
21	22	23	24	25	26	27	28	29	30
②	③	①	③	①	④	③	②	③	②
31	32	33	34	35	36	37	38	39	40
①	④	④	①	③	③	③	②	③	④
41	42	43	44	45	46	47	48	49	50
②	④	③	①	④	②	④	④	①	②

01 A/V-든지: '무엇, 어디, 누구, 언제, 어떻게'와 함께 쓰여 어떠한 경우도 상관이 없음을 나타낼 때 사용한다.

02 V-자마자: 어떤 상황이 일어나고 바로 그 다음에 잇따라 또 다른 상황이 일어남을 나타낼 때 사용한다.

03 V-(으)ㄴ 탓에: 앞의 행동이나 상황이 원인이 되어 부정적인 결과가 생겼음을 나타낼 때 사용한다.

04 V-(으)ㄹ지도 모르다: 앞의 행동을 하게 되거나 그러한 상황이 생길 가능성이 있음을 나타낼 때 사용한다.

05~08 각각 '바르다, 신선하다/신속하다, 적정 온도/뽑아 두다, 상품/주문하다' 등의 어휘나 표현을 통해 답을 유추해 낼 수 있다.

09 박람회는 3월 1일부터 3일간 진행되며, 여러 나라의 대학을 소개하고 입학 상담을 해주는 행사가 진행된다.

10 조사 결과, 한국의 노인 인구 비율은 2030년에 이르러 20개 회원국(G20) 중 4위에 오를 것으로 전망되며, 2010년에는 2000년에 비해 그 비율은 높아졌지만 순위는 계속 10위에 머무른 것으로 나타났다.

11 할머니는 과거에 자신이 힘들 때 도움을 받은 만큼, 어렵게 공부하는 학생들을 돕기 위해 신분을 정확히 밝히지 않은 채 구청에 돈 봉투를 보냈다.

12 전통을 계속 바꿔 나가게 되면 나중에는 그 사회나 문화의 진정한 모습을 잃어버리고 말 것이라고 했다.

16 앞에서 사과를 하루에 한 개만 먹어도 의사가 필요 없다고 했으므로 건강에 좋은, 도움이 되는 식품이라는 말이 연결되는 것이 적절하다.

17 앞에서 자신의 힘으로 문제가 해결되었을 경우 많은 것을 배우고 얻게 될 수 있다고 했으므로, 그 문제를 극복하려는 마음이 필요하다는 말이 연결되는 것이 적절하다.

18 뒤에서 이러한 상태와는 달리 피로가 반복되고 지속되는 것이 만성피로라고 했으므로, 빈칸에는 일시적으로 피곤하다는 말이 들어가는 것이 적절하다.

19 그런데: 앞의 상황이나 내용과는 다른 방향으로 뒷이야기가 전개되거나 전환될 때, 앞뒤 문장을 이어주는 말로 사용한다.

20 통신 언어는 원래 인터넷에서 사용하는 말들이었는데, 요즘 젊은층에서는 일상적인 대화에서도 통신 언어를 흔히 사용하고 있다.

21 좋아하는 아이돌을 위해 자신의 이해나 득실을 신중하게 따지거나 이것저것 계산해 보지 않고, 무조건 투자를 한다는 의미의 문장이므로 빈칸에는 '앞뒤 안 재고'라는 말이 들어가야 적절하다.

22 청소년들이 좋아하는 아이돌 가수를 응원하기 위해 지하철 광고를 만드는 데에 부담이 될 만큼의 경제적인 투자를 하다 보면 부정적인 결과를 가져올 수도 있다고 했다.

23 열심히 해서 퇴근 전에 일을 끝내자는 부장님의 말을 듣고 병원에 갔다 온다고 했다가는 혼이 날까 봐 말하지 못했다.

24 참을 수 없을 만큼 머리가 아픈데도 눈치가 보여서 병원에 가기가 쉽지 않다고 했다.

28 앞에서 의식주 생활에 전혀 어려움이 없었다고 했고 뒤에서 왕들이 백성보다 오래 살았을 것이라 했으므로, 건강이나 수명과 관련하여 의료 혜택을 많이 받았을 것이라는 말이 오는 것이 적절하다.

29 스마트폰을 사용하는 동안 하게 되는 자세나 행동이므로 빈칸에는 몸을 숙여 집중하는 일이 많아졌다는 말이 적절하다.

30 앞에서 커피는 다이어트에도 효과가 있다고 했으므로 빈칸에 지방을 에너지로 변화시키는 역할을 한다는 말이 들어가는 것이 적절하다.

31 앞에 능력이 모자라다는 문장과 유사한 의미에서 연결되어야 하므로, 결점(부족한 점)이 많다는 말이 빈칸에 들어가는 것이 적절하다.

32 원래 사물이란 불교 의식에 사용되던 악기를 가리키는 말이었는데 1978년부터 지금의 악기로 연주하기 시작했다고 설명하고 있다.

33 패스트푸드가 웰빙을 생각하는 음식으로 거듭나고 있는 대표적인 예로 빵의 변화를 들고 있다.

34 그동안에는 가축 질병들이 대체로 겨울이나 봄에 발생했다가 여름이 오기 전에 잠잠해졌지만, 이제는 계절에 상관없이 위험한 질병이 됐다고 했다.

35 주식은 변동의 폭이 크고 움직임을 예상하기 어렵기 때문에 처음부터 욕심을 부리거나 급하게 달려들지 말고 신중을 기해야 한다는 것이 이 글의 주제이다.

36 동물의 몸에 씨앗을 붙여 운반하게 하면 적은 수량의 씨앗으로도 성공률이 높아서 다른 전파 방법에 비해 매우 안정적이고 경제적이라는 것이 이 글의 주제이다.

37 인간이 예술 활동에서 인공지능과 협업하는 것에 대해 우려하는 목소리도 있지만, 적절한 방향으로 진행된다면 보다 흥미롭고 다채로운 예술이 가능하다는 것이 이 글의 주제이다.

38 공감 능력을 키우는 첫 번째 방법은 다른 사람이 하는 말을 끝까지 듣는 것이며, 상대가 말을 끝내기도 전에 끼어들면 대화를 이어 나가기 힘들다는 것이 이 글의 주제이다.

42~43 계용묵의 수필, 〈구두〉 중에서

42 구두굽 소리로 인해 여자의 뒤를 쫓는 나쁜 사람으로 오해를 받고서 하는 생각이기 때문에 억울한 기분이 들 것이다.

43 여자는 남자의 구두굽에서 나는 이상한 소리로 인해 두려움을 느끼고 남자가 나쁜 짓을 하려고 자기 뒤를 따라오는 것으로 오해했다.

44 앞에서 조용한 골목길을 산책하고 한가한 시간을 즐긴다고 했으므로, 일상에서 여유를 찾고자 한다는 말이 들어가는 것이 적절하다.

45 이제는 걷기 좋은 동네가 살기 좋은 동네가 되고 있는 상황이기 때문에 걸을 수 있고 산책할 수 있는 도시로 변화해야 한다고 했다.

46 저출산이 인구 감소를 비롯해서 국가 경제에까지 부정적인 영향을 미치는 데 대해 우려를 나타내고 있다.

47 저출산의 원인으로 만혼을 꼽을 수 있는데 만혼이 증가하면 그만큼 평생 낳는 아기의 수가 감소하게 된다고 했다.

48 근로 시간 단축에 따른 여러 문제들을 제시하였으나, 그래도 근로 시간을 줄이는 것이 세계 공통의 추세가 되어 있으므로 자리를 잡을 수 있도록 모두가 지혜를 발휘해 달라고 당부하고 있다.

49 앞에서 야근과 주말 근무가 사라진 근로자의 실질 소득 감소폭이 적지 않을 것이기 때문에 그만큼 소득은 줄어들 가능성이 크다고 했으므로, 임금이 감소할 것이라는 전망이 이어지는 것이 적절하다.

50 근로 시간을 축소하는 것은 이미 세계 공통의 추세가 되어 버렸다고 했다.

정답 및 해설

01	02	03	04	05	06	07	08	09	10
②	④	③	③	④	②	①	③	②	④
11	12	13	14	15	16	17	18	19	20
③	①	④	③	④	②	②	④	③	①
21	22	23	24	25	26	27	28	29	30
②	②	①	④	②	③	③	①	②	④
31	32	33	34	35	36	37	38	39	40
③	④	②	①	③	④	③	②	③	④
41	42	43	44	45	46	47	48	49	50
③	②	②	①	②	④	③	②	①, ④	③

01

> 여자: 이거 어제 산 옷인데요.
> 남자: 네, 고객님. 무슨 문제가 있으세요?
> 여자: 집에서 다시 입어 봤는데 좀 작아서요.

'고객님'이라는 남자의 말과 '집에서 다시 입어 봤는데 좀 작아서요.'라는 여자의 말에 여자가 산 옷을 교환하러 매장으로 간 상황임을 알 수 있다.

02

> 남자: 뒷머리를 더 짧게 자르고 싶은데요.
> 여자: 그럼 이렇게 한번 해 보시면 어때요?
> 남자: 네, 좋아요. 시원해 보이네요.

남자가 '뒷머리를 더 짧게 자르고 싶다'고 했고, 그 말에 여자가 '이렇게 한번 해 보시면 어때요?'라고 권유하고 있으므로, 여자가 남자에게 머리 모양의 사진을 보여 주고 있는 상황임을 알 수 있다.

03

> 남자: 2016년 이후 1인 여행객의 수가 계속해서 증가하고 있습니다. 1인 여행객의 수가 증가하고 있는 이유로는 '일정을 마음대로 변경할 수 있어서'가 가장 많았고, '나만을 위한 시간을 보낼 수 있어서', '새로운 사람을 만날 수 있어서'가 그 뒤를 이었습니다.

'1인 여행객의 수가 증가하고 있는 이유로는 일정을 마음대로 변경할 수 있어서가 가장 많았고'라는 말을 통해 설문 조사의 결과를 나타내는 그래프를 찾을 수 있다.

04

> 여자: 오늘도 또 아침을 안 먹고 갈 거야?
> 남자: 네, 늦었어요. 학교에 가서 사 먹을게요.
> 여자: _____

여자가 '오늘도 또 아침을 안 먹고 갈 거냐'고 물었으니까, 내일부터는 아침을 먹고 갈 수 있도록 일찍 일어나라는 말이 이어지는 것이 좋다.

05

> 남자: 약은 잘 드셨죠? 기침은 좀 어떠세요?
> 여자: 낮에는 괜찮은데 아직 밤에는 기침이 나더라고요.
> 남자: _____

여자가 '아직 밤에는 기침이 난다'고 대답했으니까, 약을 더 먹어야 한다는 남자의 말이 이어지는 것이 자연스럽다.

06

> 여자: 과장님, 여름 제품의 할인 행사 계획을 세워봤는데요. 확인해 주시겠어요?
> 남자: 네, 한번 볼까요? 음, 행사 기간이 너무 짧은 것 같네요.
> 여자: _____

여자가 '행사 계획을 확인'해 달라고 했고 남자가 '행사 기간이 너무 짧다'고 했으니까, 행사 제품이 많지 않아서 그렇다는 여자의 설명이 이어지는 것이 자연스럽다.

07

> 남자: 요즘 집에서 인터넷으로 수업을 듣고 있지? 어때?
> 여자: 응, 수업 중에 컴퓨터가 자주 꺼져서 불편해.
> 남자: _____

여자가 인터넷 수업에 대한 남자의 질문에 대해 '컴퓨터가 자주 꺼져서 불편하다'고 했으니까, 컴퓨터가 고장이 난 것 같다는 남자의 의견이 이어지는 것이 좋다.

08

> 여자: 평일에는 시간이 없어서요. 주말에 찾으러 가도 될까요?
> 남자: 아, 저희가 댁으로 보내 드릴 수도 있는데요. 그렇게 해 드릴까요?
> 여자: _____

남자가 '댁으로 보내 드릴 수도 있다'고 했으니까, 집 주소를 가르쳐 주겠다는 여자의 말이 이어지는 것이 자연스럽다.

09

> 여자: 진수 씨가 다음 주까지만 근무를 한다고 하는데요.
> 남자: 그래요? 작은 파티라도 준비해야겠네요.
> 여자: 그럼 제가 식당을 좀 찾아볼까요?
> 남자: 네, 저는 진수 씨한테 연락해서 괜찮은 시간을 물어볼게요.

여자가 남자에게 '제가 식당을 좀 찾아볼까요?'라고 묻자 남자가 '네'라고 대답했으니까 대화 후 여자는 파티를 할 만한 식당을 알아볼 것이다.

10

> 여자: 다음 학기에 무슨 강의를 들을까?
> 남자: '경제의 역사'라는 강의가 인기가 많다고 하던데. 같이 들어 볼래?
> 여자: 그렇게 인기가 많은 강의라면 벌써 마감되지 않았을까?
> 남자: 조금 전에 보니까 아직 신청이 가능하던데. 바로 신청하자.

남자가 여자에게 '아직 신청이 가능하니까 바로 신청하자'고 했으니까, 대화 후 여자는 '경제의 역사'라는 강의를 듣기 위해 수강 신청을 할 것이다.

11

> 남자: 나무가 많이 자랐네요. 꽃도 많이 피었고요.
> 여자: 그렇죠? 생각보다 참 빨리 자라는 것 같아요.
> 남자: 그럼 이제 화분을 더 큰 걸로 바꿔 줘야 하지 않아요?
> 여자: 그래야겠네요. 제가 꽃가게에 갔다 올게요.

남자가 '화분을 더 큰 걸로 바꿔 줘야 한다'고 하자 여자가 꽃가게에 갔다 온다고 했으니까, 대화 후 여자는 꽃가게에 새 화분을 사러 갈 것이다.

12

> 남자: 너무 실망하지 마세요. 내년에 또 기회가 있잖아요.
> 여자: 이번에는 꼭 승진할 줄 알았거든요. 이렇게 되니까 일할 의욕이 안 생기네요.
> 남자: 기운 내세요. 그러지 말고 오늘은 좀 일찍 집에 가서 쉬는 게 어때요?
> 여자: 네, 그렇게 해야겠어요. 머리가 아파서 오후까지 일하기 힘들 것 같아요.

남자가 여자에게 '오늘은 일찍 집에 가서 쉬는 게 어때요?'라고 제안하자 여자가 그렇게 하겠다고 했으니까, 대화 후 여자는 퇴근을 하고 집에 갈 것이다.

13

> 여자: 진수야, 내일부터 방학인데 너는 봉사 활동을 하러 간다고 했지?
> 남자: 응, 그래서 내일 제주도로 갈 거야. 봉사 활동은 모레부터 시작이고.
> 여자: 제주도? 거기에서 어떤 활동을 하는데?
> 남자: 바닷가를 걸으면서 쓰레기를 줍는 활동이야. 다이빙을 할 수 있는 사람은 바닷속을 청소하기도 하고.

① 여자는 오늘부터 방학이다. → 남자는 내일부터 방학이다.
② 여자는 방학에 제주도에 간다. → 남자는 방학에 제주도에 갈 것이다.
③ 남자는 방학에 다이빙을 배울 것이다. → 다이빙을 할 수 있는 사람은 바닷속을 청소하는 봉사 활동을 할 수 있다.

14

> 남자: 승객 여러분, 우리 비행기는 승객 여러분의 건강과 안전을 위해 현재 기내에서 음료를 포함한 음식물을 제공하지 않습니다. 특별히 물이 필요하신 경우, 따로 승무원에게 말씀해 주시기 바랍니다. 또한 승무원의 허가 없이 마음대로 좌석을 옮기지 않도록 해 주십시오.

① 비행기 안에서는 물을 마실 수 없다. → 물이 필요한 경우 따로 승무원에게 말하면 된다.
② 특별한 경우에만 음식을 주문할 수 있다. → 비행기 안에서는 음식물을 제공하지 않는다.
④ 비행기 안에서는 무료로 음료를 제공하지 않는다. → 유료 또는 무료에 관계없이 비행기 안에서 음료를 제공하지 않는다.

15

> 여자: 퇴근길 교통 정보입니다. 하루 종일 서울 지역에 많은 양의 비가 내리고 있는 탓에 퇴근길이 매우 혼잡한 상황입니다. 특히 한 시간 전인 다섯 시부터 일부 도로가 물에 잠겨 통행이 금지되고 있습니다. 비는 오늘 밤늦게까지 계속되다가 그칠 것으로 보입니다.

① 서울 지역에는 물에 잠긴 곳이 없다. → 서울 지역의 일부 도로가 물에 잠겼다.
② 퇴근 시간이 되면 비가 그칠 것이다. → 비는 오늘 밤늦게까지 계속되다가 그칠 것으로 보인다.
③ 비는 한 시간 전부터 내리기 시작했다. → 하루 종일 많은 양의 비가 내리고 있다.

16

> 여자: 요즘 택배량이 너무 많이 증가해서 식사하실 시간도 부족하다고 들었는데요. 어떠신가요?
> 남자: 네, 저도 배달을 하다 보면 밥 먹을 시간을 놓치는 경우가 많습니다. 어떤 날은 식사 시간은커녕 잠잘 시간조차 부족할 정도로 바쁘기도 한데요. 그래도 얼마 전부터 택배 휴무일도 생기고 해서 앞으로 일하기가 점점 더 나아질 거라고 기대하고 있습니다.

① 남자는 택배 회사에 취업하려고 한다. → 남자는 현재 택배 회사에서 일을 하고 있다.
③ 남자는 얼마 전에 회사에 휴가를 신청했다. → 얼마 전부터 택배 휴무일이 생겼다.
④ 휴일에 택배를 보내려면 택배 회사에 직접 가야 한다. → 이런 내용은 나오지 않는다.

17

남자: 여보, 영양제를 또 먹어요? 아침에도 몇 개나 먹었잖아요.

여자: 아침에 먹은 건 비타민이고요. 이건 다른 영양제들이에요. 우리도 이제 영양제 좀 챙겨 먹여야 할 나이가 되었다고요.

남자: 그래도 너무 많이 먹는 것 같은데요. 아무리 몸에 좋은 것이라도 자기한테 맞게 적당히 먹어야죠.

남자는 아무리 몸에 좋은 것이라도 자기한테 맞게 적당히 먹어야 한다고 했다.

18

남자: 시골에 와서 살아 보니까 어때요? 도시보다 공기도 맑고 살기 좋죠?

여자: 네, 그렇기는 한데요. 편의 시설도 부족하고 특히 아이들 교육 환경 때문에 다시 도시로 이사를 갈까 생각 중이에요.

남자: 저도 그렇게 생각한 적이 있어요. 그런데 아이들이 도시에서 살 때보다 점점 더 밝고 건강해지는 걸 보고 제 생각이 틀렸다는 걸 알게 됐죠.

남자는 아이들이 도시에서 살 때보다 점점 더 밝고 건강해지는 것을 보고 도시로 이사를 하려고 했던 자신의 생각이 틀렸다는 걸 알게 됐다고 했다.

19

여자: 또 문자가 왔네. 우리 과장님은 왜 이렇게 퇴근 후에 문자를 보내는지 모르겠어.

남자: 무슨 급한 일이 있는 거 아니야? 한번 잘 확인해 봐.

여자: 아니야, 이건 그냥 습관인 것 같아. 항상 별로 급한 일도 아닌데 퇴근 후까지 문자를 보내서 일 얘기를 하더라고.

남자: 그래, 가능하면 일 얘기는 퇴근 전에 끝내는 게 좋기는 하지. 그렇지만 나도 일을 하다 보면 어쩔 수 없이 그런 경우가 생기더라고.

남자는 자신도 일을 하다 보면 어쩔 수 없이 그런 경우(퇴근 후에 일 얘기로 연락하는 경우)가 생긴다고 했다.

20

여자: 이번 영화제는 영화 관람뿐만 아니라 다양한 체험도 해 볼 수 있도록 기획돼서 주목을 받고 있는데요. 어떤 체험들을 해 볼 수 있을까요?

남자: 영화 촬영지에 가서 영화에 나오는 장면처럼 사진을 찍어 볼 수 있습니다. 또 영화제 기간 동안 지역 상인들이 참여하는 시장도 열리고요. 그래서 이번 영화제가 지역 전체의 축제가 될 수 있도록 할 생각입니다.

남자는 이번 영화제가 지역 전체의 축제가 될 수 있도록 할 생각이라고 했다.

21~22

> 남자: 최근 조사 자료를 보면 사람들이 식당을 고를 때 가장 많이 참고하는 게 이용 후기라고 해요.
> 여자: 맞아요. 그래서 식당 주인들이 손님들을 위해 직접 감사의 편지를 써서 준다든가 하면서 좋은 평가를 받으려고 애를 쓴대요.
> 남자: 물론 그렇게 하는 것도 나쁘지는 않지만 식당은 무엇보다 음식이 중요하잖아요. 식당 주인들이 그런 노력을 좀 더 맛있고 건강한 음식을 만드는 데에 써야 하지 않을까요?
> 여자: 네, 그런데 요즘은 그런 후기를 이용해서 식당에 피해를 주는 손님들도 있어서 식당 주인들이 그렇게까지 하나 봐요.

21 남자는 식당은 무엇보다 음식이 중요하다고 했다.

22 ① 손님들은 식당의 서비스에는 관심이 없다. → 이런 내용은 나오지 않는다.
③ 식당 주인들은 이용 후기에 별로 신경을 쓰지 않는다. → 식당 주인들은 이용 후기에서 좋은 평가를 받으려고 애를 쓰고 있다.
④ 손님들에게 편지를 써 주면 좋은 평가를 받을 수 있다. → 식당 주인들은 손님들에게 편지를 써 주는 등 좋은 평가를 받으려고 애를 쓰고 있다.

23~24

> 남자: 여보세요. 건강 보험 가입 내용을 확인하고 싶어서 전화 드렸는데요.
> 여자: 건강 보험 가입 내용을 확인하시려면 본인 확인 절차가 필요합니다. 먼저 생년월일을 말씀해 주시겠어요?
> 남자: 제가 아니고요. 친구가 외국인인데 가입 내용을 대신 좀 확인해 달라고 해서요.
> 여자: 전화로는 본인만 확인이 가능합니다. 인터넷으로도 가입 내용을 확인하실 수 있으니까 한번 그렇게 해 보시는 게 좋을 것 같은데요.

23 남자는 친구의 건강 보험 가입 내용을 대신 확인하기 위해 전화를 했다.

24 ① 외국인은 건강 보험에 가입할 수 없다. → 외국인 친구의 건강 보험 가입 내용을 대신 알아봐 주고 있다.
② 남자는 친구의 생년월일을 모르고 있다. → 이런 내용은 나오지 않는다.
③ 신청자 본인이 아니면 보험 가입 신청을 할 수 없다. → 가입 신청에 대한 내용은 나오지 않으며, 전화로는 본인만 확인이 가능하다고 했다.

25~26

> 여자: 최근 들어 한 가지 음식만 먹으면서 살을 빼는 다이어트가 크게 유행하고 있는데요. 이런 다이어트의 부작용은 없을까요?
>
> 남자: 네, 살을 빼기 위해 오랜 시간 동안 한 가지 음식만 먹으면 여러 가지 부작용이 나타나게 됩니다. 예를 들어 고기만 먹는 다이어트의 경우 고기를 먹고 싶은 만큼 마음껏 즐기면서 살을 뺄 수 있다는 장점 때문에 특히 젊은 여성들이 선호하고 있는데요. 장기간 계속하게 되면 혈관에 문제가 생기기도 하고 그만두었을 때 몸에 지방이 다시 빠른 속도로 쌓이게 됩니다. 한 가지 과일만 먹는 다이어트 역시 영양 부족으로 근육과 뼈가 약해지는 증상이 나타날 수 있습니다. 그러니까 건강하게 살을 빼려면 여러 음식을 조금씩 골고루 먹고 자신에게 맞는 운동을 찾아서 꾸준히 하는 것이 가장 바람직합니다.

25 남자는 건강하게 살을 빼려면 여러 가지 음식을 조금씩 골고루 먹고 자신에게 맞는 운동을 찾아서 꾸준히 하는 것이 바람직하다고 말하고 있다.

26 ① 다이어트를 하면 부작용이 생긴다. → 오랜 시간 한 가지 음식만 먹게 되면 여러 가지 부작용이 나타나게 된다.
② 젊은 여성들은 운동을 좋아하지 않는다. → 이런 내용은 나오지 않는다.
④ 음식을 조금씩만 먹으면 운동하기가 힘들어진다. → 여러 음식을 조금씩 골고루 먹으면서 운동을 꾸준히 해야 건강하게 살을 뺄 수 있다.

27~28

> 남자: 김 과장님이 주식 투자를 해서 돈을 꽤 많이 벌었다면서요? 혹시 나영 씨도 주식 투자를 해요?
>
> 여자: 아니요, 저도 관심은 있는데 아직 해 본 적은 없어요. 어떻게 해야 하는지도 잘 모르겠고 또 손해를 보게 될까 봐 걱정도 되고 해서요.
>
> 남자: 맞아요, 다른 사람들이 한다고 해서 무작정 따라 했다가는 돈만 잃어버리게 될 수도 있으니까요. 주식에 대해 잘 알고 있는 게 아니라면 차라리 안 하는 게 낫죠.
>
> 여자: 하긴 주변 사람들 중에 투자에 성공한 사람만큼 실패한 사람도 많은 것 같아요.

27 남자는 주식 투자에 대해 잘 알지도 못하면서 다른 사람을 따라서 했다가 생길 수 있는 문제에 대해 말하고 있다.

28 ② 남자는 주식 투자를 해서 돈을 많이 벌었다. → 김 과장님이 주식 투자를 해서 돈을 많이 벌었다.
③ 주식 투자를 하게 되면 처음에는 다 손해를 본다. → 이런 내용은 나오지 않는다. 보통은 성공하는 사람도 있고 실패해서 손해를 보는 사람도 있으며, 여자는 주변 사람들 중에 성공한 사람만큼 실패한 사람도 많다고 했다.
④ 요즘 직장에서는 주식 투자에 성공한 사람이 인기가 많다. → 이런 내용은 나오지 않는다.

29~30

> 여자: 사장님께서는 어떻게 커피 찌꺼기를 자원으로 재활용할 생각을 하게 되셨나요?
>
> 남자: 어느 날 뉴스에서 매년 버려지는 커피 찌꺼기가 13만 톤 정도나 된다는 말을 듣고 깜짝 놀랐는데요. 그러고 보니 저희 카페에서도 매일같이 상당한 양의 커피 찌꺼기가 그냥 버려지고 있더라고요. 사실 '찌꺼기'라고 표현하지만 그냥 원두 위에 뜨거운 물을 붓고 난 뒤에 남은 가루거든요. 그래서 여러 가지로 연구한 끝에 커피 찌꺼기를 천연 방향제로 만들어 손님들에게 무료로 나눠 드리게 된 것입니다.
>
> 여자: 커피로 만든 방향제라면 나쁜 냄새를 없애주는 건 물론이고 계속 커피 향기가 날 테니까 인기가 많을 것 같은데요.
>
> 남자: 네, 예상했던 것보다 손님들도 좋아해서 앞으로 더 다양한 커피 찌꺼기 활용 제품을 만들어 볼 생각입니다.

29 여자가 남자를 '사장님'이라고 불렀고 남자는 '저희 카페에서도'라고 했으므로, 카페를 운영하고 있는 사람임을 알 수 있다.

30 ① 커피 찌꺼기는 대부분 자원으로 활용되고 있다. → 매년 버려지는 커피 찌꺼기가 13만 톤 정도나 된다.
② 커피 찌꺼기를 사러 오는 손님들이 점점 늘고 있다. → 커피 찌꺼기로 방향제를 만들어 카페에 오는 손님들에게 무료로 나눠 준다.
③ 커피 찌꺼기를 재활용하려면 뜨거운 물이 필요하다. → 원두 위에 뜨거운 물을 붓고 난 뒤에 남은 가루를 커피 찌꺼기라고 했다.

31~32

> 여자: 이제는 우리 식탁에 자주 오르는 식재료들도 믿고 먹을 수가 없다는 소비자들의 불만이 제기되고 있는데요. 정부는 도대체 뭘 하고 있는 것인지 이해할 수가 없습니다.
>
> 남자: 글쎄요, 정부가 모든 식재료의 생산과 유통을 꼼꼼히 관리하고 심사하기에는 한계가 있다고 봅니다. 생산자들의 의식 변화도 필요하겠죠.
>
> 여자: 그렇다면 결국 정부의 관리 체계와 상관없이 생산자들이 책임을 져야 한다는 것입니까? 그렇게 하는 것은 별로 효율적이지 않다고 생각하는데요.
>
> 남자: 그건 아닙니다. 기본적으로는 정부가 관리 체계를 좀 더 강화하고 확대할 필요가 있을 것입니다. 그렇지만 생산자들 스스로 식재료를 생산하는 환경이나 과정을 엄격하게 관리하려는 노력이 더욱 중요하다는 것입니다.

31　남자는 정부가 모든 식재료의 생산과 유통을 꼼꼼히 관리하고 심사하기에는 한계가 있으므로, 생산자들의 노력이 더욱 중요하다고 말했다.

32　남자는 정부의 관리가 필요하다는 여자의 의견에 일부 동의하면서도, 여자의 생각과는 달리 생산자의 노력이 더욱 중요하다고 주장하고 있다.

33~34

> 여자: 차는 그 종류도 셀 수 없이 많을뿐더러 맛과 향기에서 각각의 독특한 특징을 가지고 있어 커피와 함께 대중의 큰 사랑을 받고 있습니다. 그런데 커피와 달리 차는 일반적으로 동양의 음료라는 인식이 있는데요. 실제적으로는 동서양을 막론하고 200여 개 국가에서 소비되고 있습니다. 그 이유는 아마 맛도 맛이지만 차마다 그 나름의 효능이 있기 때문이 아닐까 합니다. 역사적으로도 여러 의학서에서 차의 약효를 극찬한 바가 있고요. 이 의학서들에 따르면 다양한 차 속에는 500가지가 넘는 성분들이 들어 있는데, 이러한 성분들은 암이나 당뇨와 같은 질병의 예방, 혈액 순환 촉진, 체중 조절 등에 매우 효과가 있다고 합니다.

33　여자는 차가 질병의 예방이나 혈액 순환 촉진, 체중 조절 등에 효과가 있다는 것을 설명하고 있다.

34　② 차는 병원에서 약 대신 사용되기도 한다. → 역사적으로 여러 의학서에서 차의 약효를 극찬한 바 있다.
　　③ 동양에서는 커피보다 차의 소비량이 많다. → 이런 내용은 나오지 않는다.
　　④ 차의 성분 중에는 건강에 악영향을 미치는 것도 있다. → 차의 성분들이 질병의 예방 등에 효과가 있어 건강에 도움이 된다.

35~36

> 남자: 최근 우리 지역에 쓰레기 매립장을 건립하는 것에 대해 반대하는 시위가 이어지고 있습니다. 이와 동시에 우리 지역 개발에 도움이 될 것으로 보이는 법원과 같은 기관은 유치하게 해 달라는 시위도 벌어지고 있습니다. 이처럼 자신들이 살고 있는 지역에 위험 시설이 들어오는 것을 거부하는 '님비 현상'이나, 또는 그 반대의 현상이 나타나고 있는 것을 이해하지 못하는 것은 아닙니다. 그러나 우리 사회가 그러한 지역 이기주의로 가득 찬다면 시급한 공공사업조차 할 수 없게 될 것이며 결국 그 시설이나 기관을 통해 얻을 수 있는 혜택을 아무도 누릴 수 없게 될 것입니다. 따라서 모두가 조금만 더 깊게 생각하고 양보해서 쓰레기 매립장의 건립이 원만하게 진행되기를 바랍니다.

35 남자는 쓰레기 매립장 건립에 반대하면서 법원 유치에는 찬성하는 주민들에게 지역 이기주의에서 벗어날 것을 호소하고 있다.

36 ① 주민들은 공공시설을 위험 시설로 생각한다. → 주민들은 쓰레기 매립장을 위험 시설로 생각한다.
② 주민들은 지역 개발을 반대하는 시위를 하고 있다. → 주민들은 쓰레기 매립장 건립을 막고 법원을 유치하려는 시위를 하고 있다.
③ 주민들은 시급한 공공사업부터 시작하기를 바라고 있다. → 지역 이기주의로 인해 시급한 공공사업조차 할 수 없게 될 것이다.

37~38

> 남자: 요즘 협소 주택을 짓겠다는 분들이 늘어나고 있는데 그 원인을 어떻게 보면 좋을까요?
> 여자: 협소 주택 열풍의 이유라면 두 가지 정도로 요약할 수 있을 텐데요. 첫째는 개성과 독창성을 중시하는 문화의 확산과 관계가 있다고 생각하고요. 둘째는 다른 형태의 주택에 비해서는 조금이라도 적은 비용으로 내 집을 가질 수 있다는 경제성이 될 것입니다. 그렇지만 이 비용의 측면에서는 실제로 집을 짓기 시작하면 예산보다 금액이 추가되는 경우가 많다는 것도 염두에 두셔야 할 것 같습니다. 건축에 대해서 잘 모르시는 분들이 집이나 건축에 대한 공부 없이 너무 서둘러서 집을 짓다 보면 보통 그런 결과가 생기는데요. 또한 집을 지을 땅과 도로 사이의 거리나 집의 높이 등에 대한 법적 제약도 있을 수 있으니까 미리 잘 알아봐야겠죠. 이런 공부나 준비 없이 무턱대고 집을 짓게 되면 공사 기간이 계속 늘어나 결국은 비용도 증가하게 될 것입니다.

37 여자는 공부나 준비 없이 집을 짓게 되면 공사 기간이 계속 늘어나 결국은 비용도 계속 증가하게 될 것이라고 했다.

38 ① 협소 주택은 다른 주택보다 공사 기간이 길다. → 협소 주택은 다른 주택보다 적은 비용으로 지을 수 있다. 그러나 무턱대고 짓게 되면 공사 기간이 늘어나 비용도 증가하게 된다.
③ 협소 주택을 짓다 보면 법을 위반하는 일이 많이 생긴다. → 협소 주택을 지을 때 알아두어야 할 법적 제약도 있을 수 있다.
④ 집을 짓기 전에 세운 예산보다 더 많은 비용을 쓸 수는 없다. → 실제로 집을 짓기 시작하면 예산보다 비용이 추가되는 경우가 많다.

39~40

> 여자: 사람들이 이렇게 비극적인 역사의 현장을 찾는, 어둡고 아픈 여행에 많은 관심을 보이는 이유가 무엇일까요?
> 남자: 다크 투어리즘은 역사적으로 비극적 사건이 있었던 재난 현장을 돌아보면서 교훈을 얻는 여행입니다. 참혹하거나 비극적인 역사의 현장을 돌아보면서 국가적 차원에서 나아가 인류의 고통에 공감하고 역사의식을 새롭게 하기 위해 떠나는 여행인 것이죠. 지금까지 여행이라고 하면 대개의 경우 아름답고 좋은 것만 보면서 즐긴다거나 맛집을 찾아다닌다거나 혹은 휴식을 취한다거나 하는 것을 떠올렸을 텐데요. 다크 투어리즘에 대한 관심은 여행이 점점 더 일상화되면서 이런 형태나 목적의 여행에 회의를 느낀 사람들이 보다 새롭고 가치 있는 여행을 추구하게 된 결과라고 할 수 있습니다.

39 여자가 '사람들이 이렇게 비극적인 역사의 현장을 찾는, 어둡고 아픈 여행에 많은 관심을 보이는 이유'가 무엇인지 질문하고 있으므로, 다크 투어리즘에 대한 사람들의 관심이 높아졌다는 내용이 앞에 있어야 한다.

40 ① 비극적인 역사는 되돌아볼 필요가 없다. → 역사적으로 비극적 사건이 있었던 재난 현장을 돌아보면서 교훈을 얻을 수 있다.
② 편안하게 즐기거나 쉬기만 하는 여행은 의미가 없다. → 편안하게 즐기거나 쉬기만 하는 여행에 회의를 느낀 사람들이 새롭고 가치 있는 여행을 추구하게 되었다고만 했다.
③ 여행을 통해 얻은 교훈은 일상생활에서 큰 도움이 된다. → 이런 내용은 나오지 않는다.

41~42

여자: 예술이란 감상의 대상이 되는 아름다움을 표현하려는 인간의 활동 및 그 작품을 가리킵니다. 따라서 예술은 보거나 듣는 사람들이 그 작품을 이해하고 공감할 수 있어야 그것이 예술적 가치가 있다고 할 수 있겠죠. 그런데 최근에는 작품을 감상하는 대중들의 기준과 상관없이 예술가의 표현 의도만을 가지고 그것이 예술이라고 말하는 경우가 종종 있습니다. 예를 들어 연극에서 배우가 노출이 심한 옷을 입고 나와서 선정적인 장면을 연출하거나 관객들에게 욕을 하는 경우가 있는데요. 거기에도 연출가나 배우가 관객들에게 전달하고자 하는 바가 있다면 예술적 가치가 있는 것으로 봐야 한다는 것입니다. 그러나 이와 같은 행위에 단지 예술가의 의도가 담겨 있다고 해서 예술적 가치가 있다고 한다면 오히려 예술 전반의 질을 떨어뜨릴 우려가 있습니다. 따라서 어떤 예술 작품이든 대중들이 상식적으로 받아들일 수 있는 방식으로 만들어져야 그 예술적 가치도 인정받을 수 있는 것입니다.

41 여자는 어떤 예술 작품이든 대중들이 상식적으로 받아들일 수 있어야 예술적 가치를 인정받을 수 있다고 했다.

42 ① 예술가가 작품의 내용을 마음대로 결정해서는 안 된다. → 작품의 내용은 예술가가 결정하되, 그것이 대중들의 기준에 맞아야 한다.
③ 다른 사람과 같은 기준으로 작품을 감상하는 것은 좋지 않다. → 이런 내용은 나오지 않는다.
④ 작품을 통해 예술가의 의도를 모두 파악하는 것은 불가능하다. → 이런 내용은 나오지 않는다.
예술가의 표현 의도만을 가지고 그것이 예술이라고 해서는 안 된다고 했다.

43~44

> 남자: "손" 하는 소리에 앞발을 내미는 강아지도 있고 "뛰어"라는 조련사의 지시를 듣고 위로 뛰어오르는 돌고래도 있다. 그리고 우리는 이러한 상황에서 동물이 사람의 말을 알아듣는 것을 신기해한다. 동물은 말을 할 수도, 알아들을 수도 없다고 생각하기 때문이다. 그러나 동물들도 사람처럼 의사소통을 한다. 다만 인간이 알아듣지 못하는 방식으로 대화할 뿐인 것이다. 침팬지나 코끼리 같은 동물뿐만 아니라 새나 곤충도 서로 대화를 나누고 정보를 교환한다. 오스트리아의 생물학자는 꿀벌의 춤에 담긴 의미를 알아내 노벨상을 받기도 했는데, 그는 40년 동안의 연구 끝에 꿀벌이 8자 모양으로 분주하게 움직이는 이유가 꿀의 위치를 알려 주기 위해서라는 사실을 밝혀냈다. 또한 영국과 미국의 합동 연구에 따르면 '큰돌고래'는 여러 사물을 접할 때마다 다른 소리를 냄으로써 각각의 이름을 붙인다고 한다. 이러한 다양한 연구들을 바탕으로 최근에는 인공지능을 활용해 동물의 의사소통을 해석하려는 프로젝트까지 진행되고 있다.

43 남자는 인간이 알아듣지 못하는 방식으로 대화할 뿐이지 동물끼리도 의사소통을 한다고 설명하고 있다.

44 ② 강아지가 앞발을 내미는 것은 무의식적인 행동이다. → 사람이 "손"이라고 하는 소리를 듣고 앞발을 내미는 강아지도 있다.

③ 특정한 몇몇 동물들만이 서로 정보를 교환할 수 있다. → 침팬지나 코끼리 같은 동물뿐만 아니라 새나 곤충도 서로 정보를 교환한다.

④ 꿀벌은 애정을 표현하기 위해 춤을 추는 듯한 행위를 한다. → 꿀벌은 꿀의 위치를 알려주기 위해 춤을 추는 것처럼 분주하게 움직인다.

45~46

> 여자: 관현악곡을 듣다 보면 갑자기 어떤 악기 소리가 특별히 돋보일 때가 있습니다. 웅장한 오케스트라의 합주를 뚫고 독주 악기의 섬세한 소리가 들려올 때 청중은 그 연주에 귀를 기울이게 되지요. 그래서 예전부터 많은 작곡가들은 자신의 작품에 특정한 악기의 독주를 적절히 배치해 오케스트라의 음악을 더욱 풍성하게 했습니다. 그런데 관현악 작품에서 각 악기들이 맡는 역할은 어느 정도 정해져 있습니다. 악기마다 그 음색에 따라 어느 정도 고정된 이미지가 있기 때문인데요. 먼저 오케스트라에서 가장 많은 수를 차지하고 있는 바이올린은 워낙 감성적인 소리를 지닌 데다 높은 음역을 갖고 있기 때문에 관현악곡에서는 주로 아름다운 여성의 이미지를 표현합니다. 그런 한편 인간의 목소리에 가깝다고 평가받는 비올라와 첼로의 따뜻하고 편안한 소리는 관현악 작품 속에서 용서나 화해의 분위기를 만들어 냅니다.

45 ① 바이올린 소리는 따뜻하고 편안한 느낌을 준다. → 비올라와 첼로의 소리가 따뜻하고 편안한 느
　　 낌을 준다.
　　 ③ 작곡가들은 높은 음역의 악기를 별로 좋아하지 않는다. → 높은 음역의 악기인 바이올린이 오케
　　 스트라에서 가장 많은 수를 차지하고 있다.
　　 ④ 독주가 많이 들어가 있는 관현악곡이 높은 평가를 받는다. → 오케스트라의 합주에 특정한 악기의
　　 독주를 적절히 배치하면 음악이 더욱 풍성해진다.

46 여자는 아름다운 여성적 이미지를 가진 바이올린과 용서나 화해의 분위기를 만들어내는 비올라 등
　　 을 비교해서 말하고 있다.

47~48

> 여자: 근래 들어 저작권 침해 사례가 늘어나면서 저작권법에 대해 제대로 된 홍보 활동이 부
> 　　　족했던 결과라는 지적이 많이 나오고 있는데요. 이에 대해 어떻게 생각하십니까?
> 남자: 네, 사실 그동안 저작권에 관해서는 많은 부분을 권리자와 이용자의 판단에 맡겨 놓고
> 　　　협회 차원에서는 안일하게 대처해 온 면이 있습니다. 저작권법이 시행된 이후에도 무의
> 　　　식적으로 저작권법을 위반하는 사례가 많이 발생하는 것을 보면 홍보가 부족했음을 더
> 　　　욱 실감하게 되죠. 특히 가장 흔하게 발생하는 인터넷상에서의 저작권 분쟁은 만든 사
> 　　　람이 누구인지만 제대로 표시했으면 좋았을 텐데 하는 경우가 종종 있어 참 안타깝습니
> 　　　다. 그래서 저희 저작권 협회에서는 이제부터라도 저작권법에 대한 안내 책자를 무료로
> 　　　배부하고 궁금증을 해결할 수 있는 상담 전화도 개설하여 저작권법 홍보에 적극적으로
> 　　　나서려고 합니다.

47 ① 저작권법을 알면서도 저작권을 침해하는 사례가 많다. → 저작권법에 대한 홍보 부족으로 저작
　　 권을 침해하는 사례가 발생하고 있다.
　　 ② 그동안 협회에서는 상담 전화를 이용해 홍보를 해 왔다. → 저작권 협회에서는 이제부터 상담 전
　　 화 개설 등 저작권법 홍보에 적극적으로 나서려고 한다.
　　 ④ 저작권법을 모르는 사람은 인터넷을 사용하지 않는 게 좋다. → 인터넷을 사용하되 저작권법에
　　 대한 이해가 필요하다.

48 남자는 저작권법에 대한 홍보가 부족했다는 여자의 지적에 수긍하면서 앞으로의 대책을 밝히고 있다.

49~50

> 여자: 이것은 가장 오래된 한글 요리책인 『음식디미방』입니다. 음식의 맛을 아는 방법이라는 뜻을 가진 이 책은 전통적인 한식 조리법을 담고 있는데요. 한글로 쓰여 있어 누구나 쉽게 접근할 수 있으면서도 여성이 쓴 최고의 조리서로 그 가치를 인정받고 있습니다. 물론 책이 만들어진 해로 추측되는 1670년경 이전에도 식품에 관련된 책들이 없었던 것은 아니지만 대부분은 남성들이 쓴 것이었습니다. 여성에 의해서 이렇게 세밀하게 조리 방법이 정리된 요리책은 발견되지 않았던 것이지요. 또한 조리는 식품 화학을 바탕으로 하는 과학의 영역이라고도 할 수 있는데, 『음식디미방』을 통해 당시의 음식들이 상당히 과학적인 조리법에 따라 만들어졌다는 것도 알 수 있습니다.

49 『음식디미방』은 한글로 쓰여 있어 누구나 쉽게 접근할 수 있었으며 요즘 사람들도 읽을 수 있다.

50 여자는 이 책이 여성이 쓴 최고의 조리서로 그 가치를 인정받고 있다는 것을 높이 평가하고 있다.

1 교시 **쓰기**(51번~54번)   점수: (   )점/**100**점

문항 번호	모범 답안 및 채점 기준	배점
51	㉠: 부치러 갑니다 / 보내러 갑니다	10
	㉡: 들면 좋겠습니다 / 들었으면 좋겠습니다	
52	㉠: 원활하지 못했기 때문에	10
	㉡: 생각할 여유가 있었다 / 생각에 빠질 여유가 있었다	

53 [원고지 답안 예시: 238자]

	비	대	면		강	의	의		선	호	도	를		조	사	한		결	과,
비	대	면	이		'	대	면	보	다		좋	지		않	다	'	는		대
답	이		55	%	로		제	일		많	았	으	며	,		'	대	면	과
비	슷	하	다	'	와		'	아	직		모	르	겠	다	'	가		각	각
27	%	와		12	%	로		그		뒤	를		이	었	다	.		선	호 하
는		비	대	면		강	의		형	태	로	는		'	녹	화	된		강
의	'	와		'	실	시	간		화	상		강	의	'	가		각	각	
53	%	,		37	%	로		1		위	와		2		위	를		차	지 했 으 며,
선	호	하	는		이	유	에		대	해	서	는		녹	화	된		강	의
는		필	요	에		따	라		반	복		시	청	이		가	능	하	고,
실	시	간		강	의	는		교	사	와		자	유	롭	게		소	통	할
수		있	기		때	문	인		것	으	로		나	타	났	다	.		

54 [원고지 답안 예시: 672자]

　　우리 사회는 이미 고령화 시대로 접어들었으며, 이제 초고령화 시대가 멀지 않았다고 해도 과언이 아니다. 그런데 우리 사회는 제대로 준비도 안 된 채 고령화 시대를 맞게 되면서 여러 가지 문제에 직면하게 되었다.
　　고령화 시대로 접어들게 되면서 생기게 된 큰 문제는 노인들의 고용과 부양 문제이다. 아직 노동력이 있는 노인 인구가 증가함에 따라 그들의 능력과 경험에 맞는 일자리를 창출해야 하는 상황이 되었으며, 또한 자립이 힘든 노인들을 그 자녀들뿐만 아니라 사회가 함께 부양해야 하는 현실에 놓이게 된 것이다.
　　노인 고용과 부양의 문제는 그리 간단히 해결될 수 있는 것이 아니다. 우선 고용 문제의 경우 몇 년간 계속되고 있는 심각한 청년층의 취업난과 맞물려 있으며, 부양 문제는 그 일차적인 책임이 있는 자녀들의 경제력이나 도덕성 등에 따라 많은 변수가 있다. 이에 정부에서는 우선 젊은층의 취업 범위와 겹치지 않는 선에서 노인들도 사회의 변화에 맞는 기술이나 지식을 습득하여 취업 또는 창업할 수 있는 기회를 제공하고, 또한 노인들을 위한 다양한 복지 제도를 실시하여 사회적 부양의 책임을 다하도록 해야 한다.
　　보다 행복하고 안정된 노후를 보내기 위해 우리 스스로 준비를 해 두는 것도 중요하다. 무엇보다 평상시 건강 관리를 통해 질병 없는 노후를 맞이할 수 있도록 하고, 저축이나 보험 등으로 경제적인 안전장치도 해 두어야 한다.

② 교시 읽기(01번~50번)

점수: (   )점 / **100**점

01	02	03	04	05	06	07	08	09	10
②	③	①	④	③	②	④	①	④	②
11	12	13	14	15	16	17	18	19	20
③	③	①	④	②	②	④	④	①	②
21	22	23	24	25	26	27	28	29	30
③	②	④	③	①	④	③	③	②	①
31	32	33	34	35	36	37	38	39	40
④	②	③	③	①	④	②	①	②	③
41	42	43	44	45	46	47	48	49	50
③	①	③	④	③	③	①	②	④	②

01 V-다가: 앞의 행위를 하는 중에 뒤의 행위나 어떤 상황으로 바뀔 때 사용한다. '가다, 자다, 먹다' 등 동작의 지속성이 있는 동사하고만 어울리며, '집에 가다가 편의점에 들렀다'와 같은 문장에서는 단순한 동작의 전환을, '늦게까지 일을 하다가 병이 났다'와 같은 문장에서는 이유와 결과를 나타낸다.

02 A/V-게 되다: 다른 사람의 행위나 상태에 의해서 자연적으로 동작을 하게 되거나 상태에 있게 됨을 나타낸다. 따라서 '-게 되다'로 만들어지는 결과나 상황은 피동의 의미를 가진다. 또한 상대적으로 '-게 되었다'라는 과거(완료)의 형태가 많이 사용되지만, 그 밖에도 '-게 된다'나 '-게 될 것이다'와 같은 형태로도 사용될 수 있다.

03 V-고자: 주어가 후행절의 행위를 하는 의도나 주어가 가지고 있는 어떤 희망을 나타낸다. '-고자'가 사용된 문장에서는 선행절과 후행절의 주어가 동일해야 하며, 다른 연결어미와 결합하여 쓰거나 '-고자 하다'의 형태로 쓰기도 한다.

04 N에 달려 있다: 앞 문장의 어떤 일이나 상태 등이 '에 달려 있다'와 결합된 그것에 의존하고 있음을 나타낸다. 예를 들어 '시험 결과는 노력에 달려 있다'라고 하면 시험 결과가 노력 정도에 따라 달라진다는 의미이며, 앞에 동사가 올 때에는 '노력하기에 달려 있다'와 같이 '-기에 달려 있다'의 형태로 사용한다.

05~08 각각 '한 병/비타민, 미래/고객님들의 지갑, 학교 가는 길/지키다, 서류/이메일' 등의 어휘나 표현을 통해 답을 유추해 낼 수 있다.

09 창업 동아리 활동에 대한 지원금은 제일 많이 받으면 한 팀이 600만 원까지 받을 수 있다.

10 조사 결과, 음식과 관련된 소비로 식료품 구입과 음식 서비스 이용이 있었다. 식료품과 음식 서비스 이용 비율을 합하면 61.4%로 전체의 절반을 넘는다는 것을 알 수 있다.

11 큰딸은 태풍이 지나간 뒤 아름다운 해변에 쓰레기가 가득한 것을 보고 충격을 받았다.

12 이번 화장실 유적의 발굴은 조선 시대 궁궐의 생활사 복원에 많은 도움이 될 것이라고 했다.

16 뒤에 '그 책을 구매하는 사람들에게 한 잔씩 서비스로 제공한다'는 말이 있으므로, '유명한 책(소설)에 등장하는 술'이라는 말이 오는 것이 적절하다.

17 뒤에서 '정이 들다'라는 표현은 사람뿐만 아니라 어떤 사물 혹은 장소에 대해서도 친해졌다거나 익숙해졌다는 뜻이라고 했으므로, '정'은 친근함이나 따뜻함을 느끼는 마음이라고 이어지는 것이 적절하다.

18 푸드 뱅크는 음식을 모아 이웃과 나누는 곳이므로, 충분히 먹을 수 있음에도 판매할 수 있는 기한이 얼마 남지 않아 푸드 뱅크에 맡긴다는 말이 오는 것이 적절하다.

19 만일: '혹시 있을지도 모르는 뜻밖의 경우에'라는 의미를 나타낸다.

20 수많은 식물들이 개미와의 협력을 통해 많은 곳으로 퍼져나가고 있기 때문에 개미가 없다면 자연환경이 훼손될 경우 회복 가능성이 사라지게 된다.

21 복권에 당첨되는 일은 어려운 일 또는 실현될 가능성이 매우 낮은 일로 표현되고 있으므로 '하늘의 별 따기'라는 말이 들어가는 게 적절하다.

22 현실이 괴롭고 힘들더라도 희망이나 기대가 있다면 그것만으로 하루하루를 활기차게 살아갈 수도 있다고 했다.

23 내가 준비한 아침을 먹고 씩씩하게 회사와 학교로 가는 가족들의 모습에 보람을 느끼고, 아침을 안 먹어도 배고픔을 느끼지 않을 정도라고 했으므로 뿌듯해하고 있는 것이다.

24 '나도 가끔은 전업주부로 사는 것이 답답하고 아쉬울 때가 있다'고 했다.

28 앞에서 과학 기술의 발달로 '전자책'이라는 새로운 형태의 책이 등장했다고 했으므로, 일부러 도서관이나 서점에 갈 필요 없이 원하는 책을 바로 읽을 수 있게 되었다고 말하는 것이 적절하다.

29 뒤에서 주소지의 주민 센터만 방문하면 되는 것으로 반납 절차가 간편해졌다는 말이 이어지고 있으므로, 경찰서나 운전면허 시험장에 갈 필요 없다는 말이 들어가는 것이 적절하다.

30 뒤에서 수동적 역할에서 벗어나 적극성과 참여도를 높일 수 있다는 말이 이어지고 있으므로, '교사의 강의를 듣기만 하는'이라는 말이 들어가는 것이 적절하다.

31 앞에서 예방 접종이 B 림프구의 기억력을 활용한 것이라고 했고, 항체가 그러한 기능을 수행하고 있으므로, 항체가 특정 항원을 기억하고 있다가 동일한 항원에 대해 방어의 역할을 하는 것으로 연결되는 것이 적절하다.

32 아리랑이 어느 시대에 생겨났는지 정확히 밝혀지지는 않았지만 오랜 세월 전국으로 분포되어 왔고 해외에도 널리 퍼져 있다고 했다.

33 『동의보감』에서는 책에 기재된 약재들을 식재료로 활용하여 건강과 장수에 도움이 되도록 하는 다양한 방법도 소개하고 있다고 했다.

34 이 공연을 통해 게임 음악 전문 지휘자라는 새로운 길을 개척한 지휘자는 학창 시절부터 게임에 빠져 있었다고 했다.

35 상품 마케팅을 할 때에는 희소성이 있는 상품에 대해 구매 욕구를 느끼는 소비자의 심리를 잘 활용해야 한다는 것이 이 글의 주제이다.

36 아동 학대의 예방을 위해서는 어른들을 대상으로 하는 교육에서 나아가 부모의 양육 및 교사의 보육 스트레스 등을 줄일 수 있는 심리적 지원도 반드시 필요하다는 것이 이 글의 주제이다.

37 산성비는 인간에게 피해를 줄 뿐만 아니라 강과 호수, 동식물과 삼림을 죽게 하여 결국 생태계 전체를 파괴하는 무서운 힘을 갖고 있다는 것이 이 글의 주제이다.

38 스포츠를 통한 인간의 완성과 국제 평화의 증진이라는 올림픽의 이상도 여전히 중요하지만, 이제 올림픽도 경제적 이익을 고려하지 않고서는 개최하기 힘들어졌다는 것이 이 글의 주제이다.

42~43 주요섭의 소설, 〈사랑손님과 어머니〉 중에서

42 옥희는 사진으로나마 매우 잘난 아버지의 얼굴을 보고, 아버지가 일찍 돌아가신 데 대한 안타까운 마음을 드러내고 있다.

43 아버지가 돌아가신 후 비어 있는 사랑방도 쓸 겸, 외삼촌이 와 있게 되었다고 했다.

44 앞에서 심장은 정지된 후라도 4분 이내에 심폐소생술을 시행하면 거의 완전한 회복이 가능해진다고 했으므로, 심장의 기능을 원래대로 돌려놓지 않으면 안 된다는 의미의 말이 이어지는 것이 적절하다.

45 심폐소생술을 잘 배워 두면 만약의 상황이 발생했을 때 누군가의 귀중한 생명을 구할 수 있다는 것이 이 글의 주제이다.

46 바쁘고 힘들수록 문학을 읽으면 그 속에서 현실적인 문제들에 대한 해답을 얻을 수도 있고 위로도 받을 수 있으므로, 문학을 가까이 할 것을 요구하고 있다.

47 문학을 통해 우리 사회에 숨어 있는 거대한 갈등이 밖으로 드러나기도 한다고 했다.

48 1인 미디어 문제의 근본적인 해결을 위해서는 사업자가 자율적으로 불법적인 방송 내용에 대해 조치를 취할 수 있도록 하는 법적 조항을 마련하는 것이 훨씬 더 효과가 있다는 것을 강조하고 있다.

49 결론을 제시하고 있는 마지막 문장에서 '강력한 공적 규제도 필요하겠지만'이라는 말 앞에 '물론'이 있으므로, 문맥상 이미 앞에서 공적 규제 강화의 필요성에 대한 얘기가 나왔던 것으로 볼 수 있다.

50 현행법상 언론 매체로서 법률적인 규제를 받는 대상에는 1인 미디어가 포함되지 않는다고 했다.

정답 및 해설

1 교시 듣기(01번~50번)   점수: (   )점/**100**점

01	02	03	04	05	06	07	08	09	10
③	①	④	③	②	④	③	①	②	④
11	12	13	14	15	16	17	18	19	20
①	③	②	④	③	①	③	④	③	④
21	22	23	24	25	26	27	28	29	30
②	①	③	②	③	①	③	④	②	④
31	32	33	34	35	36	37	38	39	40
②	④	③	②	④	③	①	②	③	④
41	42	43	44	45	46	47	48	49	50
③	④	②	①	①	④	②	③	④	③

01

> 남자: 그렇게 큰 게 필요해요?
> 여자: 네, 아들만 셋이라 라면도 한 번에 다섯 개 정도는 끓여야 하니까요.
> 남자: 그러면 이건 어때요? 이건 설거지하기도 편할 것 같은데요.

'라면을 끓여야 한다'는 여자의 말과 '설거지하기 편하다'는 남자의 말에서 두 사람이 냄비를 고르고 있음을 알 수 있다.

02

> 여자: 여기까지 나와 주셔서 감사합니다.
> 남자: 감사하긴요. 택시보다는 제 차가 편하실 거예요.
> 여자: 그럼요, 차가 아주 멋진데요.

'나와 주셔서 감사하다'는 여자의 말과 '택시보다는 자기 차가 편하다'는 남자의 말에서, 남자가 차를 가지고 여자를 마중 나왔음을 알 수 있다.

03

> 남자: 통계청의 조사 결과에 따르면 지난해 하반기 맞벌이 가구의 비중이 외벌이 가구 수를 넘어서면서 역대 최고 수준을 기록했다고 합니다. 그러나 어린 자녀를 둔 가구의 맞벌이 비중은 낮은 것으로 나타났는데, 이는 육아와 직장 생활을 함께 하기가 어려운 현실이 반영된 것으로 분석됩니다.

'지난해 하반기 맞벌이 가구의 비중이 역대 최대 수준을 기록했다'는 내용을 통해 맞벌이 가구 수에 대한 조사 결과임을 알 수 있다.

04

> 남자: 올여름에는 휴가도 못 갈 것 같아요.
> 여자: 왜? 무슨 일 있어요?
> 남자: _____

'휴가를 못 간다'는 남자의 말을 듣고 여자가 그 이유를 물었으니까, '일이 너무 많아서요.'와 같은 남자의 대답이 이어지는 것이 좋다.

05

> 남자: 아르바이트할 곳을 찾기가 쉽지 않네요.
> 여자: 학교 앞 편의점은 어때요? 요즘 사람을 구하던데요.
> 남자: _____

아르바이트할 곳을 찾고 있는 남자에게 여자가 '편의점에서 사람을 구하던데요.'라고 했으니까 '거기에 가 봐야겠다'는 남자의 말이 이어지는 것이 적절하다.

06

> 여자: 보고서를 이번 주까지 내야 하는데 다 썼어?
> 남자: 아직 4일이나 남았으니까 서두를 필요 없잖아.
> 여자: _____

남자가 이번 주까지 내야 하는 보고서를 '서둘러서 쓸 필요가 없다'고 했으므로, '미리 해 놓는 게 편하다'는 여자의 조언이 이어지는 것이 자연스럽다.

07

> 여자: 새로 산 모자구나. 예쁜데.
> 남자: 나는 원래 하얀색 모자를 사고 싶었거든. 그런데 없어서 파란색으로 샀어.
> 여자: _____

남자가 '하얀색 모자가 없어서 파란색으로 샀다'고 했으므로, '파란색 모자도 잘 어울린다'는 여자의 말이 이어지는 것이 좋다.

08

> 여자: 부장님, 내일은 회의실을 사용할 수 없을 것 같습니다.
> 남자: 어떡하죠? 행사 계획을 세우려면 내일 꼭 회의를 해야 하는데요.
> 여자: _____

남자가 '내일은 꼭 회의를 해야 한다'고 했으니까, '회의를 할 수 있는 다른 장소를 알아보겠다'는 여자의 대답이 이어지는 것이 자연스럽다.

09

> 여자: 저, 회원 카드를 만들고 싶은데요.
> 남자: 그러면 여기 신청서를 작성해 주세요. 여권은 가지고 오셨나요?
> 여자: 아니요. 여권도 필요한가요?
> 남자: 네, 회원 카드를 만들려면 여권도 확인해야 합니다.

남자가 '회원 카드 만들려면 여권도 확인해야 한다'고 했으니까, 여권을 안 가지고 온 여자는 대화 후 가지러 갈 것이다.

10

> 여자: 안녕하세요. '이지수'로 한 시에 예약했는데요.
> 남자: 네, 저쪽으로 앉으시면 되고요. 가방은 저희가 보관해 드리겠습니다.
> 여자: 이번에는 파마를 좀 해 보고 싶어서요.
> 남자: 그럼 이 사진들 중에 원하는 스타일이 있는지 보시겠어요?

남자가 여자에게 사진들 중에 원하는 스타일이 있는지 보라고 했으므로, 대화 후 여자는 사진을 보면서 하고 싶은 머리 모양을 고를 것이다.

11

> 여자: 제일 앞자리는 무섭지 않을까?
> 남자: 그래도 놀이 기구의 재미를 느끼려면 제일 앞자리가 좋잖아.
> 여자: 그럼 혹시 타는 동안 모자를 쓰고 있어도 괜찮을까?
> 남자: 글쎄, 바람 때문에 모자가 날아갈 것 같은데.

남자가 여자에게 '놀이 기구를 타는 동안 바람 때문에 모자가 날아갈 것 같다'고 했으므로, 여자는 대화 후 모자를 벗을 것이다.

12

> 여자: 고추에다 상추까지 심어 놓았으니까 이제 반찬 걱정은 안 해도 되겠네.
> 남자: 그런데 화분마다 심은 날짜를 붙여 놓는 게 좋을 것 같아.
> 여자: 그래? 심은 날짜가 중요할까?
> 남자: 그럼, 그 날짜에 따라 물을 주거나 흙을 갈아주는 시기도 달라질 테니까.

남자가 '고추와 상추를 심은 날짜를 붙여 놓는 게 중요하다'고 했으므로, 대화 후 여자는 화분에 날짜를 써서 붙일 것이다.

13

> 여자: 넌 처음인데도 만드는 게 어렵지 않은가 봐.
> 남자: 응, 이제 위에 거울만 붙이면 끝나는 거잖아.
> 여자: 그런데 거울만 좀 늦게 보내 준다고 해서……
> 남자: 그럼 화장대의 거울은 주말에 와서 붙여 줄게.

① 두 사람은 거울을 붙이고 있다. → 거울은 주말에 붙일 수 있다.
③ 여자는 여기에 거울을 사러 왔다. → 여자는 남자와 화장대를 만들고 있다.
④ 남자는 가구를 만드는 회사에 다닌다. → 이런 내용은 나오지 않는다.

14

> 여자: 유학 설명회에 오신 분들께 안내 말씀드리겠습니다. 잠시 후 세 시부터 학교별 교육 과
> 정 안내 영상이 상영될 예정입니다. 장소는 2층에 있는 회의실입니다. 영상이 상영된 후
> 에는 학교별로 준비한 기념품도 받아 보실 수 있습니다. 관심 있는 분들의 많은 참여 부
> 탁드립니다.

① 설명회는 회의실에서 열린다. → 회의실에서는 학교별 교육 과정 안내 영상이 상영된다.
② 영상에서는 학교별 기념품이 소개된다. → 영상은 학교별 교육 과정을 안내하는 내용이며, 영상
이 상영된 후 기념품을 받을 수 있다.
③ 설명회에서 바로 입학 신청을 할 수 있다. → 이런 내용은 나오지 않는다.

15

> 남자: 다음은 눈길 교통사고 소식입니다. 봄소식이 들려 와야 하는 3월 중순에 큰 눈이 내려
> 교통사고도 많았는데요. 지난밤부터 내리던 눈은 새벽에 그쳤지만 밤새 쌓인 눈 때문에
> 출근길 여기저기에서 사고가 발생했습니다. 낮부터는 기온이 올라가지만 저녁 무렵 다
> 시 눈 예보가 있어 퇴근길도 조심하셔야겠습니다.

① 눈은 아침부터 내리기 시작했다. → 눈은 지난밤부터 내리기 시작했다.
② 지금은 눈이 자주 오는 겨울이다. → 지금은 봄이라고 할 수 있는 3월 중순이다.
④ 밤새 여러 곳에서 교통사고가 발생했다. → 출근길 여기저기에서 사고가 발생했다.

16

> 남자: 오랫동안 동물들을 치료해 오셨는데요. 치료하는 과정에서 동물들과 대화도 하신다고
> 들었습니다.
> 여자: 네, 제 몸짓이 동물에게 무슨 의미를 주는지 관찰하다 보니 어느 정도 소통을 할 수 있
> 게 되었다고 생각합니다. 인간은 보통 말로 메시지를 전달하려고 하지만 동물들은 몸짓
> 으로 대화를 더 많이 하기 때문인데요. 그래서 동물들은 아플 때도 머리를 심하게 흔들
> 거나 꼬리로 바닥을 치거나 하는 몸짓으로 자신의 상태를 표현하기도 합니다.

② 여자는 동물들에게 대화를 가르쳐 왔다. → 여자는 자신의 몸짓이 동물에게 무슨 의미를 주는지
관찰해 왔다.
③ 여자는 여러 마리의 동물을 기르고 있다. → 이런 내용은 나오지 않는다.
④ 여자의 몸짓은 동물들의 몸짓과 비슷하다. → 이런 내용은 나오지 않는다.

17

> 남자: 카페 이름이 참 재미있네요. '당장 만나!'
> 여자: 네, 요즘은 저렇게 재미있는 이름으로 관심을 끄는 가게가 많은 것 같아요. 한번 들으면 잊어버리지 않을 것 같기도 하고요.
> 남자: 저는 한국어로 된 이름이라서 더 좋은 것 같아요. 요즘 어느 나라 말인지도 알 수 없는 이상한 말로 된 가게 이름도 많잖아요.

남자는 '당장 만나!'라는 카페 이름이 한국어로 된 이름이라서 더 좋은 것 같다고 했다.

18

> 남자: 손으로 쓴 편지는 정말 오랜만에 보는데. 누가 보낸 거야?
> 여자: 언니가 쓴 건데 어제 별일 아닌 일로 나한테 짜증을 낸 게 미안했나 봐. 그냥 말로 사과해도 되는데.
> 남자: 그래도 손편지를 읽다 보면 쓴 사람의 마음이 더 느껴지잖아. 언니가 너한테 많이 미안했나 보네.

남자는 손편지를 읽다 보면 쓴 사람의 마음이 더 느껴진다고 했다.

19

> 남자: 내일이면 도시 생활도 끝이네요.
> 여자: 부러워요. 이제 맑은 공기를 매일 마실 수 있겠어요.
> 남자: 네, 그것도 좋지만 무엇보다 출퇴근길이 여유로워서 좋을 것 같아요. 그런 여유를 위해서 시골로 가기로 했으니까요.
> 여자: 맞아요. 모든 직장인이 바라는 거죠.

남자는 무엇보다 출퇴근길의 여유를 위해서 시골로 가기로 했다고 말했다.

20

> 여자: 채식 식당을 운영하고 계신데요. 특별한 이유가 있으신가요?
> 남자: 처음 식당 문을 열었을 때는 일부 손님들의 요청으로 채식 메뉴를 몇 가지만 제공했습니다. 그런데 제가 작년에 갑자기 건강에 이상이 생겨서 채식을 하기 시작했거든요. 그때부터 채식 식단을 유지하다 보니 몸이 점점 좋아지더라고요. 물론 육식이 몸에 해로운 것만은 아니지만 식당을 찾는 손님들에게도 채식의 효과를 경험하게 하고 싶어서 채식 식당으로 바꾸게 되었습니다.

남자는 자신이 채식 식단을 유지한 결과 몸이 점점 좋아졌으며, 이런 효과를 식당을 찾는 손님들에게도 경험하게 하고 싶어서 채식 식당으로 바꾸게 되었다고 말했다.

21~22

> 여자: 벌써 3년째 매일 아침 아이들에게 무료로 빵을 나눠 주고 계신다고 들었는데요. 대단하십니다.
>
> 남자: 대단하기는요. 제가 나눠 주는 빵 하나가 아이들에게 얼마나 큰 의미가 있겠습니까? 다만 제 바람은 빵을 받아 가는 모든 아이가 따뜻한 관심과 사랑을 느끼면서 하루를 시작했으면 하는 것입니다.
>
> 여자: 올해부터는 빵 가게 근처에 있는 노인과 장애인 복지 시설에도 빵을 무료로 보내고 계시다면서요?
>
> 남자: 네, 마찬가지로 작은 것이지만 그분들에게도 따뜻한 마음을 전하고 싶어서 시작했는데요. 가능하다면 내년에는 다른 지역에도 빵을 보내 드리고 싶습니다.

21 남자는 아이들이 따뜻한 관심과 사랑을 느끼게 하기 위해서, 또 노인이나 장애인들에게 따뜻한 마음을 전하고 싶어서 빵을 나눠 주게 되었다고 했다.

22 ② 아이들은 빵을 받아 가는 데 큰 의미를 느끼지 못한다. → 남자는 자신이 나눠 주는 빵이 아이들에게 의미가 있을 것이라고 했다.

③ 남자는 내년에 다른 지역으로 빵 가게를 옮길 예정이다. → 남자는 내년에 다른 지역에도 빵을 보내 드리고 싶다고 했다.

④ 매일 아침 많은 사람이 빵을 사기 위해 가게를 찾아온다. → 남자는 매일 아침 아이들에게 무료로 빵을 나눠 주고 있다.

23~24

> 여자: 행복동 주민센터죠? 행복동 주민이면 국내 여행에 대한 지원금을 받을 수 있다고 들었는데요.
>
> 남자: 네, 그렇습니다. 그런데 가족이 몇 분이시죠? 이 지원금은 4인 가족 이상인 경우에만 받으실 수 있는 거라서요.
>
> 여자: 아, 그럼 저희 가족도 해당되겠네요. 다섯 명이거든요. 지원금은 어떻게 신청하면 되나요?
>
> 남자: 여행 2주 전까지 주민센터 홈페이지에서 신청하시면 되는데요. 신청서에 여행 일정 등 필요한 내용을 써 주시고 가족 관계를 증명할 수 있는 서류를 첨부해 주시면 됩니다.

23 남자는 주민센터 홈페이지에서 여행 지원금을 신청하는 방법에 대해 안내하고 있다.

24 ① 여자의 가족은 해외여행을 갈 것이다. → 국내 여행을 가려고 한다.

③ 신청서는 여행 한 달 전까지 제출해야 한다. → 지원금 신청서는 여행 2주 전까지 제출하면 된다.

④ 행복동 주민은 누구나 여행 지원금을 받을 수 있다. → 4인 가족 이상인 경우에만 지원금을 받을 수 있다.

25~26

> 여자: 이번에 발표하신 음반으로 큰 상도 받으셨고 또 여러 나라의 큰 무대에도 초청을 받게 되셨는데요. 그 비결이 뭐라고 생각하십니까?
>
> 남자: 글쎄요, 무엇보다 노래를 한두 번만 들어도 기억에 남는 멜로디 덕분이 아닐까 하는데 요. 물론 따라 하기 쉽고 재미있는 가사도 노래가 큰 인기를 얻는 데에 도움이 되었겠지 만요. 하지만 아무래도 노래를 듣는 사람들 모두의 기분을 좋게 만들어 줄 수 있는 멜로 디의 영향이 컸다고 생각합니다. 얼마 전에 식당에서 밥을 먹고 있는데 손님 중 몇 분이 제 자리로 오시더니 제 노래를 듣기만 해도 걱정이 사라진다고 하시더라고요. 그 말을 듣고 앞으로도 즐겁고 밝은 곡을 많이 만들어야겠다고 생각하게 되었습니다.

25   남자는 노래가 인기를 얻은 것이 기억에 남는 멜로디 덕분이라고 생각했으며, 앞으로도 즐겁고 밝 은 곡을 많이 만들 것이라고 했다.

26   ② 사람들은 걱정이 있을 때 남자의 노래를 듣는다. → 식당에서 만난 손님들이 남자에게 남자의 노 래를 듣기만 해도 걱정이 사라진다고 했다.

       ③ 남자는 식당에 온 손님들과 이야기하는 것을 좋아한다. → 남자가 식당에서 밥을 먹고 있는데 손 님들이 말을 걸었다.

       ④ 남자는 자신의 공연에 여러 나라의 가수들을 초청했다. → 남자는 여러 나라의 큰 무대에 초청을 받았다.

27~28

> 남자: 어제 결혼식장에서 신랑 친구들의 장난이 좀 심했던 것 같지 않아? 아무리 친한 친구들 이라지만 남의 결혼식에 와서 그렇게 할 것까지는 없잖아.
>
> 여자: 그래, 나도 그 친구들이 축가를 장난스럽게 부르거나 신랑과 신부한테 자꾸 무리한 요 구를 할 때는 좀 심하다는 생각이 들더라고.
>
> 남자: 설마 내 친구들이 우리 결혼식에 와서 그러는 건 아니겠지? 아무래도 친구들한테 결혼 식에 와서 조용히 있도록 얘기를 좀 해 놓아야 할 것 같아.
>
> 여자: 그래도 미리부터 그런 얘기를 할 필요는 없을 것 같은데. 다들 축하해 주러 오는 건데 괜히 기분을 상하게 할 수도 있고.
>
> 남자: 어쨌든 나는 결혼식이 좀 조용하고 진지했으면 좋겠어. 그러니까 나영 씨도 친구들한테 잘 이야기해 둬.

27   남자는 자신들의 결혼식이 조용하고 진지했으면 좋겠다고 하면서, 여자에게 그런 생각을 전달하고 있다.

28   ① 결혼식 전에 축하 인사를 미리 해야 한다. → 남자가 친구들에게 결혼식에 와서 조용히 있도록 미리 말해 놓겠다고 했다.

② 남자는 어제 친구의 결혼식에서 장난을 쳤다. → 남자는 어제 친구의 결혼식에서 다른 친구들이 친 장난이 심하다고 했다.

③ 결혼식의 축가는 친한 친구가 부르는 게 좋다. → 이런 내용은 나오지 않는다.

29~30

> 남자: 대표님께서는 새로운 여행 문화를 만들어 가고 있다는 평가를 받으시면서, 여행 업계에서 주목을 끌고 계신데요.
>
> 여자: 요즘은 여행을 하면서도 그저 쉬기만 하기보다는 자신의 꿈을 실현하고 또 때로는 능력을 시험해 보려고 하잖아요. 그래서 직업 체험 여행이라는 것을 생각해 내게 되었습니다. 물론 체험할 수 있는 직업이 몇 가지로 제한되어 있기는 합니다. 그렇지만 여행 중 하루 정도라도 자신이 원하는 분야에서 일해 볼 수 있다는 것은 꽤 매력이 있는 것 같습니다.
>
> 남자: 그럼 현장에서 느끼신 반응은 어땠나요? 예상하지 못했던 문제들도 생겼을 것 같은데요.
>
> 여자: 네, 예를 들어 카페에서 손님의 주문을 착각해서 다른 음료를 만들었다든가 하는 실수도 생겼지만 그래도 대체로 좋은 반응들이었습니다.

29 여자가 '직업 체험 여행이라는 것을 생각해 내게 되었다'고 했으므로, 여행 상품을 개발하는 사람임을 알 수 있다.

30 ① 직업 체험은 어떤 분야에서든지 가능하다. → 체험할 수 있는 직업은 몇 가지로 제한되어 있다.

② 실수를 하면 더 이상 체험을 계속할 수 없다. → 이런 내용은 나오지 않는다.

③ 직업 체험은 여행 중 원하는 기간만큼 할 수 있다. → 여행 중 하루 정도 직업 체험을 해 볼 수 있다.

31~32

> 남자: 여름철 폭우에 대비해 빗물 펌프장을 설치하자는 의견에는 찬성하지만, 초등학교 근처에 펌프장이 들어서는 것에 대해서는 찬성할 수 없습니다.
>
> 여자: 물론 학부모님들께서 무엇을 걱정하시는지 잘 알고 있습니다. 그러나 빗물 펌프장 대부분의 시설이 지하로 들어가기 때문에 걱정하시는 것과 같은 악취나 안전사고의 문제는 일어나지 않을 것입니다.
>
> 남자: 문제는 그뿐만이 아닙니다. 거기에 빗물 펌프장을 설치하기 위해서는 그 옆에 있는 공원의 일부를 훼손시킬 수밖에 없다고 들었는데요. 꼭 거기에 펌프장을 설치할 필요가 있을까요?
>
> 여자: 그 점에 대해서는 저희 측에서도 고민이 많았습니다. 하지만 폭우로 인해 주변 도로나 주택이 침수되는 것을 막기 위해서는 그곳에 펌프장을 설치할 수밖에 없으니 주민들께서 다시 한번 잘 생각해 봐 주시기 바랍니다.

31 남자는 악취나 안전사고의 문제뿐만 아니라, 공원의 일부가 훼손될 수 있다는 점에서 초등학교 근처에 빗물 펌프장을 세우는 것을 반대한다고 말했다.

32 남자는 안전성과 환경 훼손 문제를 근거로 제시하며 여자의 의견을 비판하고 있다.

33~34

> 남자: 육지의 동물들이 소리로 소통하는 것처럼 물고기들도 다양한 소리로 의미를 만들어 냅니다. 또 일부 물고기들은 사투리를 쓰기도 하는데요. 예를 들어 참고래는 남반구에 사느냐, 북반구에 사느냐에 따라 울음소리를 다르게 낸다고 합니다. 또 어떤 종의 물고기는 사는 지역에 따라 싸울 때 내는 소리가 다른 경우도 있습니다. 그래서 이러한 소리를 기록해서 지역별 또는 시간별로 비교하면 물고기들의 소리가 얼마나 다양한지 확인할 수도 있고 특정 생물이 어디에서 사는지를 소리만으로 알아낼 수도 있습니다.

33 남자는 물고기들이 만들어 내는 다양한 소리에 대해 이야기하고 있다.

34 ① 물고기들은 울음소리가 모두 다르다. → 참고래는 사는 지역에 따라 울음소리를 다르게 낸다.
③ 물고기들이 내는 소리를 연구하는 것은 불가능한 일이다. → 물고기들의 소리를 기록해서 비교하면 그 다양성과 바다 생물의 위치 등을 알아낼 수 있다.
④ 육지의 동물들은 물고기보다 더 다양한 소리를 만들어 낸다. → 이런 내용은 나오지 않는다.

35~36

> 남자: 오늘도 이렇게 저희 미술관을 찾아 주신 분들께 감사의 말씀을 드립니다. 오늘은 저희 미술관에서 지난 한 달 동안 선보였던 '궁궐 나들이' 전시가 막을 내리는 날입니다. 이번 전시회는 궁궐을 소재로 한 다양한 미술 작품들을 통해 궁궐의 아름다움을 재발견하고 궁궐의 생활에 대해 좀 더 이해할 수 있는 기회를 마련하고자 기획되었는데요. 오늘 오신 분들도 천천히 미술 작품들을 돌아보며 우리 궁궐의 문부터 담장, 기둥, 바닥 등의 아름다움을 다시 한번 느껴보시기 바랍니다. 또한 이번 전시회를 관람하신 분들께는 경복궁과 덕수궁, 경희궁의 입장권을 드립니다. 관람이 끝난 후 받아 가시기 바랍니다.

35 남자는 이번 전시회가 '궁궐을 소재로 한 다양한 미술 작품들을 통해 궁궐의 아름다움을 재발견하고 궁궐의 생활에 대해 좀 더 이해할 수 있는 기회를 마련하고자 기획되었다'고 밝히고 있다.

36 ① 미술관의 바닥에는 궁궐 그림이 그려져 있다. → 미술 작품들을 통해 궁궐의 문부터 담장, 기둥, 바닥 등의 아름다움을 다시 한번 느낄 수 있다.
② 오늘은 '궁궐 나들이' 전시회가 시작되는 날이다. → 오늘은 전시회가 끝나는 날이다.

④ 전시회는 궁궐을 돌아보며 작품을 감상하게 되어 있다. → 전시회를 관람하면 궁궐의 입장권을 받을 수 있다.

37~38

> 남자: 요즘 바닥형 신호등이라고 해서 횡단보도를 건널 때 바닥에 불이 켜지는 곳이 생겨나고 있는데요.
> 여자: 네, 최근 발표된 한 연구 결과에 따르면 보행 중 스마트폰을 사용하는 사람이 70%에 이른다고 합니다. 물론 횡단보도를 건널 때에도 마찬가지로 스마트폰에서 눈을 떼지 못하는 사람들이 많고요. 그러다 보니 보행자들끼리 부딪히는 일은 물론이고 과거에는 없던 여러 가지 사고가 발생하고 있습니다. 그래서 이러한 사고들을 방지하기 위해, 서 있는 신호등에 맞춰 횡단보도 바닥에도 녹색과 빨간색 불이 들어오는 신호등을 설치하게 되었는데요. 하지만 이것도 보행자들이 스마트폰 사용을 줄이기 위해 노력하지 않는다면 결국 큰 효과를 기대하기는 힘들 것입니다. 바닥형 신호등 때문에 스마트폰을 사용하는 보행자들의 시선이 더 아래로만 가게 될 수도 있으니까요.

37 여자는 보행자들이 스마트폰 사용을 줄이기 위해 노력하지 않는다면 바닥형 신호등도 큰 효과를 기대하기는 힘들 것이라고 말하고 있다.

38 ① 스마트폰 때문에 시력이 나빠진 사람들이 많다. → 이런 내용은 나오지 않는다.
③ 보행자들은 바닥형보다 서 있는 신호등을 선호한다. → 이런 내용은 나오지 않는다.
④ 바닥형 신호등 설치에 찬성하는 사람이 70%에 이른다. → 보행 중 스마트폰을 사용하는 사람이 70%에 이른다고 한다.

39~40

> 여자: 인공지능이 이미 이렇게 우리 생활에 깊숙하게 들어와 있는데, 우리에게는 어떤 준비가 더 필요할까요?
> 남자: 물론 현재 다양한 분야에서 제공되고 있는 인공지능 서비스는 긍정적인 측면도 많지만 공정성이나 개인 정보 보호 등에 있어 문제가 발생할 위험도 있습니다. 따라서 우선 인공지능 서비스와 관련된 위험성 판단의 기준을 제대로 마련할 필요가 있는데요. 인공지능은 다양한 개념으로 사용되기 때문에 인공지능에 해당하는 서비스의 범위를 정하는 것부터 쉽지는 않을 것입니다. 다만 적어도 인간의 개입이 없이 인공지능만의 완전 자동화된 의사결정은 위험 수준이 높다고 보는 것이 타당해 보입니다.

39 여자가 '인공지능이 이미 이렇게 우리 생활에 깊숙하게 들어와 있다'라고 했으므로, 생활 속 인공지능에 대한 내용이 앞에 있어야 한다.

40 ① 인공지능의 범위는 가급적 넓게 정하는 것이 좋다. → 인공지능에 해당하는 서비스의 범위를 정하는 것은 쉽지 않다.
② 인공지능 서비스에 대한 위험성을 판단하기는 힘들다. → 인공지능 서비스와 관련된 위험성 판단의 기준을 제대로 마련할 필요가 있다.
③ 인공지능 서비스를 이용해 개인 정보를 보호할 수 있다. → 인공지능 서비스로 인해 공정성이나 개인 정보 보호 등에서 문제가 발생할 위험도 있다.

41~42

> 여자: 많은 사람이 정말 자신의 몸에서 없어지기를 바라는 게 체지방이죠. 그래서 다이어트를 할 때도 지방 섭취는 꺼리게 됩니다. 그렇지만 지방이라는 영양소도 우리 몸 안에서 중요한 역할을 하고 있는데요. 지방은 일단 식물성 지방과 동물성 지방으로 나뉩니다. 쉽게 말해서 식물성 지방은 식물에 들어있는 지방이고, 동물성 지방은 동물들이 가지고 있는 지방이라고 보시면 됩니다. 특히 식물성 지방은 신경조직이나 피부, 머리카락의 기능과 건강유지에 꼭 필요합니다. 또 기름에 녹는 지용성 비타민을 수송하는 중요한 역할을 하죠. 아시다시피 지방은 일단 칼로리가 매우 높은 에너지원입니다. 지방의 열량은 단백질이나 탄수화물에 비해 두 배 정도 높기 때문에 활동량이 많은 사람들에게는 필수적인 영양소라고 할 수 있죠. 따라서 건강을 생각한다면 지방도 늘 적절하게 섭취해 주어야 합니다.

41 여자는 지방도 우리 몸 안에서 중요한 역할을 하고 있으므로 늘 적절하게 섭취해 주어야 한다고 했다.

42 ① 동물성 지방은 비타민을 옮기는 역할을 한다. → 식물성 지방이 지용성 비타민을 수송하는 중요한 역할을 한다.
② 활동량이 많은 사람은 단백질 섭취에 신경 써야 한다. → 활동량이 많은 사람들에게는 지방이 필수적인 영양소이다.
③ 탄수화물은 지방에 비해 칼로리가 높은 에너지원이다. → 지방이 가장 칼로리가 높은 에너지원이다.

43~44

> 남자: 이제 불안증을 개인의 의지력 부족으로 취급해서는 안 될 것으로 보인다. 최신 연구 논문에 따르면 불안증 환자들은 뇌의 변화 때문에 보통 사람들과 세상을 다르게 인식한다고 한다. 우리 뇌는 새로운 정보나 자극을 받아들일 때 물리적 구조와 기능의 변화를 일으키는데, 이로 인해 불안감과 같은 감정적 반응이 일어난다. 그런데 뇌의 변화를 겪은 사람들은 그러한 자극이 지나간 뒤에도 불안한 감정이 지속되는 경험을 하게 되고, 그로 인해 위협적이거나 반대로 안전하거나 한 상황에 대한 구분 능력이 떨어져 계속해서 새로운 불안에 빠지게 된다. 따라서 이 같은 불안증은 개인의 통제 영역 밖에 있다고 할 수 있다. 개인의 의지력 문제가 아니라 어떤 일을 계기로 해서 변화된 뇌의 구조와 기능에서 비롯된 문제이기 때문이다. 이렇게 본다면 불안증 역시 다른 신체 질병들처럼 하나의 질환으로 받아들이고 치료의 대상으로 인식해야 할 것이다.

43 남자는 불안증이란 뇌의 변화 때문에 지속적으로 불안감을 느끼는 것이라 설명하고 있다.

44 ② 새로운 정보나 자극을 받아들이지 못하기 때문에 → 자극이 지나간 뒤에도 불안감이 지속되며, 새로운 불안에 빠지게 된다.
③ 불안증을 치료의 대상으로 생각하지 않기 때문에 → 불안증 환자들이 그렇게 생각한다는 내용은 나오지 않는다.
④ 다른 사람들과 동일한 방식으로 세상을 인식하기 때문에 → 불안증 환자들은 뇌의 변화 때문에 보통 사람들과 세상을 다르게 인식한다.

45~46

> 여자: 현실적으로 가능성이 적은 일도 간절히 소망하면 실현되는 경우가 있는데요. 이것을 피그말리온 효과라고 합니다. 그리스 신화에 나오는 젊은 조각가 피그말리온이 아름다운 여인의 모습을 조각으로 만들어 놓고 신에게 그 조각의 모습과 같은 여인을 아내로 달라고 간절히 기도했더니 정말로 그 조각이 살아 있는 여인으로 변했다고 하는데요. 피그말리온 효과는 이처럼 가능성이 적은 것이라도 마음속에서 할 수 있다고 믿고 행동하면 그 기대가 현실로 이뤄질 수 있다는 것을 나타내는 말입니다. 이러한 효과는 특히 교육 현장에서 잘 나타난다고 하는데요. 교사들이 학생들에게 기대를 갖고 칭찬을 많이 해 주면 학생들은 공부에 대한 관심이 높아져 능력이 향상되는 경우가 많다고 합니다. 각 가정이나 직장에서도 이러한 기대와 칭찬이 넘치는 분위기를 만들어 본다면 아마 현실이 달라질 수 있을 것입니다.

45 ② 피그말리온은 신의 모습을 아름다운 조각으로 만들었다. → 아름다운 여인의 모습을 조각으로 만들어 놓았다.
③ 교사들의 관심이 지나치면 학생들에게 부담이 될 수 있다. → 교사들이 학생들에게 기대를 갖고 칭찬을 많이 해 주면 학생들의 능력이 향상된다.
④ 가정이나 직장에서는 피그말리온 효과가 나타나기 힘들다. → 가정이나 직장에서도 기대와 칭찬을 많이 하면 현실이 달라질 수 있다.

46 여자는 신화 속에 나오는 피그말리온의 이야기를 소개하면서, 교육에서 기대와 칭찬의 효과가 매우 높다는 것을 주장하고 있다.

47~48

> 여자: 소비기한 표시제…… 이미 여러 나라에서 시행되고 있는 제도라고요?
> 남자: 네, 소비기한이란 소비자가 섭취해도 건강이나 안전에 문제가 없을 것으로 인정되는 식품의 최종 소비 시한을 말하는데요. 일반적으로 식품 제조일로부터 소비자에게 유통과 판매가 허용되는 기간을 뜻하는 유통기한보다 기간이 더 깁니다. 소비기한은 소비자 중심의 표시제로 품질 안전이 보장되는 한계 기간의 80~90%로 설정한 것이고, 유통기한은 판매자 중심의 표시제로 같은 기간의 60~70%로 설정한 것이기 때문이죠. 우리도 이제 우유 가공품을 제외한 식품들을 대상으로 소비기한 표시제가 본격적으로 시행될 예정인데요. 이 제도가 시행되면 소비자가 유통기한을 식품의 폐기 시점으로 인식해 식량이 낭비되는 일도 줄일 수 있고 또 소비자에게 좀 더 정확한 식품 정보도 제공할 수 있게 될 것입니다.

47 ① 소비기한 표시제는 모든 식품에 적용될 예정이다. → 우유 가공품을 제외한 식품들을 대상으로 시행될 예정이다.
③ 유통기한은 소비자 중심의 표시제로서 기간이 긴 편이다. → 유통기한은 판매자 중심의 표시제로서, 소비기한에 비해 그 기간이 짧다.
④ 소비기한 표시제가 시행되고 있는 나라는 아직 많지 않다. → 소비기한 표시제는 이미 여러 나라에서 시행되고 있다.

48 남자는 소비기한 표시제를 통해 식량 낭비를 줄일 수 있고 정확한 식품 정보도 제공할 수 있게 될 것이라고 하면서 제도 시행에 대한 기대감을 드러내고 있다.

49~50

> 남자: 조선 시대에는 경연이라는 제도가 있었는데요. 임금과 신하들이 질문과 토론을 통해 나랏일을 논의하는 제도였습니다. 경연은 학식이 높은 신하들이 임금에게 유교 경전을 가르치면서 그와 관련된 나랏일에 대해서 토론을 하는 방식으로 진행됐는데요. 토론이 매우 적극적이고 활발하게 이루어졌다고 합니다. 특히 세종과 같은 성군은 몸이 많이 아프거나 나라에 급한 일이 생겼을 때를 제외하고는 거의 매일 하루에도 몇 차례씩 신하들과 경연을 열었다고 알려져 있죠. 그만큼 세종은 당시 지식인들에게 적극적으로 배우고 의견을 나누며, 백성들을 위한 임금이 되기 위해 노력한 것이라 할 수 있습니다. 물론 지금은 조선 시대와 국정 운영 방식이나 각종 정치 제도들이 크게 다르기 때문에, 그때의 경연 제도를 그대로 가져와 시행할 수는 없을 것입니다. 또 조선 시대의 국왕은 한번 임명되면 평생 국왕의 자리에 앉아 있었지만, 지금의 대통령은 그렇지 않기도 하고요. 하지만 조선 시대에 경연을 통해서 최고 권력자인 국왕이 끊임없이 배우고 소통하면서 정치 및 행정 능력을 향상시키고자 했던 뜻과 노력만큼은 지금의 권력자들도 본받아 실천해야 하지 않을까요?

49 ① 세종은 하루에 한 번씩 경연을 열었다. → 거의 매일 하루에도 몇 차례씩 신하들과 경연을 열었다.
② 경연은 임금이 신하들을 가르치는 것이다. → 경연은 학식이 높은 신하들이 임금에게 유교 경전을 가르치면서 토론을 하는 방식으로 진행됐다.
③ 경연의 전통은 지금까지 계속 이어져 오고 있다. → 경연은 조선 시대에 있었던 제도로서 지금은 시행되지 않고 있다.

50 남자는 시대가 달라졌기 때문에 지금 그때의 경연 제도를 그대로 시행할 수는 없겠지만, 조선 시대에 경연을 시행했던 뜻과 노력만큼은 지금의 권력자들도 본받아 실천해야 한다고 역설하고 있다.

1 교시 쓰기(51번~54번)

점수: ( )점/**100**점

문항 번호	모범 답안 및 채점 기준	배점
51	㉠: 도착할 것 같습니다 ㉡: 연락 주세요 / 연락 주시기 바랍니다	10
52	㉠: 긍정적인 영향을 주기 때문이다 ㉡: 칭찬을 많이 하는 / 긍정적인 말을 많이 하는	10

53 [원고지 답안 예시: 264자]

	통	계	청	에	서		19	~	34	세		청	년	들	을		대	상	으
로			'	결	혼	에		대	한		인	식		변	화	'		를		조	사
한		결	과	,	결	혼	에		대	해		긍	정	적	으	로		생	각
하	는		청	년	의		비	중	이		10	년		전	에		비	해	
남	성	은		약		22	%	,	여	성	은		약		19	%		감	소
한		것	으	로		나	타	났	다	.	이	들	이		결	혼	하	지	
않	는		주	된		이	유	로	는		경	제	적		어	려	움	이	
1	위	를		차	지	했	으	며	,	결	혼	의		필	요	성	을		못
느	낀	다	는		것	이		2	위	로		그		뒤	를		이	었	다.
또	한		출	산	과		양	육	에		대	한		부	담	이		3	위
에		올	라	,	경	제	적	인		부	분	과		심	리	적	인		부
분		등		여	러		측	면	이		결	혼	에		대	한		인	식
변	화	에		영	향	을		미	치	고		있	는		것	으	로		나
타	났	다	.															

54 [원고지 답안 예시: 633자]

	시	대	가		변	함	에		따	라		문	화	와		가	치	도	
변	화	하	고	,		우	리	의		생	활		모	습	도		큰		변	화
를		겪	고		있	다	.		따	라	서		우	리	가		먹	고	,	자
고	,		일	하	는		도	시	의		모	습	에	도			변	화	와		발
전	이		필	요	하	다	고		생	각	한	다	.		즉		인	간	의
생	활	이		변	화	되	고		발	전	하	면		도	시	도		그
요	구	에		맞	게		개	발	되	어	야		하	는		것	이	다	.
	그	러	나		우	리	들	은		그	동	안		너	무		개	발	에
만		집	중	한		나	머	지	,		우	리	의		건	강	과		행	복
을		위	해		꼭		지	켜	야		하	는		것	들	까	지		잃
어	버	리	고		말	았	다	.		바	로		우	리	가		더		빠	른
도	시	,		큰		도	시	,	편	리	한		도	시	를		만	들	기
위	해		훼	손	시	키	거	나		없	애	버	린		강	과		숲
등	이		그	것	이	다	.		이	러	한		환	경		파	괴	가		도
시		개	발	이	라	는		이	름	으	로		계	속	되	는		동	안
우	리	는		자	신	도		모	르	는		사	이	에		삭	막	하	고
황	폐	한		도	시	의		빌	딩		속	에		갇	히	게		되	었
으	며	,		깨	끗	한		물	과		공	기	를		잃	어	버	리	게
되	었	다	.
	또	한		무	분	별	한		도	시		개	발	은		환	경		파
괴	라	는		문	제		외	에	도		보	존	이		필	요	한		전
통	적		생	활		양	식	까	지		훼	손	하	거	나	,		개	발
과	정	에	서		소	외	된		도	시		빈	민	의		삶	의		터
전	을		파	괴	하	는		등	의		중	요	한		문	제	를		발
생	시	키	기	도		했	다	.
	그	래	도		우	리	의		생	활	은		계	속		변	화	,	발
전	해		갈		것	이	고		그	에		따	른		개	발	도		필
요	할		것	이	다	.		그	러	므	로		이	제	부	터		중	요	한
것	은		개	발	의		방	향	과		속	도	라	고		생	각	한	다 .
꼭		필	요	하	다	면		개	발	하	되	,		인	간	과		자	연	의
공	존	과		조	화	를		목	표	로		해	야		할		것	이	며
또	한		미	래	를		내	다	보	지		못	하	고		성	급	하	게
개	발	부	터		하	는		일	은		피	해	야		할		것	이	다 .

❷ 교시 읽기(01번~50번)   점수: (   )점/**100**점

01	02	03	04	05	06	07	08	09	10
③	④	①	②	②	④	①	③	②	①
11	12	13	14	15	16	17	18	19	20
③	③	③	①	②	④	④	③	①	②
21	22	23	24	25	26	27	28	29	30
③	④	③	④	①	②	②	③	①	②
31	32	33	34	35	36	37	38	39	40
③	④	②	④	③	①	②	④	②	③
41	42	43	44	45	46	47	48	49	50
③	①	②	②	③	③	①	②	③	④

01 V-았/었더니: 주어가 1인칭인 경우, 주어가 어떤 행동을 하고 난 뒤에 알게 된 사실이나 그 행동의 결과를 말할 때 사용한다.

02 V-다시피 (하다): 실제로 그렇게 하는 것은 아니지만, 그 상태에 가까울 정도로 한다는 것을 나타낼 때 사용한다.

03 V-고 나서: 앞의 행동이 뒤에 오는 행동보다 시간상 앞서서 일어남을 나타낼 때 사용한다.

04 V-(으)려던 참이다: 말하는 사람이 어떤 행동을 이제 하려고 하는 그 순간임을 나타낼 때 사용한다.

05~08 각각 '신다/걷다, 300년 전 사람들, 남/관심/실천, 반드시 전원을 끈 후에/제품에 물기가 없는 상태에서' 등의 어휘나 표현을 통해 답을 유추해 낼 수 있다.

09 달리는 거리에 따라 참가비가 달라지며, 만 18세 이상의 남녀라면 국내 거주하는 외국인도 참가할 수 있다.

10 조사 결과, 2019년부터 2023년까지 5년간 출생아 수가 계속 줄어들고 있는 것으로 나타났다.

11 서울시는 올 2월 5층 규모의 관광 안내 센터를 새로 지었으며, 그 건축물로 친환경 건축 대상을 수상했다.

12 몸에 적당한 양의 지방이 없으면 면역력이 떨어져 병에 걸리기도 쉬워진다.

16 앞에 각자의 피부, 머리카락, 눈동자 등의 색과 잘 어울리는 색이라는 말이 있으므로, '신체 색과 조화를 이룬다'는 말이 연결되는 것이 적절하다.

17 앞에서 윗사람과 대화할 때 예의가 아니라고 생각해서 그런 경우가 많다고 했으며 마지막 문장에서 상대방의 시선을 피하지 말라고 했으므로, '똑바로 쳐다보지 않는다'는 말이 연결되는 것이 적절하다.

18 앞에 바다에 심각한 문제를 일으키고 있다는 말이 있으므로, '해양 자원을 제대로 활용하지 못하게 된다'는 의미를 담은 말이 연결되는 것이 적절하다.

19 게다가: '뿐만 아니라, 거기에 더해서'라는 의미의 말로 앞 내용보다 한층 더한 사실을 뒤에 덧붙일 때 사용한다.

20 최근 1인 미디어에 관심을 가지는 사람이 급격히 많아지면서 다양한 콘텐츠를 생산하고 있다는 것이 이 글의 주제이다.

21 이미 어느 정도 잘못되어 있는 일에 대하여 한 단계 더 나아가 엉뚱한 짓을 한다는 이야기이므로 빈칸에는 '한술 더 뜨다'라는 말이 들어가는 것이 적절하다.

22 식후에 바로 먹는 과일은 몸에 해로울 수 있지만, 식후 두 시간 정도가 지나서 과일을 먹으면 괜찮고 또 식사 한 시간 전에 먹게 되면 식사량을 줄이는 데에도 도움이 된다고 했다.

23 '나'는 부모님을 모시고 나가는 일이 힘들고 귀찮아서 남편과 함께 아이들만 데리고 외출을 했다. 따라서 어머니께 봉투를 받아 든 손이 떨리는 것은 부모님에 대한 죄송함과 부끄러움 때문이다.

24 돌아오는 일요일에 부모님을 모시고 나가 바람도 쐬어 드리고 맛있는 것도 함께 먹을 생각이라고 했다.

28 앞에서 쉬고 있어도 일과 일상의 문제를 걱정한다고 했으므로, 머리로는 끊임없이(쉬지 않고) 일하고 있다는 말이 들어가는 것이 적절하다.

29 감자는 서늘하고 어두운 곳에서 보관해야 한다는 내용의 앞 문장과 '그러나'라는 말로 연결되고 있고 뒤에는 냉장 보관을 피하라는 말이 있으므로, 빈칸에는 '너무 차갑게 보관하면'이라는 말이 들어가는 것이 적절하다.

30 앞에서 스케이트 선수들의 경기복은 'ㄱ 자세'를 하는 선수들이 상체를 숙일 수 있도록 특별히 제작된 복장이라고 했으므로, '몸을 앞으로 당겨 준다'는 말이 들어가는 것이 적절하다.

31 뒤에서 학교 교과서의 압축된 내용을 이해하는 과정에서 배경지식이 매우 큰 역할을 한다고 했으므로, 빈칸에는 '학교 공부에서 성적을 올린다'는 말이 들어가는 것이 적절하다.

32 장영실은 이미 세종 때 이전부터 농기구나 무기 수리를 잘하는 궁중 기술자로 알려져 있었다고 했다.

33 피아노는 다른 악기에 비해 쉽게 소리의 크기와 강도에 변화를 줄 수 있다고 했다.

34 우리 몸의 영양이 충분하지 못하면 영양이 손톱까지 가지 못하고 그로 인해서 손톱이 깨지거나 색이 변하는 등 여러 가지 증상이 나타나게 된다고 했다.

35 비행기와 조류의 충돌로 인한 사고가 발생하지 않도록 예방하는 것이 무엇보다 중요하다는 것이 이 글의 주제이다.

36 약용 식물은 오래전부터 그 효능을 인정받고 있지만 전문적인 의약품처럼 부작용 등에 대해 제대로 알고 섭취해야 한다는 것이 이 글의 주제이다.

37 사람들은 긍정적인 표현에 마음을 빼앗기는 경향이 있기 때문에 말하는 방법을 변경하는 것만으로도 선택에 영향을 미치게 된다는 것이 이 글의 주제이다.

38 작은 행복도 그냥 얻어지는 것이 아니라 땀 흘려 애쓴 결과이므로, 행복의 크기가 작을지라도 그 하나하나의 가치는 결코 작지 않다는 것이 이 글의 주제이다.

42~43 황순원의 소설, 〈소나기〉 중에서

42 소년의 눈에 소녀와 갈꽃이 하나가 된 것처럼 보여서, 갈꽃이 눈에서 보이지 않을 때까지 그대로 서 있었다는 것은 소녀를 향한 소년의 설레는 마음을 나타낸다.

43 소녀가 먼저 '이 바보'라고 소리치면서 소년에게 조약돌을 던진 것이나, 소년이 볼 수 있도록 갈밭으로 걸어간 것으로 볼 때 소녀가 소년에게 관심을 가지고 있음을 알 수 있다.

44 앞에서 제시한 콜라나 시리얼의 탄생 과정에 대한 설명을 통해, 실수나 실패를 새로운 아이디어로 발전시켰기 때문에 그러한 식품들을 얻어낼 수 있었다는 사실을 알 수 있다.

45 누구나 실수나 실패를 할 수는 있지만 그것으로 인해 어떤 결과를 얻느냐 하는 것은 생각하기에 따라 달라질 수 있을 것이라고 했다.

46 재개발이 급속도로 진행되고 있는 지역에서 임대료 상승이 새로운 문제로 떠오르고 있다고 했으며, 이러한 상황이 결국 사회적인 부익부 빈익빈 현상을 가속화하게 될 것이라고 하면서 우려를 나타내고 있다.

47 재개발이 진행되면 새로운 주거 지역이 생기기 때문에 소비력이 있는 사람들도 더 많이 유입되어 새로운 수요가 생긴다고 했다.

48 '(우리나라의 축제 문화에는) 한 번쯤 짚고 넘어가야 할 문제들이 있다.'는 문장으로 시작하여, 지역 축제들이 가지고 있는 문제점들을 하나하나 분석하고 있다

49 뒤에 '여기저기서 베낀다'는 표현이 있으므로 베끼는 대상이 되려면 인기가 있는 축제라는 표현이 적절하다.

50 공연 위주의 이벤트들이 이어지다 보니 그 축제를 즐기기 위해 먼 길을 찾아온 관광객들에게 만족감을 주지 못하는 경우도 많다고 했다.

정답 및 해설

1 교시 듣기(01번~50번)

점수: (   )점/**100**점

01	02	03	04	05	06	07	08	09	10
②	④	①	③	③	①	②	④	②	③
11	12	13	14	15	16	17	18	19	20
①	③	④	②	②	③	③	①	④	②
21	22	23	24	25	26	27	28	29	30
③	④	①	③	④	②	②	③	④	②
31	32	33	34	35	36	37	38	39	40
③	①	②	③	③	②	②	④	③	②
41	42	43	44	45	46	47	48	49	50
④	①	②	④	③	②	②	②	④	①

01

> 여자: 손님, 직접 한번 입어 보시겠어요?
> 남자: 잠깐만요. 저한테 좀 커 보이지 않아요?
> 여자: 네, 그럼 한 사이즈 작은 것으로 가져다 드리겠습니다.

'직접 입어 보시겠어요?'라는 여자의 권유에 남자가 '저한테 좀 커 보이지 않아요?'라고 대답했으므로 남자가 거울 앞에서 옷을 몸에 대 보고 있는 상황임을 알 수 있다.

02

> 남자: 음, 이 집은 만두가 정말 맛있는 것 같아요.
> 여자: 그렇죠? 그럼 만두를 하나 더 시킬까요?
> 남자: 네, 좋아요. 제가 주문을 할게요.

'만두가 정말 맛있는 것 같아요.'라는 남자의 말을 듣고 여자가 '만두를 하나 더 시킬까요?'라고 물었으므로 두 사람이 지금 식사를 하는 중이며 만두를 추가로 주문하려는 상황임을 알 수 있다.

03

> 남자: 최근 조사에 따르면 1인 가구의 수가 계속 증가하고 있는 것으로 나타났습니다. 1인 가구로 지내는 가장 큰 이유로는 '학교나 직장 문제로 가족들과 떨어져 살게 돼서'라는 응답이 가장 많았고, 그 밖에 '경제적인 문제 때문에, 혼자 자유롭게 사는 것이 좋아서'가 그 뒤를 이었습니다.

'1인 가구의 수가 계속 증가하고 있다'고 했으므로 1인 가구의 수를 나타내는 ①, ② 중에서 ①이 맞다. 한편 1인 가구로 지내는 이유를 나타내는 ③, ④는 모두 '학교나 직장 문제'가 1위가 되어야 맞다.

04
> 남자: 어제는 왜 그렇게 전화를 안 받았어?
> 여자: 어제 전화기가 고장 나서 수리를 맡겼거든.
> 남자: _____

어제 전화를 안 받은 이유에 대해 여자가 '어제 전화기가 고장 나서 수리를 맡겼다'고 했으므로, 이어지는 남자의 말로는 '여자가 전화를 안 받아서 걱정했다'는 내용이 적절하다.

05
> 여자: 수미 씨가 컵을 좋아하니까 선물로 저 컵을 사면 어떨까요?
> 남자: 컵이라면 아까 그 가게에 더 예쁜 게 많았던 것 같은데요.
> 여자: _____

여자가 수미 씨한테 컵을 선물로 주자고 제안했고 여기에 대해 남자가 '아까 그 가게에 예쁜 게 많았다'고 했으므로, 이어지는 여자의 말로는 '그 가게로 다시 가 보자'는 내용이 적절하다.

06
> 남자: 요즘도 출근 전에 수영을 하러 다녀?
> 여자: 응. 그런데 요즘은 바빠서 일주일에 세 번 정도밖에 못 가.
> 남자: _____

여자가 '요즘은 바빠서 일주일에 세 번 정도만 출근 전에 수영을 하러 간다'고 했으므로, 이어지는 남자의 말로는 '세 번 정도라도 대단하다'는 칭찬이나 격려의 내용이 적절하다.

07
> 여자: 이 책은 몇 번을 읽어도 참 흥미로운 것 같아요.
> 남자: 그렇죠? 그 이야기가 영화로도 만들어진다고 들었어요.
> 여자: _____

여자가 책이 아주 흥미롭다고 했고 남자가 그 책의 이야기가 영화로 만들어진다고 했으므로, 이어지는 여자의 말은 '그 영화가 나오면 봐야겠다'는 내용이 적절하다.

08
> 남자: 이 노트북은 고치는 데 시간이 많이 걸리겠는데요. 고장이 심해서요.
> 여자: 빨리 좀 안 될까요? 제가 다음 주에는 노트북을 꼭 써야 하거든요.
> 남자: _____

'노트북 수리에 시간이 많이 걸린다'는 남자의 말에 여자가 '다음 주에는 노트북을 꼭 써야 한다'고 했으므로, 이어지는 남자의 말로는 '최대한 빨리 수리해 보겠다'는 내용이 적절하다.

09

> 여자: 영화 보기 전에 커피나 마실까?
> 남자: 그래. 아직 한 시간이나 남았으니까 그렇게 하자.
> 여자: 그럼 나는 근처 카페들을 좀 검색해 볼 테니까 너는 주차해 놓고 와.
> 남자: 알았어. 내려서 잠깐 기다려.

여자가 자신은 '카페들을 검색해 보겠다'고 했고 남자에게는 주차를 하고 오라고 했으니까, 대화 후 여자는 인터넷으로 카페를 찾아볼 것이다.

10

> 여자: 여보세요? 지난달 전기 요금이 너무 많이 나와서 확인을 하고 싶은데요.
> 남자: 네, 혹시 사용 요금에 대한 안내를 이메일로 받아 보시나요?
> 여자: 아니요, 문자 메시지로 받고 있는데 구체적인 내용은 알 수 없어서요.
> 남자: 그럼 내용을 확인하실 수 있도록 바로 문자로 보내 드리겠습니다.

남자가 여자에게 '내용을 확인할 수 있도록 바로 문자로 보내겠다'고 했으므로, 대화 후 여자는 문자 메시지를 보고 전기 요금의 구체적인 내용을 확인할 것이다.

11

> 남자: 책은 다 골랐어요? 아이들 책을 사는 거죠?
> 여자: 네, 과학 분야의 책도 몇 권 사고 싶은데 종류가 많지 않네요.
> 남자: 아이들 책은 저쪽 할인 코너에도 있던데 제가 한번 가 볼까요?
> 여자: 아니에요. 그럼 제가 가서 보고 올 테니까 여기에서 잠깐 기다리세요.

'아이들 책은 할인 코너에도 있다'는 남자의 말을 듣고 여자가 자신이 가서 보고 오겠다고 했으므로, 대화 후 여자는 할인 코너에 가서 아이들이 읽을 과학 책을 찾아볼 것이다.

12

> 여자: 회의 준비는 다 됐습니다. 바로 회의를 시작하시겠습니까?
> 남자: 잠깐만요. 이 자료도 복사를 한 건가요? 오늘 이 자료도 같이 보면서 이야기를 해야 하는데요.
> 여자: 아, 그 자료는 복사해서 제 책상에 두었습니다. 지금 가지고 올까요?
> 남자: 네, 아마 회의 앞부분에서 필요할 것 같으니까 그렇게 해 주세요.

'자료를 복사해서 책상에 두었다'는 여자의 말에 남자가 회의 앞부분에서 자료가 필요할 것 같으니까 지금 가져와 달라고 했으므로, 대화 후 여자는 자신의 책상에 둔 자료를 가지러 갈 것이다.

13

> 여자: 와, 아직도 저 자리에 사진관이 그대로 있네요.
> 남자: 옛날에도 저 사진관이 있었어요? 당신이 살았던 게 벌써 30년 전이잖아요.
> 여자: 그러게 말이에요. 아, 제가 고등학생 때 찍었던 사진도 아직 걸려 있네요.
> 남자: 그러네요. 야, 주변 건물이랑 풍경은 다 변했는데 정말 놀라운데요.

① 사진관은 고등학교 근처에 있다. → 사진관 위치에 대한 내용은 나오지 않는다.
② 남자는 30년 전에 이 동네에 살았다. → 여자가 옛날에 이 동네에 살았었다.
③ 사진관에는 남자의 사진이 걸려 있다. → 사진관에는 여자의 사진이 아직 걸려 있다.

14

> 여자: (딩동댕) 안내 말씀드립니다. 다섯 살짜리 여자아이를 찾습니다. 하나로 묶은 머리를 하고 있고 노란색 티셔츠에 파란색 바지를 입고 있습니다. 후문 근처 동물원에서 엄마의 손을 놓쳤다고 합니다. 아이를 발견하셨거나 보호하고 계신 분은 놀이공원의 안내 센터로 연락 주시기 바랍니다. (댕동딩)

① 아이는 노란색 바지를 입고 있다. → 아이는 노란색 티셔츠에 파란색 바지를 입고 있다.
③ 아이의 엄마는 안내 센터에서 기다리고 있다. → 어머니가 있는 장소에 대한 내용은 나오지 않는다.
④ 아이를 발견하면 후문으로 데리고 가야 한다. → 아이를 발견하면 놀이공원의 안내 센터로 연락해야 한다.

15

> 남자: 지난 14일 오후, 설악산에서 60대 남성이 등반 중 바위에서 떨어지는 사고가 있었습니다. 다리에 부상을 입은 남성은 산에서 간단한 조치를 받은 후 병원으로 옮겨졌습니다. 남성이 바위에서 떨어지게 된 원인에 대해서는 함께 등반을 했던 동료들을 상대로 현재 조사 중입니다.

① 이 사고는 이른 시간에 발생했다. → 이 사고는 오후에 발생했다.
③ 사고를 당한 남성은 혼자 산에 올랐다. → 남성은 동료들과 함께 등반을 했다.
④ 남성은 병원에 도착하기 전까지 치료를 받지 못했다. → 남성은 산에서 간단한 조치를 받은 후 병원으로 옮겨졌다.

16

> 여자: 저는 소설을 써 온 40년 가까운 시간 동안 주로 역사적인 아픔과 그것을 극복하는 과정에 대해 다루어 왔습니다. 그리고 그 안에 있었던 개인의 삶에 대해 말하려 했죠. 아마 그런 주제가 독자들의 공감을 이끌어 낸 것 같아요. 그 누구도 역사와 무관하게 살아갈 수는 없으니까요.

① 여자는 작가가 된 지 40년이 넘었다. → 소설을 써 온 시간이 40년 가까이 되었다.
② 여자는 역사를 가르치는 일을 하고 있다. → 여자는 소설을 쓰는 작가이다.
④ 여자는 독자들과 직접 만나는 자리를 좋아한다. → 독자들과의 만남에 대한 내용은 나오지 않는다.

17

> 남자: 수미야, 이사할 집은 내가 같이 보러 다녀 줄까?
> 여자: 아니, 괜찮아. 괜히 여러 의견을 듣다 보면 결정하기만 더 힘들어질 것 같아.
> 남자: 이사가 얼마나 중요한 일인데. 그래도 여러 사람의 의견을 듣는 게 낫지.

남자는 여자가 이사할 집을 자신이 같이 보러 다녀 주겠다고 하면서 '이사는 아주 중요한 일이니까 여러 사람의 의견을 듣는 게 낫다'고 했다.

18

> 남자: 그 소식 들었어요? 김 과장님이 복권에 당첨이 됐대요.
> 여자: 와, 너무 부러워요. 제게는 한 번도 그런 행운이 찾아온 적이 없거든요.
> 남자: 하지만 그렇게 쉽게 들어온 행운은 그만큼 쉽게 달아나지 않을까요?

남자는 김 과장의 복권 당첨을 부러워하는 여자에게 '쉽게 들어온 행운', 즉 '노력 없이 얻은 행운'은 쉽게 달아난다고 했다.

19

> 여자: 요즘 도시에서는 별을 보기가 힘들어진 것 같아. 대기 오염이 심각해져서 그럴 텐데 정
>   말 안타까워. 이런 문제를 해결할 방법도 없는 것 같고.
> 남자: 그래도 작은 것부터 함께 노력하다 보면 별을 마음껏 볼 수 있는 날이 다시 올 거야.
> 여자: 환경 문제가 그런 노력만으로 해결이 될까?
> 남자: 당연하지. 각자 집에서 나오는 쓰레기만 조금씩 줄여도 환경에 도움이 될걸.

작은 노력만으로는 환경 문제를 해결하기 힘들다는 여자의 말에 남자는 '집에서 나오는 쓰레기를 줄이는 것과 같은 노력만으로도 환경에 도움이 된다'고 했다.

20

> 여자: 선생님은 요리에서 어떤 부분을 가장 중요하게 생각하시나요?
> 남자: 저는 요리가 모든 감각으로 즐기는 예술이라고 생각합니다. 그래서 요리의 맛은 기본이
>   고 색과 향기까지 다 신경을 쓰는 편이죠. 특히 요즘은 색깔에 좀 더 집중하고 있습니
>   다. 그 색깔이 가지고 있는 고유의 분위기를 통해 맛을 더욱 풍부하게 느낄 수도 있으니
>   까요.

남자는 요즘 요리의 색깔에 좀 더 집중하고 있으며, 색깔을 통해 요리의 맛을 더욱 풍부하게 느낄 수도 있다고 했다.

21~22

> 여자: 부장님, 지난 1년간 우리 호텔을 찾은 고객들을 대상으로 실시했던 설문 조사 결과가 나왔습니다.
> 남자: 뭔가 주목할 만한 결과가 있었나요? 저는 무엇보다 고객들이 우리 호텔을 깨끗한 숙박 시설로 느꼈으면 좋겠는데요.
> 여자: 네, 방에 대한 평가는 괜찮은데 공동 시설의 점수가 좀 낮게 나왔더라고요.
> 남자: 음, 그렇다면 식당이나 운동 시설 같은 공간들을 빨리 점검해야겠는데요. 호텔에서는 그 어떤 공간도 그런 평가를 받아서는 안 되니까요.

21 남자는 '무엇보다 고객들이 호텔을 깨끗한 숙박 시설로 느꼈으면 좋겠다'며, 공동 시설에 대한 점수가 낮다는 여자의 보고를 듣고 그런 시설들을 빨리 점검해야겠다고 했다.

22 ① 호텔에서는 1년 만에 설문 조사를 실시했다. → 지난 1년간 호텔에 왔던 고객들을 대상으로 설문 조사를 실시했다.
② 여자는 호텔의 설문 조사에 적극적으로 참여했다. → 설문 조사는 호텔의 고객들을 대상으로 실시했다.
③ 남자는 호텔에 있는 공동 시설들을 없애고 싶어 한다. → 남자는 식당이나 운동 시설 등을 빨리 점검해야겠다고 했다.

23~24

> 남자: 우리 가게는 골목 제일 안쪽에 있어서요. 멀리서도 보일 수 있도록 간판을 좀 크게 만들고 싶은데요.
> 여자: 그럼 가로로 쓰인 것보다는 세로로 쓰인 간판을 다는 게 더 좋을 것 같네요.
> 남자: 아니요, 그런 간판은 이미 설치돼 있고요. 골목 입구나 가게 앞에 자유롭게 세워 놓을 수 있는 게 필요해서요.
> 여자: 아, 이동식 간판을 원하시는군요. 네, 알겠습니다. 그럼 여기 컴퓨터에서 원하시는 간판의 디자인을 한번 골라 보시겠어요?

23 남자는 자신이 가게 앞이나 골목 입구에 자유롭게 세워 놓을 이동식 간판을 원한다는 것을 설명하고 있다.

24 ① 남자의 가게는 골목 입구에 위치해 있다. → 남자의 가게는 골목 제일 안쪽에 있다.
② 남자의 가게에는 아직 간판이 안 달려 있다. → 남자의 가게에는 이미 세로로 쓰인 간판이 설치되어 있다.
④ 여자는 여러 가지 디자인의 간판을 만들기로 했다. → 여자가 남자에게 컴퓨터에서 원하는 디자인을 골라 보라고 했다.

25~26

> 여자: 올해는 불꽃 축제에 100만 명이 넘는 사람들이 와서 관람을 했는데요. 어떻게 이렇게 큰 행사로 발전할 수 있었나요?
>
> 남자: 가장 큰 매력은 계속 변화하고 있는 것이라 생각합니다. 축제에서는 세계 여러 도시에서 온 참가자들이 각 도시를 상징하는 독창적인 불꽃놀이를 보여 주는데요. 그렇기 때문에 사람들이 볼 때마다 또 다른 것을 느끼는 것 같습니다. 또한 올해는 첨단 기술을 활용한 불꽃놀이가 소개되어 관객들에게 새로운 경험을 제공했고요. 앞으로도 매년 이렇게 새로운 변화를 시도해 가면서 세계적인 축제로 자리 잡을 수 있도록 할 생각입니다.

25 남자는 '불꽃 축제의 가장 큰 매력은 계속 변화하고 있는 것'이라고 하면서, 매년 새로운 변화를 시도해 가면서 불꽃 축제가 세계적인 축제로 자리 잡을 수 있도록 하겠다고 밝혔다.

26 ① 축제에 가면 불꽃놀이를 해 볼 수 있다. → 불꽃놀이 참여에 대한 내용은 나오지 않는다. 문맥상 관람객들은 불꽃놀이를 구경만 할 수 있을 것이다.
③ 불꽃 축제에는 매년 100만 명이 넘는 사람들이 찾아온다. → 올해의 경우 100만 명이 넘는 사람들이 찾아왔지만, 매년 100만 명이 넘는지는 알 수 없다.
④ 축제 참가자들이 서로 비슷한 내용을 준비해서 보여 준다. → 세계 여러 도시에서 온 참가자들이 각 도시를 상징하는 독창적인 불꽃놀이를 보여 준다.

27~28

> 남자: 요즘 업무 특성에 따라 근무 장소를 자유롭게 정할 수 있도록 하는 직장이 늘고 있대요. 우리 회사도 이제 그런 제도를 도입할 때가 된 것 같은데요.
>
> 여자: 네, 제 친구 회사도 그런 제도를 시행한다고 하더라고요. 그런데 생각보다 업무 효율성이 떨어져서 중단하는 회사들도 있다던데요.
>
> 남자: 아직 시행 초기라 그런 게 아닐까요? 재택근무 시행 이후 직원들의 만족도가 높아지고 있다는데 그런 분위기가 결국은 회사에도 긍정적인 영향을 미칠 거고요.
>
> 여자: 물론 시간이 지나면 개선이 되겠죠. 하지만 우리 회사는 같이 모여서 해야 하는 일도 많고 해서 시행할 수 있을지 모르겠네요.

27 남자는 자신들의 회사도 재택근무를 시행할 때가 됐다며 제도 시행의 필요성을 강조하고 있다.

28 ① 이 제도는 직원들한테 좋은 반응을 얻지 못했다. → 재택근무 시행 이후 직원들의 만족도가 높아지고 있다.
② 여자는 친구가 근무하고 있는 회사로 옮기려고 한다. → 자신의 친구 회사에서도 재택근무를 시행하고 있다고만 말했다.
④ 이 제도는 초기에 발생한 문제로 시행이 전면 중단되었다. → 업무 효율성이 떨어져서 시행을 중단하는 회사들도 있지만 시행이 모두 중단된 것은 아니다.

29~30

> 여자: 지금 하시는 일이 일반적인 심리 치료와는 다르다고 들었습니다.
> 남자: 네, 제가 하는 일은 사람들이 반려동물과의 관계를 통해 심리적인 안정을 얻고 위로받
>   을 수 있도록 하는 것인데요. 동물과의 유대감이 사람에게 주는 이점을 적극 이용해서
>   다양한 사람을 치료하고 있습니다.
> 여자: 동물들의 반응이나 행동을 예측하기 힘들어서 어려운 점도 있을 것 같습니다.
> 남자: 네, 그런 문제로 크게 곤란을 겪은 적도 있지요. 그래서 지금은 치료 전에 미리 제가 반
>   려동물하고 교감할 수 있는 시간을 충분히 갖고 있습니다.

29 남자가 '반려동물과의 관계를 통해 심리적인 안정을 얻고 위로받을 수 있도록 하는 것'이라고 자신의 일을 설명했으므로, 동물과의 관계를 활용해 사람들의 심리를 치료하는 사람임을 알 수 있다.

30 ① 남자는 반려동물을 키우고 있다. → 이런 내용은 나오지 않는다.
③ 남자는 동물들의 행동을 모두 예상할 수 있다. → 남자는 동물들의 행동을 예측할 수 없어서 전에 곤란을 겪은 적이 있다.
④ 남자는 일이 끝나면 동물들과 교감하는 시간을 갖는다. → 남자는 치료 전에 치료 대상자의 반려동물과 교감하는 시간을 갖는다.

31~32

> 여자: 도서관 안에 이렇게 큰 회의실을 만들게 되면 조용한 학습 분위기를 원하는 학생들의
>   반발이 꽤 거셀 텐데요.
> 남자: 도서관이 단순히 독립적인 학습 공간이 아니라 필요하면 얼마든지 지식을 논하고 토론
>   도 할 수 있는 공간이라는 점을 학생들에게 적극적으로 알린다면 그런 반발도 줄어들
>   겁니다.
> 여자: 그래도 학교 안에서 자습을 할 수 있는 공간으로는 도서관이 유일한데 학생들의 생각을
>   바꾸기는 쉽지 않을 겁니다.
> 남자: 주변 열람실에 방해가 되지 않도록 회의실 사용 규칙을 강화하고 잘 관리하면 학생들의
>   생각도 달라질 거라고 봅니다.

31 회의실을 설치하게 되면 학생들의 반발이 클 거라는 여자의 말을 듣고, 남자는 회의실의 필요성을 학생들에게 알리고 회의실 사용 규칙 등을 강화하면 그런 반발이 줄어들 것이라고 말했다.

32 남자는 회의실 설치에 반대하는 학생들의 생각을 바꿀 수 있다는 데에 확신을 가지고 말하고 있다.

33~34

> 여자: 한 뇌 과학 연구팀이 반년간의 연구 결과 휴식이 암기력을 향상시킨다는 사실을 밝혀냈습니다. 연구에서는 학생과 직장인, 주부 등 실험 참가자들을 두 그룹으로 나누어 한 그룹은 학습 후 즉시 다음 학습으로 넘어가게 했고 또 다른 그룹은 짧은 휴식을 취하도록 했습니다. 그 결과 휴식을 취한 그룹은 학습 목록의 50%를 기억했지만 휴식 없이 계속 학습한 그룹은 28%만을 기억했습니다. 이러한 연구는 뇌 손상 환자에게도 적용되었습니다. 실험 결과 휴식은 뇌 손상 환자들의 암기력을 일반인 수준으로 향상시켰습니다.

33 여자는 연구 결과를 바탕으로 짧은 휴식이 암기력 향상에 미치는 영향에 대해 말하고 있다.

34 ① 이 연구를 위한 실험은 6개월 이상 진행되었다. → 이 연구는 반년간, 즉 6개월 동안 진행되었다.
② 이 실험에서 두 집단이 동일한 결과를 나타냈다. → 실험 결과 휴식을 취한 그룹의 암기력이 즉시 다음 학습으로 넘어간 그룹에 비해 높게 나타났다.
④ 이 연구에 따르면 암기력 향상에는 긴 휴식이 필요하다. → 학습 후 짧은 휴식으로도 더 많은 학습 목록을 기억하는 것으로 나타났다.

35~36

> 남자: 화성 행궁은 조선 시대 행궁 중 가장 규모가 크고 중요한 의미를 지닌 건축물로 손꼽힙니다. 이곳은 정조 임금이 행차 때 임시로 머물렀던 곳이자 지방 관리가 일을 보던 장소로 활용되었습니다. 당시에는 총 576칸으로 이루어져 있었으나 현재는 229칸밖에 남지 않았습니다. 그리고 남아 있는 건물의 상태도 점점 악화되고 있습니다. 따라서 지금부터라도 지속적인 보존과 복원 노력이 필요합니다. 화성 행궁은 우리 역사와 문화를 이해하는 데 중요한 자원으로 후손들에게 전해져야 할 소중한 유산이기 때문입니다.

35 남자는 행궁 안에 남아 있는 건물의 상태도 점점 악화되고 있다고 하면서 아쉬움을 표현하는 동시에 지속적인 보존과 복원 노력이 필요하다는 점을 말하고 있다.

36 ① 조선 시대에는 매우 다양한 규모의 행궁이 지어졌다. → 화성 행궁이 조선 시대 행궁 중 가장 규모가 크다고만 했을 뿐, 다양한 규모의 행궁이 있었는지에 대한 내용은 나오지 않는다.
③ 조선 시대 행궁 중 남아 있는 것은 화성 행궁뿐이다. → 이러한 내용은 나오지 않는다.
④ 화성 행궁은 현재 500칸이 넘는 규모를 유지하고 있다. → 화성 행궁은 원래 500칸이 넘는 규모였으나 현재는 229칸밖에 남지 않았다.

37~38

> 남자: 올해 달리던 차량이 갑작스럽게 인도의 보행자들에게 돌진하는 사고가 몇 차례 있었는데요. 이후 어떤 대책이 마련되었습니까?
>
> 여자: 우선 가로수를 심는 방안을 추진하고 있습니다. 가로수는 차선에서 벗어난 차의 충격을 줄여 주고 시각적으로 보행자들의 불안감도 낮출 수 있습니다. 물론 운전자도 보호할 수 있고요. 뿐만 아니라 가로수는 그늘을 제공해 기온을 낮춰주고 탄소 배출량도 감소시켜줘서 환경적인 측면에서도 유용합니다. 가로수가 운전자의 시야를 가릴 수 있다는 우려도 있지만 나뭇가지를 주기적으로 잘 정리해 준다면 그로 인한 교통사고는 예방할 수 있습니다.

37 여자는 가로수를 심으면 보행자와 운전자의 안전을 모두 보호할 수 있고 또 환경 오염을 줄이는 데에도 도움이 된다고 말하고 있다.

38 ① 가로수가 있으면 운전자의 불안감이 높아지게 된다. → 가로수는 보행자들의 불안감을 낮출 수 있다. 운전자들 역시 가로수가 있으면 보호받을 수 있으므로 불안감이 낮아질 것이다.
② 올해 초 보행자들이 차도로 들어가는 사고가 발생했다. → 달리던 차량이 갑작스럽게 인도로 들어가는 사고가 있었다.
③ 차선에서 벗어난 차는 부딪혀도 크게 충격을 받지 않는다. → 가로수가 있으면 차선에서 벗어난 차의 충격을 줄여 준다.

39~40

> 여자: 그렇다면 정부는 지난 4년간의 주택 공급 정책이 성과가 있었다고 판단하고 있는 거군요.
>
> 남자: 네, 정부는 주택 공급이 확대되고 매매 가격도 안정이 된 것으로 분석하고 있습니다. 그러면서 내년에는 올해 공급량의 두 배에 달하는 공공 주택을 차질 없이 공급하겠다고 밝혔죠. 하지만 낙관하기는 이르다는 의견도 많습니다. 전문가들은 정부가 과거 '수요 억제'에서 '공급 중심'으로 정책을 전환한 점은 긍정적이지만 공급 문제는 장기적인 관점으로 접근해야 한다고 지적합니다. 주택 시장이 안정되려면 임대 등 다양한 주거 형태에 대한 지원도 이루어져야 한다는 것입니다.

39 여자가 '그렇다면'이라는 말로 문장을 시작했으니까, 뒤에 오는 말이 이 대화 전의 내용을 다시 한 번 설명하고 있는 것임을 알 수 있다. 뒤에서 '정부는 지난 4년간의 주택 공급 정책이 성과가 있었다고 판단하고 있는 거군요.'라고 말하고 있으므로, 이 대화 전의 내용도 이러한 의미의 내용이 될 것이다.

40
① 전문가들은 정부의 정책을 부정적으로 평가하고 있다. → 전문가들은 정부가 '공급 중심'으로 정책을 전환한 점은 긍정적으로 평가한다.
③ 주택의 공급 부족 문제는 단기간에 해결하는 게 바람직하다. → 공급 문제는 좀 더 장기적인 관점으로 접근해야 한다.
④ 주택 시장의 안정을 위해서는 매매 주택의 수를 늘려야 한다. → 주택 시장이 안정되려면 임대 등 다양한 주거 형태에 대한 지원이 이루어져야 한다.

41~42

> 여자: 막걸리는 저렴한 가격으로 오랫동안 서민들의 술로 여겨져 왔습니다. 하지만 최근 젊은 세대의 취향과 맞물리면서 새로운 전성기를 맞이하고 있는데요. 이러한 성장 배경에는 변화하는 음주 문화도 영향을 미쳤다고 봅니다. 가정에서 가볍게 술을 즐기는 사람이 늘면서 상대적으로 알코올 도수가 낮은 막걸리의 인기가 높아진 것이죠. 또한 식당 등에서 막걸리와 그에 어울리는 안주를 하나의 메뉴로 구성해 판매하면서 젊은 소비자들이 유입되고 있기도 합니다. 무엇보다 막걸리의 매력은 다양성에 있습니다. 최근에는 과일 맛 막걸리를 비롯한 다양한 맛의 신제품이 출시되며 막걸리의 대중화와 함께 한국 전통주의 새로운 가능성을 보여 주고 있습니다.

41 여자는 막걸리 소비층이 어려진 점이나 막걸리 회사가 다양한 맛을 시도하고 있는 점 등이 한국 전통주의 새로운 가능성을 보여 주고 있다고 했다.

42
② 전통주의 대중화로 가격이 점점 떨어지는 추세이다. → 막걸리의 가격이 오랫동안 저렴했다고만 했을 뿐, 전통주의 가격 변화에 대한 내용은 나오지 않는다.
③ 막걸리는 오랫동안 다양한 세대의 사랑을 받아 왔다. → 막걸리는 최근에 와서 젊은 세대들도 즐기는 술이 되었다.
④ 막걸리를 주문하면 안주를 무료로 제공하는 식당이 늘고 있다. → 식당 등에서 막걸리와 그에 어울리는 안주를 하나의 메뉴로 구성해 판매하고 있다.

43~44

남자: 지금은 서울의 청계천이 다양한 행사와 축제가 열리는 문화 공간으로 자리매김했지만 십여 년 전까지만 해도 이런 명소가 될 거라 예측할 수 없었습니다. 청계천은 조선 시대 초기인 1406년 태종 때 처음 조성되었는데요. 한양의 중심을 흐르는 주요 하천으로서 중요한 역할을 했습니다. 그런데 1960년대 초반 서울의 급격한 도시화로 수질 악화와 범람 문제가 심각해지면서, 서울시는 청계천을 덮어 버리고 그 위에 도로를 건설했습니다. 이후 건설된 도로는 도심의 주요 통로로 사용되었지만 하천의 생태계와 환경은 크게 오염되었죠. 이에 서울시는 청계천 복원 사업을 통해 원래의 하천을 되살리기 시작했고 청계천은 다시 물이 흐르는 하천으로 탈바꿈하게 됐습니다.

43 남자는 청계천이 처음 조성된 때부터 현재의 모습을 갖추기까지의 변화를 설명하고 있다.

44 ① 공연장. 카페 등의 문화 공간이 마련되어 있다. → 다양한 행사와 축제가 열리는 문화 공간으로 자리매김했다.
② 서울시가 건설한 도로는 제 역할을 하지 못했다. → 건설된 도로는 도심의 주요 통로로 사용되었다.
③ 1960년대 서울의 주요 하천으로 처음 조성되었다. → 조선 시대 초기인 1406년 태종 때 처음 조성되었다.

45~46

여자: 눈의 흰자에 나타나는 작은 점이나 띠, 눈꺼풀의 변화 등은 우리 몸의 중요한 건강 신호일 수 있습니다. 예를 들어 눈 흰자에 작은 붉은 점이 자주 생긴다면 고혈압을 의심해 볼 필요가 있습니다. 혈압이 높아지면 눈의 혈관에 압력이 가해져 이런 작은 출혈을 일으킬 수 있는데 고혈압은 뇌졸중이나 심장질환과 같은 병으로 이어질 수 있으니 주의해야 합니다. 또 검은자 주변에 생기는 하얀 띠는 혈액 중에 지방 성분이 많을 때 나타날 수 있는 신호입니다. 이런 고지혈증은 혈관 건강에 심각한 영향을 줄 수 있습니다. 이렇게 눈을 통해 큰 질병들이 발견될 수도 있기 때문에 눈의 상태에 관심을 가지고 빠르게 대응하는 것이 중요합니다.

45 ① 눈의 흰자에 생긴 점은 지방의 양과 관계가 있다. → 눈 흰자에 작은 붉은 점이 자주 생긴다면 고혈압을 의심해 볼 필요가 있다.
② 눈꺼풀의 변화는 몸 전체의 건강 상태를 나타낸다. → 우리 눈의 변화가 건강 상태를 나타내는 것은 맞지만, 눈꺼풀의 변화 하나가 몸 전체 건강을 나타내지는 않는다.
④ 눈의 혈관에 압력이 가해지면 하얀 띠가 생기게 된다. → 눈의 혈관에 압력이 가해지면 출혈이 생겨 흰자에 붉은 점이 생길 수 있다. 검은자 주변의 하얀 띠는 혈액 중 지방이 많을 때 생기는 것이다.

46 여자는 눈 흰자의 붉은 점과 검은자의 하얀 띠를 예로 들어 눈의 변화가 건강 상태를 보여줄 수 있다는 자신의 의견을 전달하고 있다.

47~48

> 여자: 원자재 가격과 인건비 상승이라는 이중고를 겪고 있는 중소기업이 많습니다. 어떤 대책이 필요하다고 보십니까?
> 남자: 중소기업은 경제의 중요한 축을 형성하고 있고 이들 기업의 성장은 국가의 경제 발전과 고용 창출에 있어 필수적입니다. 따라서 현재 중소기업들이 겪고 있는 어려움을 해결할 수 있는 지원책이 시급한 상황인데요. 우선 청년을 채용할 때 정부가 일정 금액을 지원해 줘야 합니다. 지원금은 1년 동안 지급해 주는 것으로 하되 청년의 고용 유지 여부에 따라 연장될 수 있도록 한다면 더 효과가 있을 겁니다. 더불어 근로자들이 육아 휴직을 사용하지 않고 단축 근무를 할 수 있도록 돕는 제도가 확대된다면 좋겠습니다.

47 ① 원자재 가격은 오른 데 반해 인건비는 하락했다. → 원자재 가격과 인건비가 모두 상승했다.
③ 청년 채용에 대한 지원은 1년이 넘지 않도록 해야 한다.→ 1년 동안 지급해 주는 것으로 하되 청년의 고용 유지 여부에 따라 연장될 수 있도록 한다면 더 효과가 있을 것이라고 했다.
④ 육아로 인한 단축 근무자를 위해서도 지원금이 필요하다. → 육아 휴직 대신 단축 근무를 할 수 있는 제도가 확대되어야 한다고 했다.

48 남자는 중소기업이 겪고 있는 어려움을 해결하기 위한 대책으로 청년 채용 지원금과 육아 근로자를 위한 단축 근무 제도 확대를 제안하고 있다.

49~50

> 남자: 여러분은 '국민 참여 재판'에 대해 알고 있습니까? 국민 참여 재판이란 법률 전문가가
> 아닌 국민이 배심원으로 참여하는 형사 재판을 말합니다. 여기에서 배심원은 만 20세
> 이상의 대한민국 국민으로 규정하고 있는데 법원별로 가지고 있는 배심원 후보자 명부
> 에서 무작위로 뽑게 됩니다. 그런데 통상적으로 국민들의 법 감성과 재판의 법 집행은
> 꽤나 괴리가 있습니다. 국민 참여 재판은 바로 이런 심리를 이용하는 수단입니다. 실제
> 로도 형사 소송에서 국민 참여 재판을 이용하게 된다면 승소에 상당히 유리한 결과를
> 이끌어 낼 수 있다고 합니다. 하지만 우리가 유념해야 할 점은 국민 참여 재판의 배심원
> 의견은 참고 사항일 뿐 강제력은 없다는 것입니다. 따라서 국민 참여 재판과 배심원의
> 결정이 반드시 승소를 가져온다는 보장이 없고 판사의 선고는 배심원들의 판결과 다를
> 수 있음을 감안해야 합니다.

49 ① 이 재판에는 판사가 참여하지 않는다. → '판사의 선고는 배심원들의 판결과 다를 수 있음을 감
안해야 한다'고 했으므로, 국민 참여 재판에서도 최종 판결은 판사가 한다는 것을 알 수 있다.
② 이 재판은 법률 전문가의 양성을 목적으로 한다. → 국민 참여 재판은 법률 전문가가 아닌 국민
이 배심원으로 참여하는 형사 재판이다.
③ 이 재판의 배심원이 되려면 법적인 지식이 필요하다. → 배심원은 만 20세 이상의 대한민국 국
민으로 규정하고 있는데 배심원 후보자 명부에서 무작위로 뽑게 된다.

50 남자는 국민 참여 재판에서 배심원의 의견은 강제력이 없으며 판사의 선고가 배심원들의 판결과 다
를 수 있음을 감안해야 한다고 하면서, 국민 참여 재판에 대한 낙관적인 시각을 경계하고 있다.

① 교시 쓰기(51번~54번)   점수: (   )점 / **100**점

문항 번호	모범 답안 및 채점 기준	배점
51	⊙: 미뤘으면 합니다 / 미뤘으면 좋겠습니다	10
	ⓒ: 병원에 갔다가 / 병원에 들렀다가	
52	⊙: 섭취하게 된다	10
	ⓒ: 만들어 준다고 한다	

53 [원고지 답안 예시: 276자]

	독	서	생	활	연	구	회	의		조	사	에		따	르	면		응	답
자	의		절	반	인		50	%	는		책	을		연	간		한		권
에	서		다	섯		권	은		읽	는		것	으	로		나	타	났	으
며	,	여	섯		권	에	서		열		권		이	상	은		17	.3	%,
열	한		권		이	상	은		11	.2	%	로		나	타	났	다	.	하
지	만		책	을		전	혀		읽	지		않	는	다	는		응	답	도
21	.5	%	나		차	지	했	다	.	독	서	를		하	는		사	람	들
이		주	로		읽	는		도	서		분	야	로	는		소	설	이	
1	위	,	자	기	계	발	이		2	위	,	인	문	이		3	위	로	
조	사	되	어		소	설		분	야	의		인	기	가		높	은		것
을		알		수		있	었	다	.	한	편		독	서	량	이		부	족
한		이	유	에		대	해	서	는		'	스	마	트	폰		등		전
자	기	기	의		사	용		시	간	이		길	어	서	',	'	마	음	의
여	유	가		없	어	서	'	라	고		응	답	했	다	.				

54 [원고지 답안 예시: 669자]

  인공지능이 만든 작품의 원천도 결국
은 인간의 창작물이다. 예를 들어 몇
년 전 한 경매에서 비싼 가격에 팔린,
인공지능이 그린 초상화의 경우를 살펴
보자. 이 초상화는 인공지능이 이전부터 (100)
존재해 온 여러 초상화의 기법을 학습
한 후 입력된 데이터를 조합해서 만들
어낸 것이라고 한다. 즉 인공지능이 예
술품을 만들어 내는 것은 이미 인간이
창작해 놓은 작품들을 모방하는 작업일 (200)
뿐이므로 창작 활동이라고 보기 어려운
것이다.
  또 인공지능이 작품을 만드는 과정에
는 창작에 필수적인 창작자의 의도나
자유의지, 비판 능력 등이 결여되어 (300)
있다. 따라서 그 안에 어떤 사상이나
감정이 담겨 있다고 볼 수 없으며, 이
것은 인공지능의 저작권을 인정할 수
없는 중요한 이유가 된다. 인공지능 개
발자도 같은 상황이다. 개발자 역시 인 (400)
공지능의 작품 제작 과정에 직접적으로
는 관여하지 않기 때문에 개발자의 사
상이나 감정 등이 작품에 들어갈 수
없다. 따라서 개발자는 그 인공지능에
대한 권리만 가질 수 있는 것이다. (500)
  그럼에도 불구하고 인공지능의 저작권
을 인정한다면, 거기에는 부작용이 따를
수밖에 없다. 인공지능은 쉬지 않고 계
속 작업할 수 있으므로 작업의 효율성
에 있어서 사람은 경쟁 상대가 안 된 (600)
다. 결국 인공지능은 인간의 창작 영역
을 빠르게 대체하게 될 것이고, 그런
상황이 지속된다면 결국 인간의 창작
활동은 중단되어 인류의 문화가 황폐해
질 것이다. (700)

② 교시 읽기(01번~50번)   점수: (   )점 / **100**점

01	02	03	04	05	06	07	08	09	10
②	④	③	①	③	③	②	④	③	②
11	12	13	14	15	16	17	18	19	20
①	③	④	①	③	①	④	②	③	④
21	22	23	24	25	26	27	28	29	30
③	②	③	②	④	②	③	①	③	②
31	32	33	34	35	36	37	38	39	40
④	③	②	④	①	③	②	④	③	②
41	42	43	44	45	46	47	48	49	50
①	④	③	②	④	①	④	③	②	③

01 V-(으)ㄴ 모양이다: 다른 사실이나 상황으로 미루어 현재 어떤 상태일 것이라고 추측하거나 짐작함을 나타낼 때 사용한다.

02 V-느라고: 앞의 내용이 뒤 문장에 오는 내용의 원인이나 이유가 됨을 나타내며, 주로 어떤 일을 하느라고 다른 일을 하지 못했거나 부정적인 상황이 되었을 때 사용한다.

03 V-(으)ㄹ 만큼: 앞 내용에 비례하는 어떤 결과가 있거나 앞에 제시된 것과 비슷한 정도나 수량임을 나타낼 때 사용한다.

04 V-기 마련이다: 그런 일이 있는 것이 당연하다는 뜻을 나타낼 때 사용한다.

05~08 각각 '먼지/구석구석, 항공권/호텔/예약, 속도/양보/도로, 연락 주시기 바랍니다/전화 통화' 등의 어휘나 표현을 통해 답을 유추해 낼 수 있다.

09 가족 단위로 눈꽃 기차표를 예약하면 20% 할인된 가격에 구입할 수 있다.

10 조사 결과, 여가 시간에 학습을 하는 직장인이 2023년 3.4%에서 2024년 2.1%까지 감소한 것으로 나타났다.

11 찾아가는 문화 활동의 공연은 음악과 무용, 연극의 세 부문으로 나뉘어 주말마다 진행된다.

12 학생들은 주인에게 카드의 위치를 알려 주기 위해 길에서 발견한 카드로 근처 편의점에서 사탕을 구입했다.

16 앞에 '색을 바꾸어 자신을 보호한다'는 말과 '도망치면서'라는 말이 있고 다음 문장에서 '이 능력은 생존을 위해 매우 중요하다'고 했으므로, 색의 변화를 이용하는 목적으로서 빈칸에는 '적에게 혼란을 주기'라는 말이 들어가는 것이 적절하다.

17 '헹구는 횟수가 너무 적으면 치아의 색이 변하는 등의 문제를 일으킬 수 있다'는 앞 문장과 '그러나 반대로'라는 말로 연결되어 있으므로, '지나치게 헹구게 되면'이라는 말이 들어가는 것이 적절하다.

18 뒤 문장에 화면의 밝기가 주변 환경과 맞지 않으면 눈이 더 쉽게 피로해질 수 있다는 내용의 설명이 있으므로, '화면에 맞게 조절하는'이라는 말이 들어가는 것이 적절하다.

19 더불어: '거기에다 더하여'라는 의미의 말로서, 앞에 제시된 내용과 유사한 맥락에서 다른 내용을 추가로 덧붙일 때 사용한다.

20 낙타는 사막이라는 극한 환경에서 살아가기 위해 특히 물을 매우 효율적으로 사용할 수 있는 특별한 능력을 지니고 있다는 것이 이 글의 주제이다.

21 문맥상 불법 촬영이 이루어지고 있다는 것을 알게 된 공연 관계자들이 모두 그러한 행위에 대해 강하게 처벌해야 한다는 동일한 반응을 보이고 있다는 의미의 말이 들어가야 하므로, '입을 모으다'라는 말이 들어가는 것이 적절하다.

22 일부 관람객들이 개인적인 감상의 목적에서뿐만 아니라 영상을 팔아서 돈을 벌기 위해 몰래 촬영을 하고 있다고 했다.

23 '나'는 아버지가 자신의 아픔만을 생각하고 가족들의 고생은 외면하는 이기적인 분이라고 생각해서 아버지를 원망하기도 했다. 하지만 아버지가 돌아가신 후 발견한 일기장에서 나에 대한 아버지의 사랑을 느끼게 되었다. 따라서 공책을 열어 보고 눈물이 쏟아질 것 같았던 것은 아버지께 가졌던 원망에 대한 후회스러움 때문이다.

24 '이제 나도 이 공책의 남은 자리에 일기를 써 나가려고 한다'고 했다.

28 앞에서 유통 기한이 지난 우유에는 암모니아 성분이 많아지는데 이 암모니아가 강력한 청결제의 기능을 한다고 했으므로, '묵은 때를 없애는'이라는 말이 들어가는 것이 적절하다.

29 앞에서 잠수함은 물이나 공기로 채울 수 있는 밸러스트 탱크를 활용하여 부력을 제어한다고 했으므로, '공기가 대신 들어가서'라는 말이 들어가는 것이 적절하다.

30 뒤에 삶은 양배추의 효능에 대한 설명이 나오는데 빈칸의 내용이 그 내용과 '좋지만'이라는 말로 연결되어 있으므로, 문맥상 '날것을 그대로 먹어도'라는 말이 들어가는 것이 적절하다.

31 앞에서 이 증후군을 겪고 있는 사람들은 개인적인 시간은 별다른 의미가 없다고 느끼고 휴식 시간에도 일만 생각하게 된다고 했으므로, 취미 생활이나 가족과의 시간에서 '삶의 의미를 찾을 수 있게' 노력하는 것이 중요하다는 내용이 오는 것이 적절하다.

32 '단오'는 기존 감자와 비슷한 방법으로 재배했을 때 생산량이 더 많은 것으로 나타났다고 했다.

33 이 책은 한 가지 음식이라도 만드는 방법을 두세 가지 이상으로 설명하는 특징이 있다고 했다.

34 신체 언어를 적절하게 잘 활용함으로써 고객에게 좋은 인상을 남기고 제품에 대한 관심도 끌어낼 수 있다고 했다.

35 단순히 지출을 줄이기 위해 저렴한 제품만을 찾는 것을 넘어 가치 중심의 올바른 소비를 함으로써 우리의 삶을 더욱 풍요롭게 만들 수 있다는 것이 이 글의 주제이다.

36 인류는 지구가 안고 있는 환경 문제와 기후 문제 등으로 새로운 생존 환경을 찾고 있으며, 우주 탐사를 통해 그러한 환경을 찾게 될 수도 있다는 것이 이 글의 주제이다.

37 관광지의 주민과 환경 보전을 위해 관광세가 필요하다는 점은 인정하지만 관광객들에게 주어지는 부담과 관광업계의 피해 등을 고려할 때 관광 상황에 따라 세금을 융통성 있게 부과해야 한다는 것이 이 글의 주제이다.

38 고령자 고용법의 시행이 법적 정년과 연금 수급 연령의 불일치를 줄여 고령의 근로자들이 퇴직 후 겪을 수 있는 경제적인 어려움을 줄여준다는 것이 이 글의 주제이다.

42~43 서광운의 소설, 〈4차원의 전쟁〉 중에서

42 오랜 세월 바다에서 고기를 잡아 온 장 노인으로서도 갑작스럽게 바닷물의 수위가 한 자(약 30.3cm)나 높아지는 현상은 경험한 적이 없기 때문에 그에 대한 의아한 마음을 드러내고 있다.

43 장 노인은 별안간 바닷물의 수위가 많이 높아진 것은 이상한 일이지만 그 덕분에 푸짐한 옥돔(생선)을 많이 잡았다고 했다.

44 앞에 어머니인 유화가 하늘의 신에게 기도하여 낳은 아들이 주몽이라는 설명이 있고, 다음 문장이 '그런 남다른 운명 덕분인지'라는 말로 시작되고 있으므로 '특별한 운명을 지닌'이라는 말이 들어가는 것이 적절하다.

45 성장하면서 겪은 여러 차례의 힘든 전투나 시련이 주몽을 더욱 강하게 만들어 주었다는 것이 이 글의 주제이다.

46 성과주의 인사 관리는 직원들로 하여금 단기적인 성과에만 치중하게 하고 성과가 낮은 직원은 불만을 느끼게 만들어 부작용이 생길 수 있다고 하면서, 성과주의 제도를 성급하게 도입하는 데 대한 우려를 나타내고 있다.

47 성과주의 인사 제도는 객관적인 평가 기준과 절차를 바탕으로 이루어지기 때문에 조직 내에서 투명성과 공정성을 높이는 장점도 있다고 했다.

48 식품 사막 현상으로 곤란한 상황에 처해 있는 농촌 지역의 주민들을 위해 정부가 나서서 실효성 있는 대책을 마련해야 한다고 호소하고 있다.

49 앞에 '콩나물 한 봉지나 두부 한 모'라는 식품이 제시되어 있고, 뒤 문장에서 빈칸의 내용을 '이렇게 일상적인 식품'이라는 말로 다시 표현하고 있으므로 '매우 소박한 것'이라는 말이 들어가는 것이 적절하다.

50 농촌에서 장날이 되면 주민센터에서 운영하는 '대신 장보기'라는 서비스에 대한 요청이 크게 늘어나고 있다고 했다.

빈출 어휘 다시 보기

제1회

실전 모의고사에 나온 어휘입니다.
모르는 단어에 표시를 하면서 외워 봅시다.

듣기 영역				
표제어	뜻	영어	중국어	일본어
매장	물건을 파는 곳	store	卖场, 售货柜台	売場
특강	정규 과정 이외에 특별히 하는 강의	special lecture	专题讲座	特別講義
면역	사람이나 동물의 몸 안에 들어온 균이나 바이러스에 대하여 항체가 만들어져, 같은 균이나 바이러스가 일으키는 병에 걸리지 않는 현상	being immune	免疫	免疫
의무화	반드시 해야 하는 것으로 만듦	making something mandatory	义务化	義務化
근교	도시에 가까운 가장자리 지역	suburb	近郊, 四郊	近郊
귀가	집으로 돌아가거나 돌아옴	returning home	回家	帰宅
상담	어떤 문제를 해결하기 위하여 서로 이야기함	consultation, counseling	洽谈	相談
보증금	계약 등을 할 때 담보로 주는 돈	deposit	保证金	敷金
분실	자기도 모르게 물건을 잃어버림	loss	洽谈, 丢失	紛失
처벌	범죄를 저지른 사람에게 국가나 특정 기관이 제재나 벌을 줌. 또는 그러한 벌	punishment, penalty	处罚	處罰
세포	생물체를 이루는 기본 단위	cell	细胞	細胞
효과	어떠한 것을 하여 얻어지는 좋은 결과	effect	效果	効果
체험	몸으로 직접 겪음	experience	体验	体験
개관	도서관, 박물관, 체육관 등의 기관이 운영 준비를 하여 처음으로 문을 엶	opening, launch	开馆	開館
공감	다른 사람의 마음이나 생각에 대해 자신도 그렇다고 똑같이 느낌	sympathy	共鸣	共感
정책	정치적 목적을 이루기 위한 방법	policy	政策	政策
혁명적	이전의 관습, 제도 등을 단번에 깨뜨리고 새롭게 바꾸려는 것	revolutionary	革命性的	革命的
노출	감추어져 있는 것을 남이 보거나 알 수 있도록 겉으로 드러냄. 또는 드러남	exposure, disclosure	露出	露出
홍보	널리 알림. 또는 그 소식	promotion, advertisement	宣传	広報
초인적	사람이라고 생각할 수 없을 만큼 능력이 아주 뛰어난 것	superhuman	超人的	超人的

| 읽기 영역 | | | | |
표제어	뜻	영어	중국어	일본어
취직	일정한 직업을 얻어 직장에 나감	getting a job	就职，就业	就職
참가	모임이나 단체, 경기, 행사 등의 자리에 가서 함께함	participation	参加	参加
개최	모임, 행사, 경기 등을 조직적으로 계획하여 엶	take place	举办	開催
주목	관심을 가지고 주의 깊게 살핌. 또는 그 시선	attention	注目	注目
조절하다	균형에 맞게 바로잡거나 상황에 알맞게 맞추다	control	调节	調節
환경오염	자원 개발로 인해 자연이 파괴되거나 자동차 배기가스, 공장 폐수 등으로 환경이 더럽혀지는 일	environmental pollution	环境污染	環境汚染
미세먼지	눈에 보이지 않을 정도로 입자가 작은 먼지	fine dust	微尘	細かいほこり
교통 체증	도로에 차가 많이 몰려 길이 막히고 혼잡한 상태	traffic jam	交通堵塞	交通渋滞
그립다	매우 보고 싶고 만나고 싶다	miss	想念，怀念	恋しい、懐かしい
자기소개서	자기의 이름, 취미, 특기, 학력 등을 적은 글	personal statement	自我介绍书	自己紹介書
뇌	느끼고 생각하고 행동하고 기억하는 기능을 관리하는 머리뼈 안쪽의 기관	brain	脑	脳
주거	일정한 곳에 자리 잡고 삶. 또는 그런 집	habitation	居住	住居
조화	서로 잘 어울림	going with	调和	調和
표현하다	느낌이나 생각을 말, 글, 몸짓 등으로 나타내다	express	表现，表达	表現する
창의적	지금까지 없던 새로운 것이 나타나 있는	creative	创意的	創意的
궁합	서로 잘 맞는 짝인지를 알아보는 점. 또는 그렇게 어울리는 정도	match	合婚	相性
의심스럽다	확실하지 않아 믿지 못할 만한 데가 있다	doubt	怀疑	疑う
가치	값이나 귀중한 정도. 의미나 중요성	value	价值，意义	価値
부작용	기대하지 않았던, 바람직하지 못한 일	side effect	副作用	副作用
역설하다	자신의 생각을 힘주어 말하다	emphasize	强调	力説する

표제어	뜻	영어	중국어	일본어
	듣기 영역			
열풍	거세게 일어나는 기운이나 현상	fever	热风	烈風
비결	알려지지 않은 자기만의 방법	secret	秘诀	秘訣
포기하다	하려던 일이나 생각을 중간에 그만두다	give up	放弃，断念	諦める
알리다	깨닫게 하거나 알게 하다	inform	告诉	知らせる
민박	여행할 때 일반 가정집에서 돈을 내고 지냄. 또는 그런 시설	B&B(Bed and Breakfast)	民宿	民泊
소음	불쾌하고 시끄러운 소리	noise	噪音	騒音
실감	실제로 겪고 있다는 느낌	feel, realize	相信	実感
유학	외국에 머물러 살면서 공부함	study abroad	留学	留学
변경	다르게 바꾸거나 새롭게 고침	alteration	变更	変更
동아리	취미나 뜻이 같은 사람들의 모임	club	团体,同好会	同好会
합격하다	시험, 검사, 심사 등을 통과하다	pass	合格	合格する
신중하다	매우 조심스럽다	caution	慎重	慎重だ
유력하다	가능성이 많다	powerful	有力	有力だ
봉사	자신의 이익을 생각하지 않고 남을 위하여 애써 일함	service	服务	奉仕
침묵	아무 말 없이 조용히 있음	silence	寂静	沈黙
일회용품	한 번만 쓰고 버리도록 만들어진 물건	disposable product	一次性用品	一回用品
한옥	한국 고유의 형식으로 지은 집	(traditional) Korean-style house	韩屋	韓屋
고령화	한 사회의 전체 인구 중 노인의 비율이 높아지는 것	graying	高龄化，老龄化	高齢化
입장료	어떤 장소에 들어가기 위하여 내는 요금	admission	入场费	入場料
신뢰	굳게 믿고 의지함	trust	信赖	信頼

제2회

읽기 영역				
표제어	뜻	영어	중국어	일본어
우승하다	경기나 시합에서 상대를 모두 이겨 일 위를 차지하다	win	冠军，取胜	優勝する
박람회	일정 기간 동안 어떤 주제 아래에서 온갖 물품을 보여주는 행사	exhibition	博览会	博覧会
전통	어떤 집단에서 전해 내려오면서 고유하게 만들어진 생활양식	tradition	传统	伝統
유행	무엇이 사람들에게 인기를 얻어 사회 전체에 널리 퍼짐	trend	流行	流行
유익하다	이롭거나 도움이 될 만하다	useful	有益	有益だ
극복하다	나쁜 조건, 힘든 일 등을 이겨 내다	overcome	克服	克服する
피곤하다	몸이나 마음이 지쳐서 힘들다	tired	累	疲れる
지지하다	다른 사람의 의견에 찬성하고 따르다	support	支持，拥护	支持する
투자하다	이익을 얻기 위해 어떤 일에 돈, 시간, 정성 등을 쏟다	invest	投资	投資する
두통	머리가 아픈 증세	headache	头痛	頭痛
혜택	제도나 환경, 다른 사람 등으로부터 받는 도움이나 이익	benefit	优惠，实惠	恵沢
위협하다	무서운 말이나 행동으로 상대방이 두려움을 느끼도록 하다	threat	威胁	威かす
재테크	가지고 있는 돈이나 재산을 효율적으로 운용하여 이익을 내는 일	investment technique	理财	財テク
전파하다	전하여 널리 퍼지게 하다	spread around	传播	伝える
이끌리다	관심이나 시선 등이 한곳으로 집중되다	lead	领导，带领，引向	引かれる
주체	중심이 되는 것	main agent	主体	主体
얄밉다	다른 사람의 말이나 행동이 싫거나 밉다	cheeky	讨厌	憎らしい
저출산	한 사회에서 일정 기간 동안 아기를 낳는 비율이 낮음	low birth rate	低出产，低生育	少子化
단축	시간, 거리 등을 줄임	reduction	缩短	短縮
노동	부지런히 일함	labor	勤劳	勤労

제3회

		듣기 영역		
표제어	뜻	영어	중국어	일본어
마감	어떤 일을 끝냄	deadline	截止	締切り
화분	흙을 담고 꽃이나 풀을 심어 가꾸는 그릇	flowerpot	花盆	花盆
승진	직장에서 지금보다 더 높은 자리에 오름	advancement	晋升	昇進
허가	행동이나 일을 할 수 있게 허락함	permission	许可	許可
혼잡하다	여러 가지가 뒤섞여 어지럽고 복잡함	be crowded	拥挤	混雑, 陞進
피해	생명이나 신체, 재산, 명예 등에 손해를 입음	damage	损坏	被害
가입하다	단체에 들어가거나 상품 및 서비스를 받기 위해 계약함	join	入	加入する
선호하다	여럿 가운데서 어떤 것을 특별히 더 좋아함	prefer	偏好	選好する
손해를 보다	돈, 재산 등을 잃거나 정신적으로 해를 입음	damage, loss	吃亏	損害を受ける
불만	마음에 차지 않음	discontent, dissatisfaction	不满	不満
막론하다	이것저것 가리거나 따지지 않고 말함	regardless of	不管, 不论 无论	…を問わない
효능	좋은 결과를 나타내는 능력	efficacy	功效	効能
시위	많은 사람들이 모여 집회나 행진을 하며 의견을 표시하는 행동	demonstration	示威	示威
이기주의	주변 사람을 배려하지 않고 자기 자신의 이익만을 추구하려는 태도	egoism	利己主义	利己主義
재난	뜻하지 않게 일어난 불행한 사고	calamity	灾难	災難
관심	어떤 것에 마음이 끌려 주의를 기울임. 또는 그런 마음이나 주의	interest	关心	関心
유사하다	서로 비슷함	be similar to	相似	類似している
저작권	창작물에 대해 저작자나 그 권리를 이어받은 사람이 가지는 권리	copyright	著作权	著作权
경계하다	위험이 생기지 않도록 살피고 조심함	look out	提防	警戒する

읽기 영역				
표제어	뜻	영어	중국어	일본어
창업	사업을 처음으로 이루어 시작함	start-up	創業	創業
보호	위험하거나 곤란하지 않게 지키고 보살핌	protection	保护	保護
발굴	땅속이나 흙, 돌 더미에 묻혀 있는 것을 찾아서 파냄	excavation	挖掘	発掘
추정하다	미루어 생각하여 판정함	assume	推定	推定する
면접	직접 만나서 지원자의 됨됨이, 말, 행동 등을 평가하는 시험	interview	面试	面接
익숙하다	자주 보거나 겪어서 낯설지 않고 편함	be accustomed to	娴熟	慣れている
기부하다	돈이나 물건을 대가 없이 내놓음	donate	捐	寄付する
복권	적혀 있는 숫자나 기호가 추첨한 것과 일치하면 상금이나 상품을 받을 수 있게 만든 표	lottery	彩票	宝くじ
후련하다	좋지 않던 속이 풀리거나 내려서 시원함	feel relieved	舒心, 舒畅	心が清清する
물가	물건이나 서비스의 평균적인 가격	price	物价	物価
숙면	잠이 깊이 듦	deep sleep, sound sleep	酣睡	熟眠
양육	아이를 보살펴서 자라게 함	nurture	养育	養育
이익	물질적이나 정신적으로 보탬이나 도움이 되는 것	profit	利润	利益
모색	일을 해결할 수 있는 방법이나 방향을 깊고 넓게 생각해서 찾음	seek, grope for	摸索, 寻求	模索
자립	자기 힘으로 살아감	self-reliance	自立	自立
은퇴	하던 일에서 물러남	retirement	隐退, 退休	引退
위로	따뜻한 말이나 행동 등으로 괴로움을 덜어 주거나 슬픔을 달래 줌	consolation, comfort	慰劳	慰労
소통하다	생각, 말 등이 서로 잘 통함	communicate	沟通	疎通する
갈등	서로 생각이 달라 부딪치는 것	conflict	冲突	葛藤
규제	규칙이나 법에 의하여 개인이나 단체의 활동을 제한함	regulation	管制	規制
비판하다	무엇에 대해 자세히 따져 옳고 그름을 밝히거나 잘못된 점을 지적함	criticize	批评	批判する

제4회

	듣기 영역			
표제어	뜻	영어	중국어	일본어
서두르다	일을 빨리 하려고 급하게 행동하다	hurry	急忙, 赶忙	急ぐ
반납하다	빌린 것이나 받은 것을 도로 돌려주다	return	还	返納する
기념품	기념으로 주거나 사는 물건	souvenir, memento	纪念品	記念品
채식	고기를 먹지 않고 주로 채소, 과일, 해초 등의 식물성 음식만 먹음	vegetarian diet	素食	菜食
지원금	남의 일이 잘되거나 나아지도록 도우려고 주는 돈	support fund	支援金	支援金
초청하다	어떤 사람을 손님으로 부르다	invite	邀约	招請する
숙박	여관이나 호텔 등에서 잠을 자고 머무름	lodging	住宿	宿泊
훼손	무너뜨리거나 깨뜨려 상하게 하다	damage	毁损	毀損
동조하다	다른 사람의 말이나 생각, 주장 등을 옳게 여겨 따르다	agree	认同	同調する
궁궐	한 나라의 임금이 사는 집	palace	宫	宮闕
보행자	길거리를 걸어 다니는 사람	pedestrian	行人	歩行者
인공지능	인간의 지능이 지니는 학습, 추리 등의 기능을 갖춘 컴퓨터 시스템	AI(Artificial Intelligence)	人工智能	人工知能
섭취	영양분 등을 몸속에 받아들임	intake	摄取, 摄食	摂取
실현되다	꿈이나 계획 등이 실제로 이루어지다	realized	得计	実現する
신화	신이나 신 같은 존재에 대한 신비스러운 이야기나 예부터 전해져 내려오는 신성한 이야기	mythology	神话	神化
허구성	사실과 다르거나 실제로 없었던 일을 사실처럼 꾸며 만드는 성질	fabrication	虚构性	虚構性
제도	관습, 도덕, 법률 등의 규범이나 사회 구조의 체계	system	制度	制度
개선	부족한 점, 잘못된 점 등을 고쳐서 더 좋아지게 함	improvement	改善	改善
가치	의미나 중요성	value	价值	価値
계승하다	물려받아 계속 이어 나가다	succeed to	继承	継承する

읽기 영역				
표제어	뜻	영어	중국어	일본어
편안하다	몸이나 마음이 편하고 좋다	comfortable	舒服	安らけし
환불	이미 낸 돈을 되돌려 줌	refund	退赔	払い戻し
노력	어떤 목적을 이루기 위하여 힘을 들이고 애를 씀	effort	努力	努力
생기	활발하고 건강한 기운	life, liveliness	生气	生気
활용하다	쓰임이나 능력을 충분히 잘 이용하다	use	利用, 应用	活用する
산업	물품이나 서비스 등을 만들어 내는 일	industry	产业	産業
비만	살이 쪄서 몸이 뚱뚱함	obesity	肥胖	肥満
부담스럽다	어떤 일이나 상황이 감당하기 어려운 느낌이 있다	burden	负担	負担だ
점포	물건을 파는 곳	shop	店铺	売店
대책	어려움을 이겨낼 수 있는 계획	countermeasure	对策	対策
탄성	힘을 가하면 모양이 바뀌었다가, 그 힘을 없애면 원래대로 돌아가려 하는 성질	elasticity	弹性	弾力性
신분	개인이 사회에서 가지는 역할이나 지위. 봉건 사회에서 제도적으로 개인에게 주어진 지위나 서열	position, status	身份	身分
충돌	서로 세게 맞부딪치거나 맞섬	collision, clash	碰撞	衝突
충격	슬픈 일이나 뜻밖의 사건 따위로 마음에 받은 심한 자극이나 영향	impact	打击, 冲击	衝撃
추구하다	목적을 이루기 위해 계속 따르며 구하다	seek, pursue an ideal	追求	追求する
설레다	마음이 차분하지 않고 들떠서 두근거리다	flutter	激动	そわつく
상권	상업 활동이 이루어지거나 영향을 미치는 지역적 범위	business district	商业区	商圏
우려하다	근심하거나 걱정하다	concern	忧虑	気遣う

제5회

	듣기 영역			
표제어	뜻	영어	중국어	일본어
수리	고장 난 것을 손보아 고침	repair	修理, 维修	修理
흥미	마음을 쏠리게 하는 재미	interest	兴趣, 兴致	興味
검색	필요한 자료를 찾아내는 것	search	搜索, 检索	検索
놓치다	잡고 있던 것을 잘못하여 놓아 버리다	miss	错过, 松开	落とす, 見逃す
조사	어떤 일이나 사물의 내용을 알기 위하여 자세히 살펴보거나 찾아봄	investigation, research	调查	調査
당첨	여럿 가운데 어느 하나를 골라잡는 추첨에서 뽑힘	prize winning	抽中, 中奖	当選, 当籤
행운	좋은 운수. 또는 행복한 운수	good luck	幸运	幸運
감각	눈, 코, 귀, 혀, 피부를 통하여 자극을 느낌	sense	感觉, 感	感覚
시설	어떤 목적을 위하여 건물이나 도구, 기계, 장치 등의 물건을 만듦. 또는 그런 건물이나 도구, 기계, 장치 등의 물건	facilities	设施, 设备	施設
간판	가게나 기관 등의 이름을 써서 사람들의 눈에 잘 띄게 건물의 밖에 걸거나 붙이거나 세우는 판	sign, signboard	牌子	看板
관람	그림, 조각과 같은 전시품이나 공연, 영화, 운동 경기 등을 구경하는 것	viewing, watching	观看, 参观	観覧
매력	사람의 마음을 강하게 끄는 힘	charm, attraction	魅力	魅力
도입	지식, 기술, 물자 등을 들여옴. 또는 무엇을 본격적으로 시작하기 전의 첫 단계	introduction	引进	導入
시행	실제로 행함	implementation	实施, 施行	実施
공동	둘 이상의 사람이나 단체가 어떤 일을 함께 하거나 동등한 자격으로 관계됨	joint, common, collaborative	共同, 联合	共同
반발	어떤 상태나 행동 등에 대하여 반대함	resistance	反抗, 抗议	反発
암기	잊지 않고 머릿속으로 외움	memorization	默记	暗記
향상	실력, 수준, 기술 등이 더 나아짐. 또는 나아지게 함	improvement	提高, 进步	向上
머무르다	도중에 멈추거나 일시적으로 어떤 곳에 묵다	stay	停住, 停留	滞在する
공급	요구나 필요에 따라 물건이나 돈 등을 제공함	supply	供应, 供给	供給
음주	술을 마심	drinking	饮酒	飲酒
질병	몸에 생기는 온갖 병	disease	疾病	病気
재판	법원에서 법적으로 문제가 되는 사건에 대해 법률에 따라 판단하는 일	trial	审判, 裁判	裁判

읽기 영역				
표제어	뜻	영어	중국어	일본어
밀리다	처리하지 못한 일이나 물건이 쌓이다	be delayed	堵车, 挤, 积压, 堆积	滞る
양보	다른 사람을 위해 자리나 물건 등을 내주거나 넘겨줌	concession, yield	让步, 谦让	譲歩
운행	정해진 길을 따라 자동차나 열차 등이 다님	operation	运行	運行
휴식	하던 일을 멈추고 잠시 쉼	rest	休憩	休む
상하다	몸을 다치거나 건강하지 못한 상태가 되다	go bad, spoil	损坏, 腐烂	傷む
진학	어떤 등급의 학교를 졸업한 뒤, 그보다 높은 등급의 학교에 들어감	enrollment in higher education	深造, 升学	進学
조리	재료를 이용하여 음식을 만듦. 또는 그 방법이나 과정	cooking	烹调, 烹饪	調理
화면	영화나 텔레비전에 나타나는 영상, 또는 그 영상이 나타나는 면	screen	画面	画面
더불다	어떤 것이 함께 일어나거나 어떤 것을 다른 것과 같이하다	together	和, 同	…といっしょに
불법	법에 어긋남	illegal	非法	違法, 不法
촬영	사람, 사물, 풍경 등을 사진이나 영화로 찍음	filming	摄影, 摄制	撮影
후회	이전에 자신이 한 일이 잘못임을 깨닫고 스스로 자신의 잘못을 꾸짖음	regret	后悔	後悔
악취	나쁜 냄새	bad smell	恶臭	悪臭
소화	먹은 음식물을 뱃속에서 분해하여 영양분으로 흡수함	digestion	消化	消化
중독	독 성분 때문에 몸에 이상이 생기고 그것 없이 생활하지 못하는 상태	addiction	中毒, 上瘾	中毒
합리적	논리나 이치에 알맞은 것	rational	合理的	合理的
우주	태양, 지구, 달 등 천체를 포함하는 공간	universe, space	宇宙	宇宙
퇴직	현재의 직업이나 직무에서 물러남	retirement	退休, 退职	退職
문명	사람의 물질적, 기술적, 사회적 생활이 발전한 상태	civilization	文明	文明
운명	초인적이고 필연적인 힘	destiny, fate	命运, 宿命	運命
성과	어떤 일을 이루어 낸 결과	result, outcome	成果, 成就	成果
식료품	음식의 재료가 되는 먹을거리	groceries	食品原料, 食品	食料品

십자말풀이

가로 문제

1. 한 나라의 임금이 사는 집
2. 서로 비슷함
3. 직접 만나서 지원자의 됨됨이, 말, 행동 등을 평가하는 시험
4. 정해진 가격에서 얼마를 뺌
5. 좋지 않은 상태를 해결하여 없애 버림
6. 자기 힘으로 살아감
7. 어떤 집단에서 전해 내려오면서 고유하게 만들어진 생활양식
8. 거세게 일어나는 기운이나 현상
9. 흙을 담고 꽃이나 풀을 심어 가꾸는 그릇
10. 생각, 말 등이 서로 잘 통함
11. 어려움을 이겨낼 수 있는 계획

세로 문제

1. 서로 잘 맞는 짝인지를 알아보는 점. 또는 그렇게 어울리는 정도
2. 이롭거나 도움이 될 만함
3. 매우 조심스러움
4. 잠이 깊이 듦
5. 한 사람의 전체적인 품격
6. 핵가족(한 쌍의 부부와 미혼 자녀만으로 구성된 가족)이 많아지는 현상
7. 전하여 널리 퍼지게 함
8. 바깥의 온도가 매운 더운 밤
9. 물건이나 서비스 등을 돈을 주고 사는 사람

¹궁	궐		³신		⁴숙		⁴할	⁵인
합			중		³면	접		격
	²유	사	하	다				
	익		다		⁵해	⁹소		
	하					비		
	다					⁶자	립	
⁶핵			⁷전	통				
가			파			⁸열	풍	
족		¹⁰소	통	하	다		¹¹대	책
⁹화	분		다				야	

자리에 들어갈 글자를 차례대로 이어서 만들 수 있는 단어는 무엇인가요?

합격

개요 쓰기

개요는 중심 내용을 간결하게 추려 쓴 구조도로, 글을 쓸 때 길잡이 역할을 합니다. 글쓰기에 앞서 개요를 쓰면 분량과 내용면에서 균형 있고 짜임새 있는 글을 쓸 수 있으며, 잘못된 부분을 미리 점검하고 수정할 수 있기 때문에 정확하고 매끄러운 글을 쓸 수 있습니다. 특히 정해진 시간 안에 완성된 글을 써 내야 하는 시험에서는 개요를 작성해서 계획적으로 글을 쓰는 것이 큰 도움이 됩니다.

- 도입:
  ➡

- 전개:
  ➡

  ➡

- 마무리:
  ➡

- 도입:
  ➡

- 전개:
  ➡

  ➡

- 마무리:
  ➡

- 도입:
  ➡

- 전개:
  ➡

  ➡

- 마무리:
  ➡

- 도입:
  ➡

- 전개:
  ➡

  ➡

- 마무리:
  ➡

- 도입:
  ➡

- 전개:
  ➡

  ➡

- 마무리:
  ➡

- 도입:
  ➡

- 전개:
  ➡

  ➡

- 마무리:
  ➡

- 도입:
  ➡

- 전개:
  ➡

  ➡

- 마무리:
  ➡

- 도입:
  ➡

- 전개:
  ➡

  ➡

- 마무리:
  ➡

• 도입:
 ➡

• 전개:
 ➡

 ➡

• 마무리:
 ➡

• 도입:
 ➡

• 전개:
 ➡

 ➡

• 마무리:
 ➡

PART

03

말하기 평가

01 시험 소개

1. **응시 대상**: 한국어를 모국어로 하지 않는 재외동포 및 외국인

   - 한국어 학습자 및 국내 대학 유학 희망자
   - 국내외 한국 기업체 및 공공 기관 취업 희망자
   - 외국 학교에 재학 중이거나 졸업한 재외국민

2. **시험 목적**

   - 의사소통 중심의 한국어 학습 방향 제시
   - 한국어 의사소통 능력 평가를 통해 국내 대학 유학 및 취업 등에 활용 유도

3. **시험 활용처**

   - GKS 우수자비 장학생 선발(4급 이상 가산점 3점 일괄 부여)
   - 외국인 및 12년 외국 교육과정이수 재외동포의 국내 대학 입학 및 장학생 선발
   - 한국 기업체 취업 희망자의 선발 및 인사고과
   - 체류 비자 발급 신청

4. **성적 유효 기간**: 성적 발표일로부터 2년간 유효

5. **평가 요소**

   - 질문을 정확히 이해하고 그에 맞는 내용으로 대답해야 합니다.
   - 상황에 적합한 어휘와 표현을 사용해야 합니다.
   - 상대방이 이해할 수 있는 발음, 억양, 속도로 말해야 합니다.

내용 및 과제 수행	• 과제에 적절한 내용으로 표현하였는가? • 주어진 과제를 풍부하고 충실하게 수행하였는가? • 담화 구성이 조직적으로 잘 이루어졌는가?
언어 사용	• 담화 상황에 적합한 언어를 사용하였는가? • 어휘와 표현을 다양하고 풍부하게 사용하였는가? • 어휘와 표현을 정확하게 구사하였는가?
발화 전달력	• 발음과 억양이 어느 정도 이해 가능한가? • 발화 속도가 자연스러운가?

6. 평가 등급

- 유형 1~6까지의 점수는 문항반응이론을 적용한 척도점수로 다시 계산됩니다.
- 성적은 200점 만점으로 표기되며 각 급의 기준은 다음과 같습니다.
- 0~19점은 불합격으로 처리됩니다.

등급	점수	요구 능력
1급	20~49점	• 친숙한 일상적 화제에 대해 질문을 듣고 간단하게 답할 수 있다. • 언어 사용이 매우 제한적이며 오류가 빈번하다. • 발음과 억양, 속도가 매우 부자연스러워 의미 전달에 문제가 있다.
2급	50~89점	• 자주 접하는 사회적 상황에서 일상적 화제에 대해 묻거나 답할 수 있다. • 언어 사용이 제한적이며 담화 상황에 맞지 않는 경우가 있고 오류가 잦다. • 발음과 억양, 속도가 부자연스러워 의미 전달에 다소 문제가 있다.
3급	90~109점	• 친숙한 사회적 화제에 대해 비교적 구체적으로 말할 수 있다. • 오류가 때때로 나타나나 어느 정도 다양한 어휘와 표현을 비교적 담화 상황에 맞게 사용할 수 있다. • 발음과 억양, 속도가 다소 부자연스러우나 의미 전달에 큰 문제가 없다.
4급	110~129점	• 일부 사회적 화제에 대해 대체로 구체적이고 조리 있게 말할 수 있다. • 오류가 때때로 나타나나 다양한 어휘와 표현을 대체로 담화 상황에 맞게 사용할 수 있다. • 발음과 억양, 속도가 비교적 자연스러워 의미 전달에 문제가 거의 없다.
5급	130~159점	• 사회적 화제나 일부 추상적 화제에 대해 비교적 논리적이고 일관되게 말할 수 있다. • 오류가 간혹 나타나나 다양한 어휘와 표현을 담화 상황에 맞게 사용할 수 있다. • 발음과 억양, 속도가 대체로 자연스러워 발화 전달력이 양호하다.
6급	160~200점	• 사회적 화제나 추상적 화제에 대해 논리적이고 설득력 있게 말할 수 있다. • 오류가 거의 없으며 매우 다양한 어휘와 문법을 담화 상황에 맞게 사용할 수 있다. • 발음과 억양, 속도가 자연스러워 발화 전달력이 우수하다.

※ 평가 기준은 달라질 수 있습니다. 자세한 내용은 시행처 홈페이지를 확인하세요.

7. 시험 당일 준비물

- **필수**: 수험표, 신분증(규정된 신분증 이외의 의료보험증, 주민등록등본, 각종 자격증과 학생증은 인정하지 않음. 세부 사항은 시행처 홈페이지 확인)
- **선택**: 필기구(시험 당일 시험장에서 나누어 주는 것만 사용 가능할 수도 있음), 아날로그 손목시계(휴대폰, 스마트 워치 등 모든 전자 기기는 사용 불가)

8. 시험 시간표

- 시험 시작 40분 전까지 고사장에 들어가야 하며, 입실 완료 시간 이후에는 들어갈 수 없습니다.
- 시험 시작 이후부터 시험 종료 시까지 원칙적으로는 시험 중간에 고사장에서 나갈 수 없습니다.
- 중도 퇴실을 한다면 시험 종료 시까지 별도의 공간에서 대기해야 하며, 성적이 나오지 않습니다.
- 시험 시간 도중 질병 등의 사유로 퇴실 및 재입실시 감독관에게 확인받아야 합니다.
- 시험 종료 후 감독관의 지시가 있을 때까지 퇴실할 수 없습니다.
- 말하기 평가는 시험 중간에 휴식 시간이 없습니다.

구분	입실 시작	입실 완료	시험 시작	시험 종료	시험 시간
말하기 평가	16:00	16:20	17:00	17:30	30분

※ 해외 시험 시간은 현지 접수 기관에 문의하시기 바랍니다.

9. 문항 구성

번호	유형	난이도	배점	준비 시간	대답 시간
1	질문에 대답하기	초급	9점	20초	30초
2	그림 보고 역할 수행하기		9점	30초	40초
3	그림 보고 이야기하기	중급	12점	40초	60초
4	대화 완성하기		12점	40초	60초
5	자료 해석하기	고급	15점	70초	80초
6	의견 제시하기		15점	70초	80초

10. 시험 시 유의 사항

• 시험을 보기 전, 헤드폰과 마이크 작동 확인용으로 제시되는 연습 문제가 있습니다. 이 문제는 시험 점수에 들어가지 않습니다.

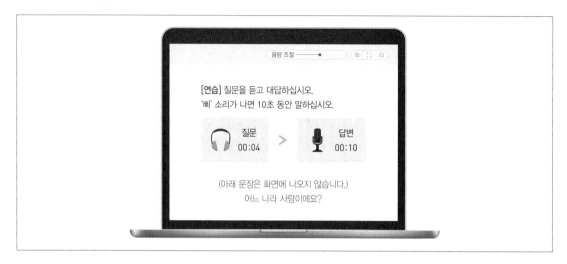

• 시험을 보는 중에는 책상 위에 신분증 외의 어떠한 물품도 놓을 수 없습니다. 반입 금지 물품(휴대폰, 이어폰, 전자사전, 스마트 워치, MP3 등 모든 전자기기)을 소지한 경우 반드시 감독관에게 제출해야 합니다.
• 시험이 끝나면 자신이 녹음한 답을 들어 볼 수 있는 시간이 있습니다. 단, 답안 파일을 수정하거나 변경할 수는 없습니다.

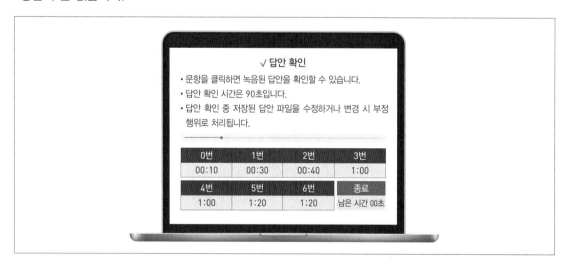

02 문항 소개

유형 1   질문에 대답하기

- **수준 및 예상 배점**: 초급, 9점
- **문제 내용**: 간단한 질문을 듣고 대답하는 문제
  - └ 일상생활에서 자주 만나게 되는 상황에 대한 질문
    (자기 자신, 가까운 사람이나 사물, 단순한 일상이나 계획 등)

지시문

질문을 듣고 대답하십시오. 20초 동안 준비하십시오. '삐' 소리가 끝나면 30초 동안 말하십시오.

예시 문항

취미가 뭐예요? 그 취미에 대해 이야기하세요.

모범 답안

제 취미는 책 읽기예요. 일주일에 한 권씩 읽어요. 저는 무서운 이야기를 좋아해요. 슬픈 것도 잘 봐요. 저는 시간이 날 때 도서관에 가요. 주말에 서점도 자주 가요. 이번 주말에도 친구와 함께 서점에 갈 거예요.

📖 **공부 방법**

평소에는 자기 자신이나 가족, 가까운 친구나 사람, 사물, 단순한 계획과 경험 등을 이야기하는 데 필요한 기초 단어와 표현들을 공부해 두세요. 기초적인 소재에 대해 다양한 형식의 문장으로 말하는 연습도 하면 좋습니다. 답변 시간을 최대한 활용하고, 정확한 발음과 자연스러운 억양, 적절한 속도로 말하는 연습도 하세요.

유형 2 그림 보고 역할 수행하기

- **수준 및 예상 배점**: 초급, 9점
- **문제 내용**: 그림을 보며 간단한 질문을 듣고 주어진 역할에 어울리게 대답하는 문제
  └ 일상생활에서 자주 만나게 되는 상황에 대한 질문
  (주거와 환경, 쇼핑, 공공시설, 대중교통 등)

지시문

그림을 보고 질문에 대답하십시오. 30초 동안 준비하십시오. '삐' 소리가 끝나면 40초 동안 말하십시오.

예시 문항

택시를 타고 왔습니다. 택시 기사에게 내리고 싶은 곳을 이야기하세요.

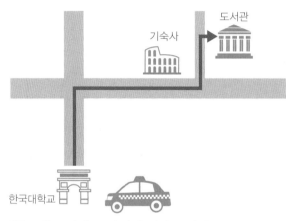

남자: 손님, 여기가 한국대학교 후문인데요. 여기서 내려 드릴까요?

모범 답안

아니요, 기사님. 학교 안에 있는 도서관까지 가 주세요. 후문으로 들어가면 사거리가 나오는데, 거기에서 오른쪽으로 가시면 돼요. 가다 보면 왼쪽에 기숙사가 나와요. 기숙사를 지나서 조금 더 가면 왼쪽에 작은 길이 있어요. 그 길로 조금 가면 오른쪽에 도서관이 있어요. 그 앞에서 내려 주세요.

📖 **공부 방법**

새로운 내용이나 상황을 소개하거나 필요한 것에 대해 이야기하는 등 평소 일상생활에서 자주 일어나는 상황을 상상해 보고, 그때 필요한 기초 단어를 공부해 두세요. 관련 소재에 대해 다양한 형식의 문장으로 말하는 연습도 하면 좋습니다. 답변 시간을 최대한 활용하고, 정확한 발음과 자연스러운 억양, 적절한 속도로 말하는 연습도 하세요.

유형 3   그림 보고 이야기하기

- **수준 및 예상 배점**: 중급, 12점
- **문제 내용**: <u>연속된 그림</u>을 보고 그림 속 인물의 행동이나 상황, 사건을 묘사하고 이야기를 구성하여 말하는 문제   ↳ 일상에서 경험할 수 있는 다양한 상황과 관련된 그림
(학교생활, 직장생활, 문화생활 등)

지시문

그림을 보고 순서대로 이야기하십시오. 40초 동안 준비하십시오. '삐' 소리가 끝나면 60초 동안 말하십시오.

예시 문항

영희 씨는 한 달 전에 쇼핑을 했습니다. 영희 씨가 산 것을 순서대로 설명하고, 그 결과 영희 씨가 어떻게 되었는지 말해 보세요.

모범 답안

영희 씨는 한 달 전에 혼자서 쇼핑을 했어요. 먼저 한 시에는 가방 가게에 갔어요. 새로 나온 가방이 꽤 비쌌지만 마음에 들어서 그냥 샀어요. 한 시 반에는 신발 가게에 갔어요. 의자에 앉아서 구두를 몇 켤레 신어보면서 마음에 드는 구두를 한참 동안 찾았어요. 두 시간 후인 세 시 반에는 옷 가게에 갔어요. 옷 가게에서는 긴 팔 티와 짧은 치마를 사고, 입고 갔던 바지를 치마로 갈아입었어요. 한 달이 지난 뒤, 오늘 영희 씨는 돈이 하나도 없는 지갑을 보면서 슬퍼하고 있어요.

📖 공부 방법

어떤 상황을 보고 묘사, 서술, (재)구성하는 데에 필요한 표현을 공부해 두어야 합니다. 특히, 학교나 직장 생활과 같은 친숙한 사회적 상황과 여가, 문화생활 등과 같은 일상의 경험들을 생각하며 누가, 언제, 어디에서, 무엇을, 어떻게, 왜 하고 있는지를 문장으로 만들고 이야기를 완성하여 말하는 연습을 하면 좋습니다. 전체적인 이야기의 흐름과 의미를 잘 전달할 수 있도록 답변 시간을 최대한 활용하고, 정확한 발음과 자연스러운 억양, 적절한 속도로 말하는 연습을 해 두는 것도 중요합니다.

유형 4 　대화 완성하기

- **수준 및 예상 배점**: 중급, 12점
- **문제 내용**: 사회적 상황에서 이루어지는 남자와 여자의 대화를 듣고, 대화 속 남자 또는 여자가 되어 상대방의 말에 적절히 대응하여 대화를 완성하는 문제

지시문

대화를 듣고 이어서 말하십시오. 40초 동안 준비하십시오. '삐' 소리가 끝나면 60초 동안 말하십시오.

예시 문항

두 사람이 '노키즈 존'에 대해 이야기하고 있습니다. 남자의 마지막 말을 듣고 여자가 할 말로 대화를 완성해 보세요.

남자: 내년부터 우리 가게에도 아이들의 출입을 금지할 거라고 하던데, 얘기 들었어요?
여자: 네, 손님들이 불편하다고 항의를 해서 그런 것 같은데, 저는 사실 '노키즈 존'이 없어져야 한다고 생각해요.
남자: 하지만 저번에 가게에서 사고가 난 적도 있었잖아요. 안전을 위해서라도 '노키즈 존'이 있는 게 좋지 않을까요?

모범 답안

저는 어른들이 사고 예방에 더 신경 쓰고 아이들을 교육하는 게 맞다고 생각해요. 대부분의 아이들은 어른에 비해 배워 나가야 할 것들도 더 많고요. 우리에게는 아이들이 다른 사람을 배려하는 마음을 가르칠 책임도 있어요. 사회 여러 곳에서 다양한 경험을 하게 하면서 그런 마음을 알려 줄 수 있다고 생각해요. 그리고 모든 아이들이 소란을 피우는 것도 아닌데, 무조건 나이가 어리다는 이유로 가게에 들어오지 못하게 한다면 그건 차별이라고 생각해요.

📖 공부 방법

다른 사람에게 제안, 조언, 거절 등을 하는 데 필요한 어휘와 문법 표현들을 공부해야 합니다. 대화의 내용을 잘 파악한 후에 중심 맥락에 맞게 대응하며 말하는 연습을 하는 것이 좋습니다. 답변 시간을 최대한 활용하고, 중급 수준에 맞는 정확한 발음과 자연스러운 억양, 적절한 속도로 말하는 연습을 해 두는 것도 중요합니다.

유형 5 | 자료 해석하기

• **수준 및 예상 배점**: 고급, 15점
• **문제 내용**: 사회적 화제나 추상적 화제의 자료를 보고 해석하여, 비판적으로 자신의 의견을 진술하는 문제
 └ 경제, 과학, 대중매체, 문화, 예술, 정치, 환경 등

지시문

자료를 설명하고 의견을 제시하십시오. 70초 동안 준비하십시오. '삐' 소리가 끝나면 80초 동안 말하십시오.

예시 문항

뉴스를 듣고 자료에 제시된 사회 현상의 변화를 설명하고, 이러한 현상이 나타난 이유를 두 가지 말하십시오.

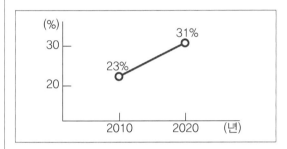

남자: 요즘 1인 가구가 점차 늘고 있는데요. 조사 결과 2010년부터 2020년까지 1인 가구 비율에 큰 변화가 있었습니다. 이와 함께 소포장 상품과 소형 가전의 인기도 상승하고 있다고 합니다.

모범 답안

자료에 따르면 2010년부터 2020년까지 1인 가구의 비율은 23%에서 31%까지 증가했는데요. 1인 가구가 늘면서 소포장 채소나 한 토막씩 포장된 생선 같은 '소포장 상품'이나 1인용 전기밥솥, 초소형 세탁기 같은 '소형 가전제품'의 판매량도 늘어났다고 합니다.

이러한 변화가 나타난 이유는 여러 가지가 있지만 결혼에 대한 사회의 인식 변화와 고령화 현상을 대표적으로 들 수 있습니다. 과거에는 전통적인 가족 공동체의 모습을 만들고 유지하는 것을 당연하게 생각했지만, 요즘에는 개개인의 삶도 가족 공동체 못지않게 중요한 것으로 여기게 되면서 젊은 1인 가구가 늘어나게 된 것입니다. 또한 의학이 발달하면서 수명은 늘어났는데, 한국은 노인을 부양할 젊은 사람들이 부족합니다. 그래서 혼자 사시는 할아버지, 할머니가 많이 늘어날 수밖에 없는 것입니다.

📖 공부 방법

사회 문제, 추상적인 화제의 시각 자료(도표, 그래프, 포스터, 신문기사 헤드라인)를 보고 현황을 설명하고 상황을 추측할 수 있어야 합니다. 또한 그것을 비판적으로 살펴보고, 자신의 의견을 진술하는 데 필요한 어휘와 표현들을 공부해 두어야 합니다. 다양한 시각 자료를 접해보고, 자신의 견해를 일관되게 말하는 연습을 하는 것이 좋습니다. 전체적인 이야기의 흐름과 의미를 잘 전달할 수 있도록 답변 시간을 최대한 활용하고, 고급 수준에 맞는 정확한 발음과 자연스러운 억양, 적절한 속도로 말하는 연습을 해 두는 것도 중요합니다.

유형 6 　의견 제시하기

• **수준 및 예상 배점**: 고급, 15점
• **문제 내용**: 전문 분야나 추상적인 내용, 사회 문제 등에 대해 자신의 견해를 논리적으로 제시하거나 찬성 또는 반대 입장에서 자신의 견해를 제시하는 문제

지시문

질문을 듣고 의견을 제시하십시오. 70초 동안 준비하십시오. '삐' 소리가 끝나면 80초 동안 말하십시오.

예시 문항

지도자는 자신이 속한 조직을 이끄는 사람입니다. 지도자의 생각과 행동은 조직은 물론 그 조직에 속한 구성원 전체에게 영향을 미칩니다. 훌륭한 지도자의 조건은 무엇이라고 생각합니까? 지도자가 갖춰야 할 조건 두 가지와 그 근거를 말하십시오.

> • 지도자: 조직 또는 단체에서 남들을 이끌어 가는 위치에 있는 사람

모범 답안

지도자가 조직 내에서 어떤 역할을 하는가에 따라서 조직이 발전할 수도 있고 그렇지 않을 수도 있는데요. 저는 좋은 지도자는 공정함과 책임감을 중요하게 여기는 사람이라 생각합니다. 우선, 지도자는 조직의 구성원을 차별하지 않고 그들이 능력을 충분히 발휘할 수 있도록 공평하고 올바른 태도를 항상 유지해야 합니다. 조직의 구성원들이 모두 납득할 수 있는 기준을 가지고 사람을 대하는 것은 물론 일을 처리하거나 문제 상황에 대처해야 합니다.

다음으로 좋은 지도자는 책임감을 가지고 있어야 합니다. 기본적으로 지도자는 결정을 하는 위치에 있는 사람입니다. 그런데 일을 하다 보면 일이 계획대로 진행되지 않거나 생각지도 못했던 난관에 부딪히게 되기도 합니다. 따라서 지도자는 위기에 직면해도 회피하지 않고 그 결과에 책임지겠다는 의지를 가지고 있어야 합니다.

이 외에도 좋은 지도자라면 갖추어야 할 것이 많지만, 저는 공정함과 책임감, 이 두 가지가 가장 중요한 조건이라고 생각합니다.

📖 공부 방법

사회 문제나 추상적 화제들에 대해 적절한 근거와 함께 자신의 의견을 제시할 수 있도록 배경지식을 쌓고 어휘와 표현을 공부해 두어야 합니다. 또 자신의 의견이 듣는 사람에게 잘 전달될 수 있도록 제시된 조건에 맞추어 논리적이고 설득력 있게 말하는 연습을 하는 것이 좋습니다. 답변 시간을 최대한 활용하고, 고급 수준에 맞는 발음과 억양, 발화 속도를 유지하면서 말하는 연습을 하면 도움이 됩니다.

메모

TOPIK No.1

외국인과 재외동포를 위한
한국어능력시험(TOPIK)의 지침서

기초부터 차근차근 공부하고 싶어요.

짧은 시간 동안 핵심만 볼래요.

실전 연습을 하고 싶어요.

문제풀이 연습을 하고 싶어요.

영역별로 꼼꼼하게 공부하고 싶어요.

한국어 어휘 공부를 하고 싶어요.

한국어 문법 공부를 하고 싶어요.

※ 도서의 이미지 및 구성은 변경될 수 있습니다.

● 한국어능력시험

TOPIK II

실전 모의고사

Mock tests　全真模拟试题

● 한국어능력시험

POINT 3 — 빠른 국적 취득을 위한 남다른 전략

실전 모의고사 **+** 최신 기출 유형 반영

- 법무부 공인 교재를 완벽 반영한
  사회통합프로그램 사전평가 · 중간평가 · 종합평가 실전 모의고사

- 1단계부터 3단계까지 빠르게 합격하는
  사회통합프로그램 단계평가 1 · 2 · 3 단계별 실전 모의고사

POINT 4 — 목적에 따라 공부하는 특별한 학습법

핵심 이론 실전 모의고사 최신 기출 유형 반영

- 법무부 공인 교재를 완벽 반영한
  사회통합프로그램 사전평가 단기완성, 종합평가 한 권으로 끝내기

- 어려운 면접심사 · 구술시험 · 작문시험의 완벽 대비를 위한
  귀화 면접심사&사회통합프로그램 구술시험,
  사회통합프로그램 중간평가 · 종합평가 작문시험 완전 정복

※ 도서의 이미지 및 구성은 변경될 수 있습니다.

사회통합프로그램 시리즈의 새로운 소식!

1·2·3 단계평가와
중간평가·종합평가
작문시험 출간!

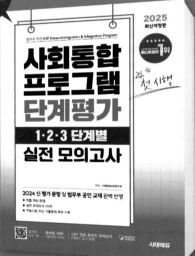

사회통합프로그램
단계평가 1·2·3 단계별 실전 모의고사
[출간 예정]

1단계부터 3단계까지 최신 평가 유형을 반영한 단계평가
실전 모의고사 수록

사회통합프로그램
중간평가·종합평가 작문시험 완전 정복
[출간 예정]

기본적인 원고지 작성 방법부터 최신 기출 유형을 반영한
중간평가와 종합평가 실전 모의고사까지 수록

※ 도서의 이미지 및 구성은 변경될 수 있습니다.